孙云晓 著

成功智力

比智商更重要的潜能

浙江出版联合集团　浙江文艺出版社

总　序

陈会昌

　　承孙云晓先生之托，为他所著的丛书"孙云晓教育研究前沿书系"作序，心中不免惶恐。孙云晓先生是著名的儿童文学作家、儿童青少年研究专家和教育专家，他在国内的影响力，我难以望其项背，让我为他的著作作序，似乎不妥。然如他所言，我们相识多年，算得上是老朋友，尤其在心理、教育研究方面有过多次合作，且在价值观念、理论、观点上志同道合，又是同时代人，因而不揣冒昧，承接此命。

　　孙云晓先生这套丛书的主题是家庭教育，这个话题很大。约2500年前，我们民族的先圣孔子就在《礼记》中提出了一个从个体发展到家庭群体，再到社会与国家和谐发展之次序关系的伟大思想："物格而后知至，知至而后意诚，意诚而后心正，心正而后身修，身修而后家齐，家齐而后国治，国治而后天下平。"不难看出，在孔子眼里，个体、家庭群体和社会大群体三者，个体最重要，每个人必先做到物格、知至、意诚、心正，才能做到齐家；每个家庭都管理好，国家才能治理好，天下才能得太平。

　　孔子的这一思想称得上是跨时代、跨文化的真理，直到现在，仍可适用于每个人、每个家庭乃至每个国家。

　　孔子把家庭看作个人与社会的中介，正如现在我们常把家庭比作社会的细胞，在文化的世代传承和社会发展中，家庭的作用毋庸置疑。在全世界每个国家和民族的发展中,家庭作为个体与大群体之间的中介、纽带和桥梁,起着至关重要的作用。说家庭教育这个话题大,此其一也。

家庭教育话题之大,第二个原因是,我们伟大的国家和民族是当今世界上最具独特性的,在历史、文化传统、社会发展、教育事业、科学技术、宗教信仰等方面,都找不出第二个和我们相同或相似的国家和民族。放眼世界,我们可以看到,一些发达国家在其发展历程中,经济、教育、科技基本上是同步发展的,而我国在花了30多年时间走过了发达国家两三百年的工业化进程的同时,其他方面的发展并不同步。具体来说,在我国钢产量、制造业产值、高铁里程、在校大学生人数、居民奢侈品消费总量、每年出国旅游人次雄踞世界前列的同时,在世界排名前一百的大学中,鲜见中国大学的身影;在和家庭教育有关的心理学、教育学、遗传学、心理咨询与治疗、精神病学等学科的研究方面,我国不仅缺乏自己的理论和立足于本国的高水平研究,而且从事这些学科的专业人员及临床医生人数与我国的巨大人口数量远远不成比例。即使在上述各学科的科普方面,真正联系我国当前实际,又能保证科学性的科普读物数量也甚少,一些父母为了教育好自己的孩子,不得不去读外国作者基于他们国家的实际写的家庭教育读物。

举两个例子来说明这种发展的不平衡所带来的后果。

其一,我相信如果我国的广大父母了解了最近几十年遗传学的研究成果,他们会调整自己对子女的期望;如果广大教师了解了这些知识,他们也会调整对具有不同遗传基因的学生的看法,不再生硬地对全班学生做横向比较。父母和教师们将会知道，每个人的基因表达都有自己的时间表，在时机不到的时候不可强求；他们还将会知道，每个人由基因决定的最大限度能力有巨大差异，通过"努力"、"刻苦"、"找个好老师"等主观行动对基因缺陷进行弥补的作用是有限的。

其二，在欧美国家的中小学，每个学区或几个学区，平均每两三千个学生，就能配备一名专门从事心理治疗的专业人员，他们负责对各学校学生中的心理疾病进行早期诊断、治疗和必要时的转诊。平时，他们还负责对教师们进行培训，教他们如何鉴别有心理疾病的学生以及如何进行早期干预。我们知道，中小学生中的自杀、暴力、致瘾物依赖（包括视频、网络游戏、毒品和烟酒等）等行为背后，大多以心理疾病为源头，而这些源于心理疾病的行为，是一般的父母、教师、邻居、社区工作者无法应对的，必须由专业的心理治疗人员出面，因人而异地加以处置。我国的现状是，即使在东部发达的地区，也不可能为两三千名中小学生配备一名心理治疗医生，更不要说中西部地区和偏远农村了。其后果是，如这套书中提到的贵州毕节山区四兄妹集体自杀前，教师和村民想帮助他们而且已经尽力而为了，却不奏效，因为他们既不知道怎样帮助他们，也不知道谁才能真正地帮到他们。而事后的媒体报道和对相关人员的处理，也没有抓住问题的本质。

家庭教育话题之大，第三个理由是，当代中国的时代变迁，使每个家庭、每个做父母者、每个教育工作者面临着须臾变化的新情况、新课题和新困难。30多年来，我国社会和经济方面的变化之大、变化之快，在世界各国近现代史上前所未有。由于这种快速变化，我们面临着一系列问题：人均国民收入快速增长、居民生活与消费水平迅速提高，社会精神文明却相对滞后；东部和中西部地区的发展不平衡，导致6000万"留守儿童"的出现；全国统一高考制度的弊病日益凸显，出国留学的中学生和大学生人数快速增加；独生子女政策带来的一系列问题（如溺爱和隔代溺爱、儿童孤独感和独立性、社交能力缺失、失独家庭等）；社会生存竞争向中小学甚至幼儿园的"下探"；等等。面对这些问题，很多做父母、做祖辈者茫然不知所措，他们中的大多数人只得采用最低级的竞争方式——从众，即随大流，来应对子女教育中的问题。很多教育研究者惊呼，对中国出现的这些情况，无论在国内还是国外，都找不到参考文献！他们不得不旱地拔葱似的"创造"出新的研究课题。

面对快速变化的局面，我们是不是需要一种家庭教育的"新理念"？答案应该是肯定的，但是这个"新理念"应该是什么样子呢？

一些专家、学者不断地提出各种家庭教育的"新理念"，但是仔细思忖，这些"新理念"其实大多是"拿来主义"。不消说，欧美国家由于文艺复兴、启蒙运动、马丁·路德的基督教改革、工业革命和后工业革命，它们在科技教育方面的发展也走在前面。特别是在这几百年的时间里，涌现出一批伟大的思想家、哲学家、教育家、心理学家，他们中很多人关于家庭教育的理论与实践确实曾经推动并继续推动着西方家庭教育的发展，并为许多发展中国家所借鉴。但是，如果把他们中的某个人、某个流派或已成为西方主流的一些家庭教育思想拿来，直接用在我国的当下，能行之有效吗？

对这一问题，我经过十几年的观察和思考，给出的答案是否定的。西方家庭教育的好思想、先进理念，必须和我们中华民族的好思想、好传统，特别是和当前我国快速变化的实际情况有机地结合起来，变成中国广大父母儿童可接受、易接受、方向正确、讲求实效的理念，才是名副其实的"新理念"。

孙云晓先生的这套教育丛书，正是对这种名副其实的新理念的一种尝试。首先，丛书中处处流露出作者如孔子所说的"意诚"和"心正"。已届耳顺之年的作者充满真情地向我们叙说了自己的祖辈、父辈、生母、继母，叙说着自己既有阳光又有个性的童年，叙说着自己曾经接受的平凡但充满爱与关怀的家庭教育，意在用自己的亲身经历告诉我们，一个人的成长和成功，和良好的家庭教育是分不开的。其次，丛书引用了大量国外思想家、教育家的教育思想和理念，也引用了国内很多教育学者、心理学者、作家的研究成果或感悟，更引用了大量的实际案例，作者努力把这些东西融合起来，变抽象理论概念为普通人所喜闻乐见的道理，使不同的家庭能够从不同的案例中得到启发。第三，作者努力尝试根据自己的长期研究与思考，提出自己的家庭教育理念。例如，"五元家庭教育法"，"成功是成功之母"理论，对现代儿童观的思考，儿童习惯培养的原则、方法和关键环节，关于父母教育素养的论述，等等。

丛书的另一特点是作者视野的全方位性，这套书分别涉及童年在毕生发展中的地位、儿童行为习惯的培养、父母对子女的爱与尊重、父母的自我教育，以及子女的成功与幸福的关系。把这套100多万字的书读完之后，我深感，如此全面地从中国现实出发、手把手地教给广大父母怎样教育孩子的著作，可能是近年来我国出版界中唯一的一套。它虽非完美无缺，但却极具价值。相信任何一位做父母者读了这套丛书，都会有所收获。

在此，我要感谢孙云晓先生，他在年届六十时，不辞辛劳写出这套浸透自己几十年研究心血的好书。这是他送给自己的生日礼物，也是献给中国广大为父母者的礼物！

陈会昌

2015年9月于北京学知园

写在前面

成功的教育应该是幸福的教育

孙云晓

作为一名从事儿童教育研究40余年的研究者和一位父亲,我完全理解天下父母的强烈心愿,即把孩子送进名牌大学,或者能够将其送出国留学,因为这似乎是孩子走向成功与幸福的捷径。在大学扩招日益普遍化的今天,越来越国际化与多元化的教育发展趋势让这些愿望实现的可能性增加了许多。可是,当你的孩子某一天真的拿到名牌大学的录取通知书或者是出国留学签证的时候,你忽然发现孩子的心理有问题或人格有缺陷,你还会放心让孩子远行吗?你还有改变孩子的可能吗?这些真正的隐患有可能让父母永远难以安宁!

某年我在教育部开会的时候,听北京一所著名大学的领导说,该校对大一新生进行心理调查后发现,有30多个学生有自杀倾向!我不由得想,能够考进中国最好的大学的学生有谁学习不好呢?显然,这不是学习出了问题,而是心理或者人格出现了问题。然而,在家庭教育和学校教育中,心理与人格健康的培养是否被放在了最重要的位置呢?毫无疑问,孩子的人生是否幸福是最能评价教育成败得失的核心标准,也是最能检验父母与教师的教育素养水平的关键指标。

近几年,中国的家庭教育中,出现很多"虎妈"、"狼爸"式的教育模式,究其原因,不管是信奉"棍棒教育"的"狼爸",还是崇尚"严厉管教"的"虎妈",都是希望自己的孩子能够在学业上拔尖,在以后的事业中取得成功。父母希望通过教育能够让孩子在学习上出类拔萃,优于别的同学,所以不断地给孩子报各种辅导班和特长班,想方设法让孩子进入名牌小学、中学、大学,考入名校成为读书成功的标志。为了给孩子今后事业的成功打下坚实的基础,一些父母认为,让孩子多经历失败或是过早地承受压力,甚至让孩子去挑战超出其能力承受范围的事情,就能培养孩子的抗挫折能力,这些错误的想法有可能让孩子的内心变得更加脆弱和自卑。

人人都渴望成功,这本无可厚非,可是成功的真正意义是什么?我们很多人并不理解。成功就是在各个方面比别人优秀吗?成功就是进入名牌学校吗?成功就是拥有无尽的财富,或是至高的权力与虚高的名望吗?成功就是实现父母的期望吗?

请看2002年3月《家庭》杂志的一篇纪实报道《逼子成才酿悲剧:国宝级科学家痛失爱子》,成功有时被父母演绎得如此触目惊心。

这位父亲是某知名学府教授、中科院院士,母亲也是大学教授,他们都在科学领域里做出了让世界瞩目的贡献,堪称国宝级科学家。他们30多岁喜得一子,对孩子施与厚爱、寄予厚望,并取名智勇。智勇秉承父母先天优质的遗传基因,又受后天良好的家庭环境熏陶,智力发展和学习成绩从小就出类拔萃。

父亲发现儿子是个当科学家的苗子,认定自己的人生价值可以在儿子身上得到体现和延续,心里别提有多么欣慰了。于是,他望子成龙的砝码呈几何级数增长,智勇5岁半就上了小学一年级,二年级结束时直升五年级,初中、高中一路遥遥领先,不到14岁就以优异的成绩考入北京大学,之后留学美国布朗大学。然而,在异国他乡的某一天,父子间发生了一场激烈的争吵。智勇说:"这一辈子,我绝不会从事学术研究,也不想当什么科学家,我只想平静地、有所作为地生活。"盛怒之下,父亲忍不住给了他一巴掌,智勇捂着又红又肿的脸冲出房门,驱车违章高速驾驶,不幸发生车祸,意外身亡。

移开耀眼的成功光环,这对父母在为儿子一点一点地缔造成功的同时,也给孩子的不幸人生早早埋下了伏笔。智勇几乎没有真正的童年生活。1岁半时,父母就用各种方式训练他的观察与反应能力;3岁时,父母就开始教他识字,算算术。同时,从小学一年级开始,爸爸就训练活泼好动的小智勇养成当科学家所需要的安安静静的性格。爸爸规定,他必须在书桌前持续坐两小时,然后才可以休息十五到二十分钟,否则就罚写20页字,或演算50道习题。小智勇总是在跳级,因此没有同龄好友,当同班的大龄同学欺负他的时候,他就牢记爸爸的"教诲":如果班里有同学欺负你,你要用最好的成绩去打败他们,只有用智力取胜的人才是真正的胜利者。就这样,小智勇交友的能力与快乐都被学习取代了,而没有伙伴的童年是多么孤寂和单调啊!

在学习压倒一切的家庭教育下,父母只看到儿子一路成功,却无视他还应该拥有幸福的童年,更没意识到,孩子不能是父母的复制品,他终究要长大,进而定位自己的人生观。问题就出在这里,这对父母不允许聪明的儿子有自己的选择,也不允许他"平静地、有所作为地生活",而只能按照他们的理解去当一个成功的科学家。孩子小的时候可以是一个听话的乖孩子,可是他终究要长大,有自己的思考和选择,这时小智勇的父母却仍然是专制的暴君。因此,这个家庭的不幸迟早会发生,只是它发生得太早、太突然、太悲怆!

面对片面的成功学,面对一批批走向犯罪的青少年,我们是否应该反思当下的家庭教育、学校教育和社会教育怎么了?进入名校,孩子们就成功了吗?他们幸福吗?为什么会出现1994年清华投毒案、1997年北大投毒案和2013年复旦投毒案?我们必须承认的是,大部分孩子是没有机会进入名校的,现实中所谓的"差生",他们中也不乏爱因斯坦、比尔·盖茨和乔布斯这样的成功人士。

成功的真正意义到底是什么?

在《辞海》中,"成功"被定义为"获得预期的结果"。成功指的是事情或事件达到或实现某种价值尺度,从而获得预期结果。

本书对于成功的新概念界定为:成功就是发展,成功就是选择,成功就是和谐。

成功就是发展,即在原来的基础上获得发展,有了提高,就是成功。成功就是实现一个又一个的小目标。真正的成功教育就是变反复失败为反复成功,因为反复失败的孩子越来越差,反复成功的孩子越来越好。

成功就是选择,对于一个肯奋斗的人来说,成功在于选择,而选择在于自知。成功者就是选择了适合自己的路,失败者则是选择了不适合自己的路。

成功就是和谐,成功就是与他人和谐相处、与环境和谐相处、与自己的身心和谐相处。成功的家庭与学校必定会有一个显著特征:亲子之间、师生之间、同伴之间平等和谐,两代人相互尊重、相互学习,共同成长。

　　新时代的成功观还有新的维度。

　　耶鲁大学心理学教授罗伯特·斯滕伯格提出,每个成功的人应该具备三种智力,即分析性智力、创造性智力和实践性智力。成功智力是每个正常的个体都可以发展的,成功智力不仅仅与学校中的成功有关,也与生活里的成功紧密联系。生活里的成功是个体用创造和实践的能力去适应环境、选择环境和塑造环境,并最终获得的成功。

　　真正的成功不仅要实现奋斗的目标,更要获得心灵的幸福。如古希腊哲学家柏拉图所说:"幸福的生活就像两股清泉在心中流淌。一股清泉是快乐,可以比作蜜泉,甜蜜而可口;一股清泉是智慧,就如同清凉剂。两股清泉分开后都不能给我们幸福,只有利用我们自身的力量,使这两股清泉合理配置,才能够成为理想的合剂——幸福。"成功的教育应该是幸福的教育,让孩子能够在幸福快乐中成长是教育最重要的使命。

目录

第一章 **成功宣言** 5

有人鄙视成功却期盼幸福，其实，没有成功怎么会有幸福呢？的确，不是所有的成功都通向幸福，但所有的幸福都与成功形影相随。所以，通向幸福的成功才是真正的成功，以成功为基石的幸福才是真正的幸福。

第二章 **成功就是发展** 19

其实，任何一个人都是成功者。只要你能来到这个世界上，你就是一个冠军。每一个人都是父母体内最健康的精子细胞和卵细胞的成功结合。也就是说，在出生之前，你已经赢得了许多场战役的伟大胜利。

| 第三章 | **成功在于选择**　93

成功的道路千万条,但对于每个人来说,仅有一条最佳的路,即最适合自己发展的路。对于一个肯奋斗的人来说,真正的成功在于选择,而选择在于自知。成功者就是选择了适合自己的路,失败者则是选择了不适合自己的路。

| 第四章 | **成功即为和谐**　159

美是一种和谐,幸福是一种和谐,而和谐更是成功的本质特点和最高境界。许多失败可归结为不和谐,许多成功也可归结为和谐。成功的非凡境界是三大和谐,即与人相处和谐、与社会相处和谐、与自然相处和谐。

| 第五章 | **关注成功智力**　209

2015年8月,清华大学生命科学学院院长施一公教授的一句话引起社会广泛关注,即"最不重要的素质就是你的智商"。其实,智商作为分析性智力

的一部分,不能说不重要,但创新智力和实践智力的确比智商更重要。只有三者达成一种平衡,才能使成功智力发挥到极致。

┃第六章┃　真正的成功是幸福　　243

　　我们穷尽一生追求成功,可知真正的成功就是幸福。如果放弃对幸福的追求,或者说失去成功最重要的坐标——幸福,那么,成功有可能会变成魔鬼,变成陷阱,变成鸦片。所以,成功教育的最终目标也应该是幸福教育。

 # 没有人比父母更渴望孩子成功

　　无论是幼儿园还是小学中学,如果举行学生的文艺演出或各类比赛,什么是最吸引学生父母的环节?毫无疑问,自家孩子在台上表演或参加比赛,就是最吸引学生父母的。

　　没有人比父母更渴望孩子成功。

　　据中国青年网报道,2015年5月31日,在广东清远,有一群这样的父母,竟然参团或自驾带着孩子去参观一套售价400多万元的豪华度假别墅,以此来激发孩子的成功欲望。这一行为传递给孩子的信息就是要其努力学习,从小要有奋斗理念与财富意识,长大后才能成功,才有能力购买豪华别墅与名车。

　　这个报道引发了社会的广泛关注,一个焦点触动了大众敏感的神经,即什么是真正的成功?应该如何激励孩子追求成功的人生?

　　21世纪教育研究院副院长熊丙奇评论道,对于未成年学生,尤其是幼儿,必须进行正确的人生观价值观教育,功利的成功学价值观,其实是一剂毒药,对孩子的健康成长极为有害。对于孩子的教育,父母首先应该关注的是做人的教育。离开了做人的教育,一味给孩子灌输功利的成才观,会扭曲孩子的人格乃至人生。

　　在望子成龙、望女成凤心理的驱使下,许多父母希望孩子能够考高分,上名校。以分数论成败、以成绩论英雄好像已经再正常不过,因为一

分之差，很多人就会被名校拒之门外。可是，一分真的可以区分孩子的能力吗？

为了避免这样的一分之差，太多父母加入了这场人生大考的备战之中。他们关心孩子每次的考试成绩，关心孩子的薄弱学科，关心孩子的应试技巧，关心孩子的饮食营养，等等。可是，他们往往忽略了孩子内心的真正需求。

孩子到底适合什么？父母也很少问孩子"今天在学校和同学、老师相处得怎么样"、"今天过得开心吗"、"今天篮球打得怎么样啊"等类似的话。父母时常会想，等上了名牌中学和大学之后，孩子就轻松了，自己也跟着轻松了。实际上，没有健康心理的孩子怎么轻松得了？

2014年4月28日《中国教育报》刊登了《一个孩子的困惑——考不了100分就是没出息？》一文，作者卢十四最后考上了一所重点大学，拥有了一份不错的工作，但是内心深处，一直怀念的是读学前班时的那个自己——手举一份不知道是70分还是80分的试卷，兴高采烈、蹦蹦跳跳，不知何为有出息，却无比快乐。学前班之后，卢十四遭遇了什么，让我们来一探究竟，应该有不少人会感同身受，找到曾经的或者现在的自己。

当儿时的十四拿着自认为分数很高的试卷回家时，妈妈却泼了一盆冷水："你才拿七十几分，高兴什么？你看看别人家的小孩！"

从此，小十四的世界改变了。小学时代，作为优等生的十四，没有为达标、考试担忧过，但妈妈却一直不满意，因为他没有拿到100分。

面临小升初的激烈竞争，小十四的成绩总是在95、96、97、98、99.5之间徘徊，就是考不了100分。妈妈有办法让十四做习题、背课文、记单词、晚睡早起、不看电视，但她无法替十四考试，无法让十四提起精神去追逐100分。妈妈为此骂过十四无数次，甚至有一次因为他考了96分，妈妈抄起一根长竹竿就打，将竹竿打断成两截。

之后在一次痛骂中，妈妈问十四："你到底有没有自尊心？"卢十四一句"你骂我的时候，我就有自尊心"，换回的是一记大耳光。可以想象，当一个人被问到有没有自尊心的时候，他的自尊心已经被践踏了无数次。

读完六年的小学，十四收获了省重点中学的入学通知，同时还有一副近视眼镜和达到肥胖标准的体重。十四一直羡慕着稳居班级前10名的好友，因为考入前10名意味着不用挨骂。可是好友高中时的日记里面写满了苦闷，讲述了他曾在考到全班第六之后，被他爸妈痛骂为何总也考不进前三的经历。

　　"我不想考100分，我不想考前三，我不想达标，我不想让你们满意，我觉得我现在这样已经很好了，我已经对自己满意了。"这是一个孩子的真实想法，可是在父母的要求下，这种想法让他变得惭愧，也羞于承认。

　　从此，许多人走上了一条不归路，为了他人的满意，为了他人眼中的成功，为了在社会上考100分，不断地追逐名、利、权。且不说有多少曾经风光过的人选择了自杀，有多少人当官之后沦为了阶下囚，只说有多少成功人士到头来却感觉幸福离自己是如此遥远！

　　古往今来，追求成功都没有错，但成功不能偏离幸福的航道。在能力重于分数、品行重于学历的新时代成才趋势下，我们需要让自己的头脑更加清醒，真正的成功一定是以追求幸福为导向的，否则成功有可能使人变成魔鬼！

第 一 章

成功宣言

有人鄙视成功却期盼幸福,其实,没有成功怎么会有幸福呢?的确,不是所有的成功都通向幸福,但所有的幸福都与成功形影相随。所以,通向幸福的成功才是真正的成功,以成功为基石的幸福才是真正的幸福。

你是一个成功的人吗？如果你对答案犹豫不决或者即刻否决，或许可以思考两个问题：你觉得成功是什么？怎样做才能成功？

其实，如今是一个大众成功的时代，成功已经不再属于少数人，也不再是一个将来时，而是一个现在时。此时此刻你就是成功的，只要你比昨天有进步，只要你选择了一条合适自己的道路，只要你的身心是和谐的，你就是成功的。

每个人都有属于自己的巨大潜能，而教育的目的就是发掘每个人身上的潜能，使其个性得到充分自由的发挥，实现"人人皆可成才，人人尽展其才"的目标。这是新时代背景下的人才观，也是新时代的教育理念。

教育是一门艺术，更是一门科学。教育的得与失，令世界关注，尤其让天下父母感慨万千，而得与失的深层原因在于教育观念。在知识经济、信息经济的背景下，成功的教育更离不开现代的教育理念。

党的十八大报告中提出的"人人皆可成才"，让多少人欢欣鼓舞，因为人生在世谁不渴望成才？其实早在党的十六届五中全会就已提出"人才强国战略"，要求抓紧培养专业化高技能人才和农村实用人才。

那么，人才是怎么产生的呢？综观中外人才成长史，人才的出现往往是基于浓厚的兴趣和执着的探索习惯。认知需要的是一个人最强大最持久也最稳定的内在学习动力，而竞争需要的是一个人最具消极性与破坏性的学习动机。

我们在研究中发现，学习压力越大，孩子的认知需要和成就需要越低。这说明过大的学习压力是不利于人才成长的，而只会压迫孩子的想象力与创造力。

素质教育恰恰是为了走出育才误区而推行的一种现代教育模式。素质教育的灵魂是以人为本的科学发展观。可以说，应试教育只能培养出畸形人才，只有素质教育才能培养出真正的人才。

教育部一位老领导曾说过，素质教育与应试教育有三个根本的区别点：一是面向全体学生还是面向少数学生，二是全面发展还是片面发展，三是用多把尺子衡量人还是用一把尺子衡量人。毫无疑问，前者即为素质教育，后者则为应试教育。

1999 年，中共中央、国务院颁发了《关于深化教育改革全面推进素质教育的决定》。就在同一年，中国青少年研究中心启动了"中国青少年素质教育——成功计划"，推出的正是崭新的成功理念——"人人能成功！"

时任中国青少年研究中心副主任和《少年儿童研究》杂志总编辑的我，欣然命笔，写下了如何让每一个孩子都成功的《成功宣言》：

成功就是发展！

成功就是选择！

成功就是和谐！

什么是成功

古往今来,人人渴望成功,而子女成龙、成凤更是一代又一代父母的愿望。可是,许多人在实现了追求的目标后,却痛苦地发现,这成功早已吞噬了自己的幸福。

这教训或许给人启示:成功固然离不开适当的外在形式,但更取决于内心的实质感受。也可以说,成功的真正内涵是幸福。

我认为,现代意义的成功理念离不开六个字:发展、选择、和谐。这实质上也是人才观的新概念。

(一)成功就是发展

以分数和名次等所谓的统一标准评判优劣,必定让多数人成为失败者。人是有千差万别的,成长的基础与背景也各不相同。所谓素质教育绝非齐头并进,而是让人在各自不同的基础上都获得发展,这种发展就是成功。成功教育就是变反复失败为反复成功,因为反复失败的孩子越来越差,反复成功的孩子越来越好。实践证明,失败是成功之母,成功更是成功之母。最大的成功是人能够可持续发展,直至释放出生命的全部能量,获得真实的幸福。

（二）成功就是选择

成功的道路千万条,但对于每个人来说仅有一条最佳的路,即最适合自己发展的路。权衡能力也是一种选择能力,两利相权取其重,两害相权取其轻。哈佛大学加德纳教授的多元智能理论和中国的俗语——"三百六十行,行行出状元",都说明了善于选择的人是智者。

（三）成功就是和谐

幸福即成功,而和谐即幸福。许多失败可归结为不和谐,许多成功也可归结为和谐。

成功的非凡境界是三大和谐,即与人相处和谐,与社会相处和谐,与自然相处和谐。所谓成功的人,必然是一个和谐发展的人,是一个德才兼备的人;所谓成功的家庭与学校,必定会有一个显著特征,亲子之间、师生之间、同伴之间平等和谐,两代人相互尊重、相互学习,共同成长。

可以相信,如果确立了发展、选择、和谐的新成功观,我们会欣喜地发现,原来许多被认为是"差生"的孩子,其实都是很可爱的,都是潜力无限、大有希望的。

在这个方面,上海市闸北第八中学做出了示范,并因此成为了行业内的典范。该校曾经是一所薄弱初中,留级率一度达到37%。但自从实施成功教育以来,每个学生都达到合格以上水平,并且人人都能抬起头走路,成为社会需要的各类人才。

怎样才能成功

　　当我们明白成功并不是那么遥不可及的时候，我们也懂得了成功人士的品质并不是与生俱来的。

　　没有人注定会成功，也没有人注定会失败。也就是说，成功是可以学习的，通过家庭、学校、社会和自身的成功教育，可以实现"人人都能成功"。

　　纵观古今中外的成功人士，他们的成功表现各不相同，但是你会发现成功人士身上都会有一些类似的品质。如何才能挖掘每个孩子身上的优势，找到适合孩子的道路，并帮助他在这条道路上完成自身的和谐发展，这就是我们的成功教育应该做的。

　　为了取得成功，收获幸福，我们需要的是**尊重、习惯、自信、梦想、实干和创新**，这是成功人士留给我们的经验，也是我们走向成功的秘诀。

（一）成功来自尊重

　　谁是校园的主人？

　　这并不是一个难以回答的问题。进入 21 世纪以来，学校的老师一般都会认为，学生和教师都是校园的主人，这应该是一个使用频率很高的概念。

　　然而,问题就出在这里:你是把"学生是校园的主人"仅仅当作概念呢,还是作为行动的准则呢? 这是一个分水岭。也可以说,这是检验一个教师是否具有现代教育理念的重要标准,而现代教育理念的核心就是"尊重"二字。

　　首先,要尊重教育规律,即教师在教学中按教育规律而不是按个人主观愿望去实施每一项教育活动;其次,要尊重人才成长规律,发展学生个性,营造民主、平等、和谐的适宜学生发展的教育环境。

（二）成功需要养成良好习惯

　　行为习惯是人的稳定的自动化的行为。因此,教育的重要目标是让人养成良好习惯,而养成良好习惯是培养健康人格的坚实基础,是德育的核心任务。

　　研究表明,人的一生都是养成好习惯、改正不良习惯的过程,但3～12岁是养成良好习惯的关键期和最佳期。所以,家庭教育的计划是良好习惯的培养计划,教子成功之路也是培养良好习惯之路。

（三）成功需要自信

　　教育的核心是培养人的健康人格,而健康人格的核心是自信。因此,教育的第一任务是让人相信自己是好人,是能人。没有自信就没有成功,而越自信离成功就越近。

　　自信以自知为基础,以兴趣和自强为动力。自信者相信自己是潜力无限的人,是自由幸福的人;更相信"天生我材必有用"、"机遇是留给有准备的人",而自己正是这样的人。

（四）成功需要梦想

梦想是理想的自然形式。梦想是鸟儿的翅膀，梦想是人生的太阳。只要心中拥有梦想，人就会在希望中生活，并不断地创造生命的奇迹。是否拥有梦想，是衡量一个人能否成功的标志之一。成功者多出于梦想家之中。童年是多梦的季节，有爱心的智者会精心呵护梦想，让梦想的种子长成参天大树。

（五）成功需要实干

实干是一切成功者最本质的特征，也是奠定一切成功最重要的基石。成功的大厦是由实干的砖瓦建成的。对于儿童来说，听不如看，看不如干，最好的学习方式是在做中学。实干是最难忘却的体验学习，是最可靠的成功之路。

值得教育者深思的是，孩子是在体验中成长的；成功的体验越多，成功的信心与能力就越强；反之，失败的体验越多，失败的情绪与困扰就越重。

当然，失败的体验也具有特别的价值，从失败中总结学习也是成功之路。对孩子说一百遍道理，不如让他们实干一次。实干的体验是成功的捷径。

（六）成功需要创新

在互联网时代，创新不仅是成功的鲜明特色，而且是成功者最宽广的奋斗之路。创新离不开审美眼光,离不开好奇心,离不开想象力,更离不开旺盛的求知欲和娴熟的动手能力。

　　21世纪的创新更要求学习者具备管理知识与处理信息的能力,这些恰恰是现代成功者必备的素质。因此,鼓励童言无忌,鼓励奇思异想,鼓励脱颖而出,是今日成功教育的原则。

为什么"人人能成功"

从"成功只是少数人的权利"到"人人都可以成功",这是教育理念的革新,也是人才观念的转变。以前人们似乎认为,成功只是少数人的权利,和大多数人没有关系;成功的人应该是那个站在世界前沿的人,是某个领域的领军人物。但是,我们忽略了在日常生活中,我们都在体验着成功,无论是大还是小。

(一)每个人都具有惊人的发展潜能

为什么儿童的能力常常令成年人惊讶?为什么儿童会有成年人完全没有教过的许多本领?在《吸收性心智》一书中,意大利著名教育家蒙台梭利揭示了其中的奥秘:"儿童的心中都有一个不辞辛劳的导师,他教学技巧高超,以至在全球各地的孩子身上,都获致相同的成果。"我们最需要的教育是给孩子体验的机会。

对每个人来说,当他生命开始的时候,就已经是一个了不起的成功者了。每个人都是宇宙间伟大的生命之星。每一颗生命之星都是独一无二的。

有千差万别的人,就有千万条成功之路,何必挤在一条路上迷失自己呢？哈佛大学教授霍华德·加德纳研究发现，每个人至少有八种智能——语言、数学逻辑、空间、音乐、身体运动、人际关系、自我认知、自然。但是，每个人的智能结构都是不同的。他指出："在不同领域，不同行业，人们取得成功所需要的才能和智慧是不一样的。几乎每个孩子都有自己擅长的一种或几种才能。"因此，完全可以相信，只要发挥各自的智能优势，每个人都可以走向成功。

（二）素质教育使每个孩子都能成功

在我看来，真正的教育就是唤醒孩子心中沉睡的巨人，因为孩子都有惊人的潜能，只有体验自己的能量才会充满自信。如美国著名心理学家塞利格曼教授所说，刻意缓和抑郁、沮丧的情绪，会让孩子更难体会满意的感受。帮助孩子逃避失败的感受，会使孩子更难得到掌控感。鼓励廉价的成功，会造就以失败为昂贵代价的下一代。

中国的学生之所以常有焦虑感乃至备感失败，大多与应试教育的影响有关。应试教育将义务教育扭曲为选拔教育、淘汰教育、失败教育，必然让大多数学生成为失败者，而这是与现代教育的目标背道而驰的。

素质教育使义务教育恢复本来的宗旨，即国民素质教育，而国民素质教育必定是合格的教育，是面向全体的教育、成功的教育。素质教育以发展作为义务教育的核心目标和考核标准，为每个孩子走向成功提供了坚实保障。

（三）成功是一种人人可以获得的独自体验

教育孩子的前提是了解孩子，了解孩子的前提是尊重孩子。了解与尊重孩子，是成功教育的要旨。教育是人的解放，而不是枷锁。教育的艺术就是唤醒,唤醒孩子心中沉睡的巨人。教育的根本目标是让人获得幸福,而不是表面意义上的成功。没有幸福的成功不是真正的成功。

成年人的幸福与不幸往往可以在童年找到深刻的原因,因为一切都是从童年开始的。孩子越小越需要成功的开始,尤其是需要拥有学习的快乐体验,而快乐来自兴趣。古罗马教育家昆体良是班级授课制思想的倡导者,但他告诫人们:"最要紧的是要特别当心不要让儿童在还不能热爱学习的时候就厌恶学习,以致在儿童时代过去以后,还对初次尝过的苦艾心有余悸。"

让每个孩子拥有幸福的童年,是让每个人成功的特别紧要的条件。因此,父母与教师应当是幸福童年的保护人,是儿童权利的捍卫者。我们完全可以相信,每一位父母与教育者都会真诚地愿意为孩子捍卫童年。因此,每个孩子都有希望体验到各自所需要的成功与幸福。

让我们行动起来!

毫无疑问,上述成功的新理念,对今天的家庭教育、学校教育和社会教育都提出了挑战。

教育者先受教育。要提高孩子的素质,首先要提高父母与教师的素质。这种前素质教育的成败,决定着整个素质教育的成败。因此,提高父母与教师的素质刻不容缓,为了孩子,对成年人世界的改造刻不容缓。

一个人从他(她)做了父亲或母亲起,便需要一种特殊的素质——教育素质,即教育孩子所需要的观念、方式及能力。为切实推进"中国青少年素质教育——成功计划",我们将致力于父母教育素质的提高。

我们认为:成功的父母需要具备五种素质——现代的教育观念、科学的教育办法、健康的心理、良好的生活方式、平等和谐的关系,而这些正是父母教育素质的主要内容。将成功的父母需要具备的五种素质融为一体,就形成了五元家教法,也是成功家教法。

联合国国际21世纪教育委员会提出:学会求知,学会做事,学会共处,学会做人,是21世纪教育的四大支柱,也是每个人一生的知识支柱。

可以说,成功父母的五元素质与21世纪教育的四大支柱内涵完全一致,而这恰好成为当代父母最重要的学习内容。

为了孩子的成功,让我们先走向成功!

为了两代人的幸福,让我们终生学习!

为了民族的希望,让我们共同推进成功计划,让人人能成功!

第 二 章

成功就是发展

其实,任何一个人都是成功者。只要你能来到这个世界上,你就是一个冠军。每一个人都是父母体内最健康的精子细胞和卵细胞的成功结合。也就是说,在出生之前,你已经赢得了许多场战役的伟大胜利。

成功离我们并不遥远,并不是只有学习成绩取得全班第一、全年级第一才叫成功,也不是只有考上名牌大学才是成功,更不是只有成为亿万富翁或领导人才叫成功。当你实现一个又一个的小目标,在原来的基础上获得发展,有了提高,就是成功。每天的一点点进步让每个孩子都能体验到成功,这样孩子就会越来越自信,从而形成反复成功。反复成功的孩子也会越来越好。

你是好学生吗?当面对这样一个提问的时候,许多成绩不理想的学生很难抬起头来。在他们看来,自己是失败者,因为学习成绩不好就不是好学生,成功似乎永远与自己无缘。

其实,任何一个人都是成功者。只要你能来到这个世界上,你就是一个冠军。从生理学的角度来说,每一个人都是父母体内最健康的精子细胞和卵细胞的成功结合。也就是说,在出生之前,你已经赢得了许多场战役的伟大胜利。

遗传进化学家舍菲尔德说过:

"在整个世界史中,没有任何别的人会和你一模一样,在将来到未来的全部无限的时间中,也绝不会有像你一样的另一个人。"

所以,我们可以自豪地说:

"我来了!"

"我是与众不同的人!"

"我是一个成功的人!"

孩子们像一个个天使来到人间,给父母带来了从未有过的喜悦,这便是成功的喜悦。可是,好景不长,许多喜悦变成了从未有过的烦恼。

北京的一位母亲曲兰,曾经历过这样难以言说的烦恼。她的儿子中考成绩平平,只能进入一所中专就读。可是,母子俩很快又陷入失望中,因为计算机技术发展日新月异,而学校的教材早已过时,学这些陈旧的知识岂不是浪费青春年华?虽然,教育改革了,中专生也可以考大学,但为了一张文凭,是否值得付出一生中最珍贵的时光呢?

常识告诉曲兰,人应当做自己最喜欢的事情,走最适合自己发展的道路。

细想下来,儿子最喜欢的是计算机和英语,因为四年的上网经历,使他在与外国网友的交流中,已经娴熟地掌握了这两门技能。于是,在儿子的请求之下,她做了一个大胆的决定:退学! 回家自学! 寻找适合自己发展的道路!

曲兰忐忑不安地说:

"儿子,妈妈也不知道退学这条路是对还是错,也许这是一条捷径,也许会因此让你一生备受折磨。从现在开始,你就要自己给自己当教授,安排自己的学习了。"

不料,16岁的儿子却如释重负,像一只出笼的雄鹰,自信地抖动着翅膀。他一边给某报纸的网络版当管理员,一边准备考MCDBA(微软认证数据库管理员)。

曲兰得悉后大吃一惊。当时,敢去报名参加这项考试的大部分是研究生,而绝大多数中学生恐怕还不知道MCDBA是什么东西。中专退学的儿子是否不自量力呢？

谁知，一年后，当同龄人忙于高考时，曲兰的儿子真的通过了MCDBA（微软认证数据库管理员）的全部考试。不久，他又通过了MCSD（微软解决方案认证专家）的考试。

这两项考试是当时微软认证考试中难度最大的两项国际性考试项目。由于对英语和计算机水平要求较高，因此18岁以下的中国青少年中几乎没有人参加这两项考试；即使在中国的IT（互联网技术）界，参加这两项考试并全部通过者也是凤毛麟角。在那一年，亚洲地区20岁以下的青少年中，仅有两人通过考试，而曲兰之子便是其中之一（另一位为19岁的印度青年）。

后来，曲兰之子被调往一家香港公司担任数据库主管。由于做着自己喜欢的事情，他每天都过着快乐的日子，而他的同龄人大多还在为文凭苦读。

曲兰感慨万千地说：

"儿子的经历使我第一次对今天的教育模式产生疑问——是不是每个孩子都得上大学，或者一定要经过16年甚至20年的教育才能成才？"

我想，人类教育史上最重要的也是最简单的经验早已回答了曲兰的疑问——教育的有效方法就是体验成功！模式之"模"即标准，模式之"式"即方法。上海市闸北第八中学的成功教育模式即是如此，其"模"就是人人成功（包括每个学生的学业成绩合格），而"式"则表现为低起点、小步子、多活动、勤反馈。

唤醒孩子的成功意识

（一）所谓"差生"都是冤假错案

据媒体报道，近年来，把学生分为三六九等的教育歧视现象频繁发生。一些地方出现了"差生"戴绿领巾、成绩好的学生穿红校服，"差生"冬天在教室门外考试，老师在"表现不好"的学生脸上盖蓝印章，要求学生交不听话押金，根据学习成绩好坏发放红、黄、绿三种颜色的作业本等现象。孩子们被区别对待，被贴上了有色标签，看似是比打骂惩罚轻，实则对孩子的伤害更大。

首先，给学生戴上"差生"的帽子就是一个天大的错误，这完全属于制造冤假错案。孩子是千差万别的，有些孩子在某些方面较强或较弱，完全是正常现象。如果以科学的态度去分析一下就会发现：

第一，所谓的"差生"的某些较差表现有复杂的原因，如生活与教育的环境以及学习的基础较差、受到遗传因素的不良影响等，也就是说，孩子的差主要是因为大人的差造成的。

第二，所谓的"差生"往往是某一科或几科考试成绩差，或者有某些品德缺陷和过失行为的孩子，但没有一个孩子在所有方面都差，而"差生"的概念却是彻头彻尾地否定了孩子。

第三,所谓的"差生"与所有的未成年人享有同样的权利,但他们的许多权利经常被剥夺。

第四,给小孩子戴上"差生"的帽子可能会产生标签效应,让他们从小认定自己是坏蛋,是笨蛋。这种自我否定倾向有可能使其一生都生活在阴影里,甚至一辈子抬不起头来。

差生现象是中国教育的一个顽疾。九年义务教育本是国民素质教育,是合格的教育,是让人人成功的教育,却在许多地方被扭曲为只将注意力集中在少数学生身上的精英选拔式教育、淘汰式教育。实际上,将来成为精英的人未必在中小学时代就拔尖。对于优质和高等的教育资源并不发达的中国而言,以升学考试为中心的应试教育必定是让大多数人失败的教育。

我们在研究中发现,违法犯罪的青少年有一个极其显著的共同特征,那就是他们都是应试教育的失败者。从这个意义上说,应试教育是犯罪机器,而"差生"的制造者们则是犯罪机器的帮凶。

那么,在应试教育一时难以根本改变的情况下,对所谓的"差生"现象是否就无可奈何了呢?对此,实践已经做出了最好的回答。

上海市闸北八中曾被称为"差生的集中营",初一新生的留级率一度达到37%。但是,经过多年的成功教育实验,该校已成为校风与学业优良的全国名校,不但每个学生都合格毕业,而且培养出了大批富有个性的创新人才。

其实,该校成功教育的秘诀用一句话就可以概括,即"变反复失败为反复成功,因为成功更是成功之母。"好教育的核心目标是激励人追求幸福人生,而好教育必定是以尊重和包容为导向的和谐教育。

（二）成功教育旨在为每一个孩子创造成功的机会

据OECD(经济合作与发展组织)官网报道,2013年12月3日,经济合作与发展组织发布了《2012PISA（国际学生评估项目）测评结果报告》。此次调查在全球65个国家或地区同步展开，测评分数学、阅读和科学三个项目，主要是考察接近完成基础教育的15岁青少年是否掌握了参与今后社会生活所需要的问题解决能力和终生学习能力。第二次参加该项目测评的上海学生蝉联冠军。这不仅意味着上海学生在学业成绩排名上的优势，更凸显了上海基础教育的质量。为何上海基础教育突出？我们不妨从上海曾经最薄弱的学校谈起。

2002年5月，我从北京赶到上海闸北八中采访。

其实，早在1992年，我就已经关注闸北八中了，因为该校的成功教育轰动全国，但当时我并未决定前往采访。在我看来，一种成功的教育经验或模式，至少要经过10年甚至更长的时间来检验。

时任国家教委副主任的柳斌在对闸北八中进行考察后认为，成功教育是素质教育的成功模式。

1997年，时任国务院副总理的李岚清又到闸北八中进行考察，并提出要进一步向全国推广该校的成功教育经验。闸北八中自1987年开始成功教育实验，到2002年已有15年了。15年的实践足以检验成功教育的成败得失了。

刘京海还是老样子，一脸愁苦之相，一头凌乱的鬈发，穿着极普通的黑色夹克衫，拼命地抽烟。也许，只有那副金丝边眼镜略显其学者之风。

刘京海祖籍山西灵石，父亲是老红军。1950年他在南京出生后不久，父亲随部队进入上海，所以为儿子起名京海。新中国成立后，父亲勇挑重担，去江苏大丰劳改农场工作。刘京海也在大丰长大。1966年初中毕业之后，刘京海去农场劳动，种过田，当过兽医，因成绩突出，被推荐进入上海师范大学培训。1974年结业后，他被分配到上海粹文中学任教，从此开始了教师生涯。

刘京海是好学之人，在任教期间，他参加了华东师范大学和上海师范大学的培训学习，获得两张本科毕业证书和教育学学士学位，又取得研究生课程结业证书。

几乎没有人会想到，作为中文系的学生，刘京海志在攻克世界性的教育难题，即"差生"教育。

人的选择往往与自己的经历有关。香港报纸曾以"'差生'教差生效果惊人"为题，别具一格地介绍了刘京海的成功教育，其中关于刘京海的"差生"经历引起了我的极大兴趣。

原来，读小学时的刘京海，的确属于差生一族。他不仅调皮捣蛋，还敢偷农民的萝卜吃。当农民来学校告状时，偷萝卜的同伴害怕了，纷纷向老师承认错误，唯有刘京海默不作声。他人小鬼大，早想好了对策："我没撒谎呀，他告状说我们偷萝卜，可我偷的是胡萝卜呀！"

幸运的是，刘京海遇上了好老师。刘京海很聪明，听课听一遍就懂了，懂了就开始折腾。老师并不训斥刘京海，而是递给他一摞书让他看，这使他一下子安静了下来。另一位老师发现刘京海学习很粗心，写完作业不检查，就让他担任墙报干事。每一次出墙报都要画人物，画鬼容易画人难呀！任凭刘京海再聪明，画完了人物，总有同学说画得有毛病。于是，要强的刘京海就一遍遍地修改，直改到大家满意为止。后来他才彻悟，老师是通过这种方式培养他的恒心与毅力。假若碰上简单粗暴的老师，也许，他就真成一个差生了。

1987年，已经担任区教育科学研究室主任的刘京海，受命主持在闸北八中进行的成功教育实验。

所谓"差生"并非与生俱来

走马上任之初，他就安排自己与初一新生见面。当他坐到台上，满怀关切地看着台下的学生时，他吓了一跳：怎么回事，虽然每个孩子都五官齐全，但他们的眼睛仿佛不会转动，一个个傻乎乎的样子。

"天哪！这是些什么孩子！"刘京海心里惊叫道。

他到过许多学校，以往看到的都是一双双闪亮的眼睛，仿佛会说话，他与孩子们在一起，总是充满欢乐与朝气。然而，这里怎么会有这么多目光呆滞的孩子呢？

实验开始,刘京海选择了两个普通的初一新生班作为试点,计划三年内不调入一个优秀学生,也不调入一个优秀教师,一切教育活动均按成功教育的理念来开展,看看成功教育能否改变"差生"的面貌。

经过了解,刘京海对闸北八中有了更清楚的认识。闸北八中1987届初中毕业生的留级率为37%,三门主课(语文、数学、英语)总分全区倒数第三。具体一点说,全区34所中学,闸北八中学生的考试成绩排名是:语文第32名,数学第33名,英语第29名。

闸北八中的学生,90%以上家住棚户区,就是那种用废砖旧瓦、水泥块、煤渣砖、零碎玻璃钢瓦垒起来的平房,一户紧贴一户,像鱼鳞片一样。每家人都挤在一间小小的房间里,吃喝拉撒都在里面。所谓的"街",只是一条小巷,弯弯曲曲,像迷宫似的,外人很难摸清里面的东西南北。

刘京海满腔同情地对同事们叹道:

"这些孩子每天吸进的氧气也比住公房的孩子少啊!咱们要给他们加氧才行啊!"

一天,某教师批评实验班的一个学生,他的父母竟来学校找老师理论,振振有词地说:"我的儿子自小聪明,上幼儿园时就会打麻将!"

言者无意,听者有心。刘京海特地去幼儿园做了调查,发现果真如此。一位幼儿园老师告诉他:有一天,她用白色粉笔在黑板上写了一个"中"字,刚要教孩子念中国的"中",就听下面有人在说"红中"。老师想不通,哪来的"红中"? 一问,不少孩子说,在家里打麻将的时候,就认识"红中"了。

刘京海听了,心中一阵悲凉。他想起了学校附近流传的顺口溜:

八中八中,
大门朝东;
流氓成群,
打架成风。

历年来，闸北八中毕业生的合格率始终徘徊在20％左右，而犯罪率却高居全区之首。这一切，都与闸北八中学生的自信心被挫伤和恶劣的社区环境有关。

进行一项科学实验，首先要找准问题和原因，同时，还应借鉴国内外的经验，才能制订有效的对策。

让每一个孩子看到成功的希望

经过大量的调查研究，刘京海收集了几千万字的国内外相关教育资料。随着调研的深入，刘京海心里对如何实施成功教育渐渐有了眉目。

一天下午，他在课题组会议上分析道：

"如果我们回想一下自己以及孩子的成长经历，就不难发现，孩子天生都是喜欢读书的。每年开学，一年级新生都是高高兴兴进校门的。随着考试的出现，考试不及格就在所难免，而只要有考试就有人的成绩排在最后。当这种现象反复出现在某一个孩子身上时，孩子的自卑感就会上升，自信心就会下降，他就会表现出对学习的厌恶和抵触。北京市的调查也表明，初中生厌学比例超过70％。归根结底，学习反复失败是差生的主要表现，也是厌学情绪产生的主要原因。

"可以这样说，传统教育模式中存在的种种弊端已经成了制造差生的罪魁祸首。如果还不从根本上改变教育模式，实行素质教育，不仅八中的孩子没有出路，中国的教育也没有出路。我们的教育应该让每一个孩子看到成功的希望，为每一个孩子创造成功的机会！"

刘京海越说越激动，忧郁的眼睛里闪烁着智慧的光芒。他站起来走了几步，又把身子弓向同事，用充满诱惑力的声音说道：

"我们就是要反其道而行之，变反复失败的恶性循环为反复成功的良性循环，重建学生的学习自信心，调动学生的学习积极性！"

刘京海的一席话让大家茅塞顿开，个个振奋起来。不过，当时的研究者并未完全意识到这几句话的分量，后来，"反复成功"这个核心概念才逐渐被认定为成功教育的真谛。

（三）相信每一个孩子都有成功的愿望和潜能

1987年的9月来到了。这是新生入学的日子,也是成功教育实验开始的日子,闸北八中真能获得新生吗?

令人意想不到的是,刘京海提议让楼蓉嬉老师担任实验班的班主任。

"她行吗?"

教师们纷纷议论起来:

"学生们说她是'全校最坏的老师'!"

"差生必须恶治,以毒攻毒呗。"

"可照她这个管法,算什么成功教育呢?"

说心里话,连楼老师本人也没想到重任会落到她的肩上。

楼老师1967年高中毕业后,去上海崇明农场插队三年,后到华东师范大学政教系培训了一年半,再分配到闸北八中任教。这样,掐指算来,她已有十几年教龄了,对学校可谓知根知底。

刚进校门时,老师们看她实诚,就传授给她一条秘诀:

"这里的学生很厉害,他们的父母更不好惹,你要学的本事,就是征服他们,比他们更厉害!"

十几年下来,楼老师征服学生的本领已是炉火纯青。譬如,她不仅仔细研究学生评语,还让学生互相揭发,并一一记录在案。学生一犯错误,她就拿出记录本,威胁道:

"不要认为我不知道你以前都干过些什么,要我公布一两件给大家听听吗?"

时间久了,楼老师的凶恶之名就传开了。

新学期开学,新生们总是互相打听:

"你们的班主任是谁呀?"

"是楼老师。"

“哎呀,那你们就死定了!”

其实,刘京海何尝不知道实验班班主任的重要性呢?之所以选择楼老师,刘京海是经过慎重考虑的,因为透过楼老师那严厉的外表,他看到了一颗炽热的责任心。事实证明,刘京海果然慧眼识英雄,楼老师以非凡的成绩,连续十一年成功担任了三轮实验班的班主任。

对楼老师来说,刘京海对她的信任具有改变她人生航向的意义。

在一次谈话中,刘京海单刀直入,说:

“你有没有想过,为什么你工作辛辛苦苦,却得不到学生和父母的肯定呢?这里面有一个怎么看待学生的问题。多年来,你对学生的看法是错误的,你认为他们又差又笨,是块朽木,不可能成功。带着这种消极的观念从事教育,你的教育怎么能成功呢?学生以失败者的身份进来,你再让他们以失败者的身份出去,这样的老师怎么可能让学生喜欢?我们要相信每一个孩子都有成功的愿望,都有成功的潜能,都会在原有的基础上获得成功。”

说罢,刘京海从挎包中取出几本书,翻到他画了许多标记的地方,语重心长地对楼老师说:

“这几本书,你先拿去看看,会有收获的。要想适应现代教育,必须不断学习和思考啊!”好马一鞭,楼老师十分清楚刘京海的良苦用心。她暗暗发誓,一定要从头做起,决不辜负刘校长的信任。

谁知,初一新生报到那天,实验班42名学生只来了不到一半。

楼老师不由得怒从心起。她生气地对刘京海说:

“您说用积极的心态看学生,可他们连报到都不来,我的积极心态又从何处而来!这些学生就是没有组织纪律性!”

刘京海温和地笑笑,说:

“先不要忙着下结论。我建议你去仔细了解一下,他们为什么不来,也许会有他们的道理呢。”

刘京海的提醒让楼老师自感失态,她连忙表示要走访每一个缺席的新生。然而,真实的情况让楼老师感到肩上的担子又沉又重。

一位新生流着泪对她说：

"接到录取通知书，我在家里哭了整整三天，因为我从来都没想过，我会进闸北八中这样的学校。从那以后，我不敢出门，怕碰到老师和同学，所以报到那天我没去。"

另一位新生说：

"邻居告诉我，进了闸北八中，出来顶多做做大饼油条。我的梦想是当老师，不想去做大饼油条，所以就不想去你们学校了。"

楼老师震惊了！

过去，她去医院看病，医生一听她是闸北八中的，连理都懒得理，这曾深深地刺痛过她的心。可她没有想到，这些风华正茂的少男少女，还未曾跨入闸北八中的大门，身上就已经被打上了耻辱的烙印。

楼老师走访了所有的新生。为全面了解新生的情况，她还到有关的小学去请教那些新生曾经的老师。终于，她心里有了一本账。在开学后的第一次班会上，楼老师拿出一本新的笔记本，和蔼地对学生说道：

"咱们闸北八中是一所正在发生变化的学校，虽然有一些缺点，但也培养了一些劳动模范、企业家和文化工作者，他们中有的还被评选为'上海十佳青年'。这说明，闸北八中是有希望的。

"今天，咱们这个实验班更是人才济济。和田路第二小学来的黄诚同学，积极参加第二课堂的活动，练出了拿手绝活——蛋炒饭。你们再看小李，别看他个子高高大大，他还是业余歌手呢。今后，找个机会，让他们给大家露一手，怎么样啊？"

"好！"

"棒极了！"

全班爆发出了热烈的掌声。这些被训斥惯了的"差生"，根本没想到新的集体是如此轻松愉快。特别是受到表扬的学生，更是喜出望外，乐得合不拢嘴。

黄诚情不自禁地说：

"我爸爸吓唬过我，'八中是差生的集中营。在小学那么多人让着你，现在到了八中,都是坏蛋,要么你把别人打得头破血流,要么别人把你打得头破血流。'今天回家我要告诉爸爸,我们八中是团结的集体,每一个人都是人才!"

（四）以诚意打动学生是成功教育的第一步

崔香缓是一个柔弱的女子,脸白白的,总是笑眯眯的样子。崔老师在八中当了四年老师,与"差生"们建立了深厚的情谊。调去新学校之后,有一次她回八中,坐在校长室里,得到消息的学生奔走相告,纷纷拥来。有一个男孩子挤到最前面,塞给崔老师一个大橘子,却什么话也没说就跑开了。

崔老师的眼睛湿润了,她逐个摸着学生的肩膀,感叹道:

"你们长高了!"

她又拍拍一个男孩子的头,问:

"李伟(化名),你妈妈好吗?"

"好!好!她总是念叨您呢。"

那个叫李伟的男孩子兴高采烈。

李伟曾是个顽皮的学生,常常与人打架。有一次打群架,他叫来的人像一群小狼一样,竟然把学校教导处的李玉振老师给打了。

李老师是体育学院毕业的,自然有些拳脚功夫,可他是来劝架的,怎么好与学生们对阵交手呢? 于是,那群"小狼"逢人便"咬",硬是"咬"伤了李老师。

学校在了解了李伟的情况后,并没有马上处分他,而是请崔老师多给他做工作。

不料,一波未平,一波又起。李伟又踢了高天(化名)一脚,闹出了新的麻烦。

高天是个小胖子,肚子比较大。喜欢恶作剧的李伟总是想摸摸高天的肚子,高天不让,争执之中,李伟踢了高天一脚。谁知,高天竟呕吐起来。

崔老师闻讯赶来,马上送高天去医务室检查,又通知李伟的妈妈带高天去医院拍片子,做细致的检查。医生诊断的结果是:高天并未受伤,而是患有脂肪肝。

崔老师请来了高天的妈妈,并做了一些沟通工作。高天的妈妈通情达理地说:

"孩子之间打打闹闹是常事。这样吧,医药费一家一半,行不行?"

作为一位有经验的老师,崔老师舒了一口气。她深知,此类纠纷很可能会闹出个惊人的索赔金额,再加上追究各方责任,往往会闹腾得鸡犬不宁。所以,她对高天的妈妈再三表示感谢。

此时,最害怕的人是李伟。他完全没想到,自己那么轻轻一脚,竟然会引发如此严重的后果。次日早晨,他背着书包来上学,却一脸愁容,东张西望,不敢进教室。

见到崔老师,他像见到了救星,飞快地跑过去,急切地说:

"崔老师,求求您,您去看看我妈妈吧,她昨天晚上哭了一夜!"

"为什么?"

"为那100元钱呗。"

"还有呢?"

"因为我不争气,总让她伤心。"

崔老师点点头,答应道:

"好吧,放了学我就去,咱俩一块走。"

李伟又说:

"崔老师,您别说是我让您去的。"

"为啥?"

"妈妈不让我给老师添麻烦。"

崔老师感动地说:

"你妈妈是个善良的人啊!李伟,你要多关心妈妈,她多不容易啊!"

"我知道了。"

李伟答应着,眼圈有些红了。

李伟是个苦命的孩子:父母离了婚,母亲改嫁给一个出租车司机,那司机却出车祸死了。后来母亲下了岗,有时靠卖血过日子。

放学后,崔老师在李伟的陪伴下来到他家,那时李伟的妈妈还在流泪呢。

一见到崔老师,她泪如泉涌,悲痛欲绝地哭诉开了:

"崔老师啊,您说我还怎么活呀!为了孩子,我每天中午只吃五毛钱的葱油饼。赔这100元钱是应该的,可我要多少天不吃饭啊!为了孩子,我卖过好多次血,可因为营养不良身子虚,医院都不要我的血了,我怎么活呀?"

崔老师早已泪水涟涟,劝道:

"李伟是个好孩子!为了他——"

李伟的妈妈打断了崔老师的话,叫道:

"是什么好孩子!他是在吸我的血呀!"

"妈妈!"

李伟再也忍受不了了,扑通一声跪在地上,大声说:

"妈妈!我再也不惹您生气了!"

说罢,李伟号啕大哭起来。那少年的哭声中有悲切,也有忏悔,还有说不清楚的委屈。这样的大哭对于李伟来说是少有的。

崔老师扶起李伟,对他妈妈说:

"大姐,李伟不让我说,但我还是要告诉您,今天,我是受李伟之托来的。这说明您的儿子是孝敬母亲的,是有希望的孩子。这样吧,这些钱你们先用着,我帮定您了!"

说罢,崔老师掏出了身上的几十元钱。

李伟的妈妈不知说什么好,要跪下表达感激之情,被崔老师劝住了。

崔老师欣喜地发现,经过这件事情,李伟真的有了变化。

他每天帮妈妈做饭、洗衣服。学校在教室里安装了饮水机,李伟放学

时也会接上一瓶水,带回家让妈妈尝尝。一次劳动完了,崔老师问李伟:

"饿了吧?"

"饿了。"

"走,我请你吃炒面去。"

在校门口的餐馆里,崔老师要了一斤炒面,李伟一会儿就吃光了,吓了崔老师一跳。

她一边递水,一边问:

"饱了吗?"

李伟憨憨地笑笑,说:

"就算饱了吧。"

崔老师惊讶地说:

"这样吃下去还不撑坏了?没吃饱也不许吃了,下次我再请你。"

师生俩聊了起来。

李伟说了心里话:

"谁愿意打架?我既没有爸爸,又没有钱,拳头再不硬一点,靠什么来保护自己!"

崔老师摇摇头,说:

"现在是知识社会,要靠知识和能力打天下。只靠拳头不但没有出路,还可能走上违法犯罪的死路呢。"

她见李伟心有所动,又说:

"你知道吗?我先生是海军航空部队的军官。我跟他说过了,只要你考上高中,就争取送你去当兵。你还可以考军校,凭着身体棒、知识强,争取当飞行员!怎么样?"

一席话,说得李伟热血沸腾,坐都坐不住了,说:

"崔老师,我拼了,非把学习搞上去!"

精诚所至,金石为开。

一次上语文课的时候,崔老师说:

"前几天,我布置了一项作业,背诵杜甫的《石壕吏》。现在,我们来检查一下,哪个同学背诵一遍?"

绝大多数同学都低下了头,更不敢贸然举手。可是,李伟却骄傲地举起了手。

"李伟,你来试一试。"

李伟腾地站了起来,背得从未有过的流畅。

同学们听呆了! 他们简直不敢相信,连好学生都心虚的长篇背诵,调皮大王李伟却敢于当堂表演,而且背得那么准确、流畅!

结果,六个班的绝大部分同学都背不出来,于是崔老师请李伟分别在这些班里当堂背诵。李伟一下子成了好学生,甚至成了校园名人。

崔老师知道,为了背下这首二十四行的古诗,李伟下了很大的功夫,甚至连睡觉都在背呢。不过,这次成功极大地增强了他的自信,激发了他的学习兴趣。

不久,李伟当上了小队长,又当选为中队劳动委员。他开始了新的生活。

有进步就是一种成功

（一）只有爱孩子才能教育好孩子

实验班刚刚平静了几天，班主任楼蓉嬉还没来得及感到欣慰，又有学生闹腾起来了。

那天上午，全校学生正在做广播体操，实验班的队伍还算整齐。可是，班长却来报告说，顾海（化名）不见了。

顾海去哪里了呢？楼老师的心一下子悬了起来。她知道这孩子不是省油的灯，十有八九会闹出什么乱子来。

开学之前，楼老师去过顾海的家，那贫困而混乱的情景令她震惊：

70多岁的爷爷瘫痪在床上，而床上居然还放着锅和碗，衣服和鞋子丢成一堆，地上的板凳四脚朝天，桌子上积着厚厚的灰尘。双目几乎失明的奶奶知道是孙子的老师来了，苦苦哀求说：

"老师啊，您可怜可怜这没爹没妈的孩子吧。"

老人双手合十，颤颤巍巍地拜了又拜。

顾海的父母原来在新疆。父亲因为工伤去世了，母亲回上海生下他后，把他丢给爷爷奶奶便改嫁了。从此，顾海再也没见过母亲。爷爷奶奶又年老多病，无力管教孙子，小顾海逐渐沾染了许多坏习气。

"楼老师,您看呀!"

"哎呀,吓死人啦!"

一些同学突然尖叫起来,并纷纷指向教学大楼墙外的管道。原来,顾海竟像一只壁虎,贴在那些并不粗大的管道上。

天哪!万一掉下来,不是要出人命了吗!楼老师心跳加快,双腿发软,几乎瘫倒在地上。

可是,当同学们回到教室后,却发现顾海像幽灵一般,早已回到了座位上,还得意地冲大家乐呢,仿佛一个杂技演员正在为刚刚完成的一个高难度表演动作而沾沾自喜。

不久,顾海又在数学课上大闹天宫。就在大家安心听课的时候,他突然放起了鞭炮,数学老师大发雷霆也没有用。数学老师只好找来班主任楼老师,对她说:

"你摸摸看,我真是血压升高手冰凉啊!都是被你们班的顾海气的!以后我上数学课时,顾海就站你这里吧,否则,我就不进教室!"

楼老师苦笑道:

"谁让咱们是老师呢!成功教育可不能在他身上失败呀。"

一天,楼老师下楼取报纸,正赶上实验班上体育课,自由组合打羽毛球。顾海拿着一副羽毛球拍,尴尬地站在那里,没有人愿意与他配对。

"楼老师,咱俩一起打羽毛球,好吗?"

顾海见了班主任就像见了救星。楼老师顿时明白了他的意思,马上接过了球拍说:"好呀。"打了两局,楼老师都输掉了。第三局时,顾海说:

"楼老师,咱们换个位置吧。您知道吗?您在逆风处,我在顺风处,您力气小,所以打不好的。"

果然,换位之后,楼老师连连得分,越打越顺。

顾海笑着赞道:

"楼老师,您很谦虚嘛,您打得蛮好的。"

楼老师心里一动,想道:

"我还没表扬过你呢,你倒表扬起我这个老师来啦。"

回到办公室，楼老师仍在想着，这孩子不也挺可爱吗？为什么她不能像母亲一样去关心他呢？为什么总往坏处看他呢？为什么她就不能像打球那样，换个位置思考呢？也许站在他的位置上，又是另一回事了。说来也怪，从此以后，她觉得看顾海顺眼多了。

有一次，楼老师发现，顾海值日时与众不同。别的同学拖完地，顺手就把脏拖把丢在了门后，这样，第二天值日的同学需要先洗拖把才可以拖地。可顾海拖完地，总是立即把拖把洗干净。这不是一个良好的习惯吗？

第二天，楼老师在班上表扬了顾海，并请他担任劳动干事，协助劳动委员工作。

这一天成了顾海人生的转折点。长这么大，他还是头一回被委以重任。从此，他每天都主动留下来值日。在同学们完成任务之后，他再仔细加工，并把劳动工具摆放得整整齐齐。楼老师看在眼里，喜在心里，时常与他谈心。

楼老师诚挚地说：

"顾海，你关心集体，热爱劳动，将来一定能当劳动模范。不过，如今社会选拔人才，要经过一定的文化考核。社会需要有文化的劳动者。"

顾海听得很认真，却没有说话。

楼老师又说：

"老师的批评都是为你好，你怎么总是不听呢？"

"楼老师，你们是怎么批评我的？你们对好学生客客气气，笑脸也多；对我们差生讲话，不是讽刺就是挖苦。特别是对我——"

顾海激动地倾诉着：

"老师批评我的时候总是越说越厉害，一定要说到全班哈哈大笑为止，所以同学们也都来讥笑我。因为我没有父母，老师们认为我可以随意欺负。你们有本事训我，我就有本事捣蛋！"

听着顾海少有的心里话，楼老师受到了不小的震动。顾海的确还在差生之列，但差生也是人，也需要得到尊重、关心和爱护。如果大家都不尊重他，他又怎能尊重大家呢？这么简单的道理过去怎么不明白呢？

楼老师恳切地说：

"顾海，你讲得很好。我不知道其他老师是怎么批评你的，但我承认，老师对不起你。我保证以后再也不在全班同学面前批评你了，让我们换一种方式。"

心弦一旦被拨动，必然奏响美妙的乐曲。

"顾海现在上课专心多了，他的学习成绩有明显进步了！"

师生们纷纷向楼老师报喜，就连那位容易"血压升高手冰凉"的数学老师，也对顾海有了笑容。

初中毕业时，顾海以400多分的好成绩考入一所技校。

那天，楼老师拎着一袋水果到顾海家里给他送录取通知书。

顾海的奶奶听说了这个喜讯，紧紧拉住楼老师的手，激动万分：

"谢谢老师啊，是您救了顾海，救了我们全家！"

此刻，顾海忙坏了，又是擦凳子，又是找扇子，还恭恭敬敬地端上了一杯茶，说：

"楼老师，天很热，我没什么好招待您的，请喝一杯茶。等我工作赚了钱，一定报答您三年来对我的教育之恩。"

楼老师的眼睛湿润了。她喝下一口热茶，深情地说：

"顾海啊，希望成功能伴随你一生。爷爷奶奶年纪大了，体弱多病，你的成功就是两位老人心中的明灯啊！"

在回家的路上，心潮起伏的楼老师想起了高尔基的一段话："谁爱孩子，孩子就爱他。只有爱孩子的人，才可以教育好孩子。"

（二）爱心可以化解一切矛盾

楼老师没料到，刘京海又给她出了一道难题——要把一个转学来的"超级差生"陈飞（化名）插入实验班就读。

在办公室里，两人发生了争执。

"刘校长,我好不容易把这个班搞得有点起色,陈飞一来,我们不就前功尽弃了吗?"

"你的意思是好学生才能进你的班?可陈飞这样的学生进哪个班呢?"刘京海心中有数,不动声色地问。

楼老师叹气说:

"您看陈飞这评语——'经常逃课,打群架。'他又是初二的学生,坏习惯难改。您把这样品学双差的学生插进实验班,不是和成功教育开玩笑吗?要保证成功教育在实验班成功,不要陈飞是上策!"

刘京海皱紧了眉头,说:

"我们的成功教育,就是要让许许多多的困难学生获得成功。如果把一个个'差生'拒之门外,还谈什么成功教育!"

见楼老师没有反对,他继续说:

"的确,陈飞有不少毛病,但逃课打架是他的昨天。我们要帮助他反思昨天,把握今天,寄希望于明天。"

楼老师被刘京海的话打动了,点点头,感慨地说:

"您可以叫'刘大胆'了。什么样的学生您都敢收。好吧,我也豁出去了,看看能乱成什么样子!"

刘京海哈哈大笑起来。

收下陈飞之后,楼老师找他谈话:

"你能简单介绍一下自己吗?"

陈飞面无表情,冷冷地回答:

"我各方面表现都一般。"

楼老师笑着说:

"能做到一般就很不容易了,多数人都是表现一般,我楼老师在学校里的表现也是一般。这样,我们就好沟通了。"

不久,学校召开少先队代表大会。楼老师向队干部们建议,推荐陈飞作为代表候选人。

陈飞得悉自己成了少代会的代表候选人,诧异万分。他马上找到楼老师，瞪大了眼睛说：

"楼老师，您是真不知道还是假不知道？我是坏人，很坏的！"

"你是坏人？我不知道，我也不相信。"

听到楼老师平静的回答，陈飞感动了，说：

"您这个老师倒蛮上路的。您上路，我也会上路的。"

陈飞顺口说出的是"黑话"，楼老师听了觉得怪怪的，问：

"什么'上路'？"

陈飞自觉失言，只好解释道：

"就是做人要仗义，您给了我一条路，我也会给您一条路。"

楼老师说：

"好呀，走一条光明的路，希望就在前面！"

果然，陈飞成了学校少代会一名特别认真负责的代表。

他在周记中写道：

> 从前只有错事坏事轮得到、好事从来轮不到的我，竟然会作为班级的代表，出席全校的少代会，这在以前是做梦也想不到的事。老师，请您相信我，参加少代会的这一天也是我重新做人的第一天！

可是，就在陈飞决心重新做人的时候，却发生了一件可怕的事情。

一天，陈飞在街道的厕所解手时，被飞来的扫帚击中，他一下子怒火冲天。在他的信念中，马善被人骑，人善被人欺。所以，要想不受人欺负，必须敢于斗狠——你狠，我比你更狠；你横，我比你更横。

这一狠，就狠出了一场恶斗。

双方互不相让，下了战书：晚上各带一辆黄鱼车，在某某地点决一死战。

为什么带黄鱼车？那是做好了双方各有死伤的准备，黄鱼车是用来收尸的。这一切陈飞都非常熟悉，他还在身上绑了几块木板，以防被对手的刀剑刺伤。

然而,陈飞没想到对方人多势众,眼看要吃大亏,只好低下头,逃进了派出所避难。刚想上床休息的楼老师得到了消息,连夜赶来。

见到恩师,陈飞愧疚不已。楼老师仔细问明了情况,又与公安民警商量了对策。她对陈飞说:

"眼下不是检讨的时候,当务之急是避免恶斗。让民警先送你到亲戚家暂避一下,明天我来出面,与对方协调化解争端。"

"您……安全吗?"陈飞担心起来。

"放心吧,你的对手中有一个人也是我的学生,我相信他会听我的。"

楼老师拍了拍惊恐不安的陈飞,陈飞的眼泪一下子涌了出来。这是楼老师头一回看见陈飞落泪。

第二天晚上,楼老师在那位学生的陪伴下,走访了对方的几个年轻人,代表陈飞表达了和解的愿望,并表示由她来解决此事,希望大家有什么想法尽管对她讲。

那些比狠斗横的年轻人,怎么也想不到会有一位女老师来登门拜访,而且彬彬有礼,他们谁也凶不起来了。于是,双方化干戈为玉帛。

(三)困难学生是成功教育的试金石

十一年里,楼老师教了三轮实验班,她的生活可以说充满了艰辛,但她从不抱怨,咬着牙一步步向前挺进。

且说陈飞闹腾出这么大的乱子,楼老师竟然从未在班里提及,令陈飞敬佩之至。

一天,物理老师希望换个男生当物理课代表,因为经常要搬很多实验用品,女生搬起来比较困难。楼老师马上想到了陈飞。陈飞慌了,说:

"楼老师,我物理成绩差,当不了课代表的。"

"别怕,没那么难。每节课前,你问问老师要拿什么东西;课间,协助老师收发作业本。当然,作为物理课代表嘛,上课尤其要认真,因为老师不在时,同学们会问你问题的。"

在楼老师的鼓励下,陈飞走马上任了。

每次上物理课之前,他都积极地先去办公室询问老师有什么需要做的。有时不用做实验,他就主动帮老师把备课本和茶杯等物品拿到教室里去。

物理老师开心地说:

"我第一次享受到这样的待遇,可以空着双手进入教室,这个课代表选得好!"

奇妙的是,当师生们对陈飞这个物理课代表给予好评的时候,陈飞的物理成绩也逐步提高了。

但是,"差生"的成长常常是一波三折。

陈飞终于在实验班里稳步前进了,可就在这时,发生了一件事:两位女同学向楼老师告状,说陈飞撕坏了她们的书,而且样子很凶。

楼老师听了不禁皱起了眉头,表示马上去家访。刘京海校长恰好在场,观察到了这个细节,他说:

"我们要允许学生犯错误,允许他们有反复。陈飞的进步已经比预想的快且大了,但这棵成功教育的幼苗需要进一步呵护、培育,它还经不住急风暴雨的吹打。因此,你要慎重处理,仔细地了解事情的原委。"

楼老师对刘京海一向心悦诚服,认为他既懂理论又懂实践,而他对"差生"那颗炽热的心更是令人感动。

当晚8点多,楼老师来到陈飞家。

见到老师晚上来访,一家三口都很紧张。陈飞的父亲问:

"老师,是不是陈飞又闯祸了?"

"没有,他进步挺大的。因为他转到八中之后,我还没来得及家访,今天顺便过来看看你们。"

楼老师边说边坐下,聊起了陈飞一个又一个的变化,全家人这才转忧为喜。

告别时,陈飞知道老师心中有事,执意送了老师很远的路。路上,他说：

"楼老师，我知道您为什么来我家。刚才我紧张坏了，心想今天死定了，一顿毒打是躲不过了。"

楼老师笑笑，问：

"你为什么要撕坏女生的书？"

陈飞叹了一口气，讲起了事情的经过——

中午回家吃饭时，爸爸骂他每次都吃现成的，从来不干活。陈飞忍不住了，说：

"我要读书呀，哪有时间？"

"读书又不是做皇帝，怎么不可以烧饭？嘴巴这么老，今天就叫你吃不成！"

爸爸脾气暴烈，一怒之下，把饭菜全倒进了垃圾桶。

陈飞与爸爸大吵大闹，可最终无饭可吃，只好饿着肚子，气呼呼地返回学校。

谁知，两个女生正坐在陈飞的座位上聊天。

"让开！"

陈飞怒气冲天，大声喝道。两个女生莫名其妙，就与他争执起来，还故意把他的铅笔盒扔到地上，这岂不是火上浇油？

于是，陈飞像头被激怒的狮子，抢过两个女生的书，哧啦哧啦撕了个粉碎。

听完陈飞的叙述，楼老师暗暗敬佩刘京海料事如神。假若自己气冲冲地向陈飞父母告状，不又制造了一起冤案吗？

她说：

"今天，你能饿着肚子坚持上课，这是很不简单的。可你有没有想过，那两个女生并不知道你的委屈呀。你把她们的书撕碎了，她们明天怎么上课呢？男孩子要学会尊重女孩子，对不对呢？"

陈飞后悔莫及，连连道歉。

第二天，他写了份检查，一定要在班上当众宣读。结果，那两个女生也很不好意思,便与陈飞相互认错,引来了同学们的掌声。

陈飞一天天成熟了。

初三时,他入了团。后来,他进入上海某钢铁厂工作,还光荣地加入了中国共产党。

回忆起在闸北八中的生活,他总是说:

"成功教育是最好的教育,它给了我新的生命。楼老师是我遇到的最好的老师!"

（四）人格的核心是自信心

成功教育的魅力征服了越来越多的人。

1990年,当成功教育实验在闸北八中取得阶段性成功之后,闸北区教育局决定推广成功教育,并委派刘京海到中兴路第二小学具体帮助和指导该校的成功教育试点。

刘京海赞成这个决定,因为他从大量研究中得出一个重要的启示:一个人的反复失败往往是从小学开始的,而10岁左右即小学三四年级时是"差生"产生的高峰期。

中兴路第二小学对刘京海的到来寄予厚望,校长贺玲凤首先邀请刘京海给教师们传授成功教育的经验。

刘京海幽默地说:

"三四年级家长会怎么开?有些教师说,一二年级狗熊、英雄分不清,三四年级开始分清了。于是,老师与父母纷纷瞪大眼睛找狗熊,结果发现,狗熊越找越多。"

教师们会意地笑了起来。的确,这样的说法不知流行多少年了,大家却头一回听到质疑的声音,他们感到贴切而又刺激。

"人格的核心是自信心,而少年儿童时期正是自信心形成的重要时期。此时形成的自信或自卑的自我概念,将会影响到人的一生,这是成长的基本规律。"

下班回家后,刘京海系上围裙,准备做一顿好饭。不料,妻子施月芳回来后,却阴着脸,对他发火了:

"你还研究差生呢!你的宝贝女儿都快成差生啦!"

原来,做医生的妻子刚去女儿的学校开完家长会。刚上小学三年级的女儿,学习成绩从前6名降到了倒数第10名。因此,老师又着急又生气,把施月芳大夫说得无地自容。

刘京海听呆了,自言自语:

"天哪!我的女儿也成狗熊啦?"

"谁是狗熊?女儿成了差生,咱们全家都是狗熊,你还成功什么!"妻子嚷了起来,语气中带着怨恨和委屈。

刘京海慌了,他一向怕老婆,况且今天的指责还击中了要害。妻子含辛茹苦地支持他干事业,是相信他干的是科学的事业,可如果连自己的女儿也成了差生,他还有什么理由为之奋斗呢?

他定了定神,拍拍妻子的胳膊,说:

"老婆放心吧,妹妹的事我立下军令状,一定能让她成功。"

"妹妹"是上海人对小女孩的一种昵称。施月芳听了这句承诺脸色才转阴为晴,因为丈夫从来是说话算数的。

也许,家庭是教育误区最多的地方,父母不经意间的言谈,常常成了伤害儿女的利器。

刘京海之所以这样想,是因为他向妻子承诺的瞬间,想起了一件事。

那是女儿上幼儿园的时候,每次从幼儿园回来,女儿总是哼着歌,什么歌都唱。一天,刘京海正在构思一篇文章,思路不顺,听见女儿的歌声,很烦,他就没好气地说:

"妹妹,你唱的歌不好听!"

谁知,就这么一句话,竟然改变了一位小歌星的命运——女儿从此不在家里唱歌了。这个教训成了刘京海心中永远的痛。

这天晚上,刘京海让女儿拿出数学试卷,逐题分析,问她会不会做。

发现女儿都会,他一脸笑容地说:

"妹妹多聪明呀,没有一道题可以难倒你。只要有信心,再细心些,成绩一定好!"

"可我才得82分。"女儿依然心有余悸。

刘京海说:

"分数是测试你会不会的。你都会了嘛,我给你100分!"

女儿兴奋起来。父女俩接着看作文。这是女儿第一次写小作文,写《我可爱的玩具》,要求写出玩具的名称、具体玩法和玩的效果。女儿得分很低,因为她没写出后两个内容。

刘京海仔细看了几遍,惊叫起来:

"月芳,你来看呀,咱家妹妹是作文天才呢!"

"真的?"

妻子疑惑地走过来,只听丈夫大声说:

"我是语文特级教师,一眼就能看出学生的潜力。你看,妹妹这个作文开头多巧妙,语言多流畅!"

女儿虽然一句话也没说,但父母的反应让她信心大增。施月芳愣愣地说:

"可老师给分不高呀!"

刘京海摇摇头,答道:

"作文关键看才华不看分数。妹妹绝对是作文天才!如果她仔细审题,把后两个内容写出来,瞧吧,那就是范文的水平了。"

好多天过去了。

施月芳又一次去学校开家长会。没想到,班主任一见她就眉开眼笑地说:

"还是您会教育孩子,刘思灏进步可大了,尤其是作文,几乎篇篇可以当范文了!"

"这……"

施月芳晕乎乎的,不知丈夫用了什么魔法,让女儿有了翻天覆地的变化。

晚上,她做了大闸蟹犒劳丈夫和女儿,一家人欢天喜地。

刘京海喝下二两白酒,牛气冲冲地说:

"我搞这成功教育研究是动真格的,能改变孩子的命运!"

"别骄傲,女儿的路还长着呢。"妻子端着葡萄酒与他碰杯,提醒道。

"骄傲?骄傲有什么错?骄傲是自信的表现。真正的人才都是骄傲的!当然,我心中有数。我告诉你们一个成功的秘密。"

刘京海又喝下一杯酒,说:

"小学生怎么发展才有后劲?男孩要加强文科,女孩要加强理科。妹妹是作文天才,再把理科攻下来,学习就会一路绿灯!"

刘思灏后来的发展证明了父亲的预言是正确的。

小学期间,男生比不过她的文科;进入中学,女生比不过她的理科。在整个中学时代,在重点中学的激烈竞争中,她的成绩始终名列前茅。2001年,她以优异成绩考入复旦大学录取分数线最高的世界经济系。

不过,女儿在家中仍然不唱歌。高考结束后,刘思灏拉着妈妈出去唱卡拉OK,却不让爸爸同行。

(五)前进一步就是成功

在闸北八中,人们时常争论关于聪明和愚笨的问题。对于"差生"太多的现象,有人认为这有不可改变的客观原因。

楼老师半信半疑。

刘京海常与她聊天,反复讲他的"猴子论",即弱智的孩子也比猴子聪明。要相信孩子的潜能,同时要找出适合不同孩子的教育方法,唤醒他们心中的自信与自尊,引导他们走向成功。

让刘京海开心的是,中国科学院上海某研究所的一位博士,用猕猴的实验支持了他的观点。第一天,这位博士教五只猴子学习第一个动作,其中三只猴子一教就会，另外两只猴子怎么都学不会，时间到了，只能放它们回去休息；第二天，他把那两只没学会动作的猴子找来补课，用新的方法教，结果都学会了；第三天，他教第二个动作，一教就会的三只猴子，怎么也学不会，相反，经补课才学会第一个动作的两只猴子，一教就会；第四天，他只能把第二个动作没学会的三只猴子找来补课，改变教法，它们也学会了。研究的结果表明：一，猴子的聪明程度差不多；二，要教会每一只猴子，关键是要找到适合不同猴子的方法。

刘京海说：

"我们不一定能马上找到适合孩子的教育方法，所以，在孩子还没有学会时，不应质疑孩子能否学会。只要我们怀着一颗爱心和恒心，就一定能找到适当的方法，而寻找的过程就是师生共同成长的过程。"

如果说刘京海是个理论家，那么，老师们就是实践家，而楼老师总是冲在实践的最前线。

张玉娟（化名）的出现，曾经让楼老师差点儿绝望，因为她的物理测验仅得7分！

物理老师说：

"有这样一个学生，实验班毕业考试时，物理成绩要百分之百地合格是不可能的了！"

这句话刺得楼老师心痛。让"差生"成堆的实验班完全合格，这是成功教育实验的核心目标，难道以往的努力都要因为张玉娟而告吹吗？

张玉娟生活在一个普通的知识分子家庭。在小学阶段，她已经留过三次级，加上年龄偏大、人偏胖，被同学们起了个绰号，叫"傻大姐"。

放学后，楼老师留下了张玉娟，批评她回家不好好复习功课。

"我哪有时间？我要做好多家务活。"

张玉娟低着头不敢看老师，嘴里却咕哝着，不大服气。

"你是独生子女吗？"

"是。"

"独生子女每天还要干很多家务？"

见张玉娟还是点头，楼老师吃了一惊，因为她任教多年，这样的事极少碰到。

家访的时候，有些文化的父亲说出了一番辛酸的话：

"不怕老师笑话，我们的女儿智商比较低，不是读书的料。她将来唯一的出路就是嫁人。没有其他本事，只好干活，以后也好告诉人家，家里的活她样样都会干。所以，为了她的将来，我们只有在家里培养她多做家务。"

楼老师听了，心中一阵痛楚，说：

"如果她没有什么文化，只会做家务，那她将来嫁了人，会幸福吗？"

"可有什么办法呢？我们何尝不想让女儿读书呀！骂也骂了，打也打了，不管用啊！"

张玉娟的妈妈眼泪汪汪地说：

"在小学丢尽了人！老师骂一年，留一级，再骂一年，再留一级。五六年级的数学，几乎没有及格过一次。所以，我们只好出此下策，一年四季的家务活都逼她做，争取将来当个贤妻良母吧。"

楼老师摇摇头，说：

"哪个孩子不是人呀？咱们还是要为她一辈子的幸福着想啊！我们共同努力吧，总会有办法的。"

第二天，楼老师请物理老师来辅导张玉娟，她自己坐在一边观察。

物理老师讲了一些题，问：

"懂了吗？"

"懂了。"

张玉娟礼貌地点了点头。但是，楼老师从她茫然的面部表情可以断定，她肯定没真正弄懂，只是不敢承认。

楼老师想，也许请同学来帮助她更好，有时同学会比老师讲得更通俗易懂。

征求意见后，她把张玉娟带到了本班学习委员的家里进行辅导。只要看到张玉娟有疑惑的神情，楼老师就请学习委员停下来，再讲一遍，直到她真正听懂为止。

回家的路上,楼老师笑眯眯地说:

"小张呀,我告诉你一个秘密,这可是全班都不知道的秘密!"

"什么?"张玉娟的心跳加快了,她全神贯注地望着老师。

只听楼老师低声说:

"我上初中的时候,物理成绩也很糟糕,还为此哭过鼻子哩。"

"真的?"

张玉娟瞪大了眼睛,问:

"那您怎么办?"

"我大骂了自己一通:有什么了不起的,我就是头拱地,也要把物理攻下来。"

"后来呢?"

"过关了呀!"

"我不行!"

"谁说的? 记住,相信自己才会成功!"

"我试试吧。"

第二次物理测验就要开始了。楼老师找张玉娟谈话,发现她非常紧张,身子不由自主地抖着。

楼老师笑着说:

"我相信你会有进步的!"

"不,我肯定考不好,我……"

张玉娟的眼泪都快流下来了。但是,楼老师还是一副轻松的样子,问:

"你能考8分吗?"

"8分?"

"对呀,8分!"

见楼老师语气肯定,张玉娟羞愧地说:

"8分考得到,可还是不及格呀,太对不起老师和帮我的同学了。"

楼老师目光炯炯地望着她,说:

"放开胆子考吧,只要比上一次多考1分,就是进步! 就是成功!"

物理考试成绩出来了,张玉娟考了37分!

物理课代表是张玉娟的小学同学,一瞧她的成绩,撇起了嘴巴,说:

"才37分! 又不及格! 你总给实验班扯后腿,丢人!"

说罢,把她的卷子丢在了地上。

张玉娟涨红了脸,低头弯腰捡起自己的卷子,趴在桌上哭了起来。

楼老师得悉后,赶到了实验班,说:

"物理老师表扬咱班了,说咱班在全年级进步最大。我想知道,谁在咱班里进步最大呢?"不少同学举起了手,嚷着:

"我91分,进步了12分!"

"我87分,进步了11分!"

张玉娟没有举手,依旧低着头。

楼老师问物理课代表:

"你说,谁的进步幅度最大?"

物理课代表回答:

"论进步幅度,张玉娟最大,她从7分到37分,进步了30分。不过,她还是不及格。"

"张玉娟进步了30分!"楼老师几乎惊叫起来。

她兴奋地说:

"这是一个了不起的进步啊! 同学们,你们有哪一位的进步幅度有她那么大? 第一,她在失败的时候没有气馁,而是在不屈地奋斗;第二,她认真总结了失败的教训,找到了成功之路。就凭这两点,我相信她还会继续进步的!"

全班响起了真诚而热烈的掌声。是啊,他们谁没有过失败的经历呢?

楼老师走到张玉娟身边,深情地拥抱了这个屡遭挫折的姑娘。这一举动更是感染了同学们,他们用"噢——噢——"的欢呼声,来表达他们激动的心情。

　　37分的奇迹改变了张玉娟的命运。

　　从此,父母承担了较多的家务,让她有更多的时间投入学习。父母发现女儿并不傻,因为她把家庭生活的账目料理得清清楚楚。

　　第二学期,闸北区的物理统考刚好抽中了实验班。结果,张玉娟考出了74分的好成绩。更重要的是,她恢复了自信,找回了自尊,她看到一个美好的未来正在向自己招手。

三　自信是成功的起点

（一）相信自己才能成就自己

心理学上有这样一个实验：一个女孩长相很丑，因此对自己缺乏自信心，不爱打扮自己，每天邋邋遢遢的，做事也不求上进。心理学家为了改变她的心理状态，让大家每天都对丑女孩说"你真漂亮"、"你真能干"、"今天表现不错"等赞扬的话语。

过了一段时间，人们惊奇地发现，这个女孩真的变漂亮了。其实，她的长相并没有变，而是精神状态发生了变化。她不再邋遢了，变得做事积极，爱打扮、爱表现自己了。

怎么会发生这么大的变化？其根源正在于自信心。因为女孩对自己有了自信，所以大家都觉得她比以前漂亮了许多。

还有一位教育专家也曾做过一个实验，将学习成绩较差的班级的学生当作优秀班的学生来对待，而将一个成绩优秀的班级当作问题班来教。一段时间下来，情况发生了变化：原来学习成绩相差甚远的两个班级，在实验结束后的总结测验中，平均成绩竟然相差无几。原因就是老师们不明真相，用对待好学生的态度来对待差班的学生，使学生们的自信心得到鼓励，因而学习积极性大增；而优秀班的学生受到老师怀疑态度的影响,自信心受挫,致使学习态度转变,影响了学习成绩。

可见,**自信心就像能力的催化剂一样,它可以将人的潜能调动起来,将各部分的功能推进到最佳状态**。在许多成功者的身上,人们都可以看到自信心所起的巨大作用。那些事业取得成功的人,在自信心的驱动下,敢于对自己提出更高的要求,能在失败的时候看到希望并最终获得成功。

可是,我国独生子女的自信心状况怎样呢?在我和卜卫主持的"全国城市独生子女人格调查"中发现:自我接纳程度高者仅占11.1%,自我接纳程度中等者占64.3%,自我接纳程度低者占24.5%,其他者占0.1%。由此可见,真正具有较强自信心的人并不多。而自信心不高,自然会影响孩子各种能力的发挥。

有一个孩子叫周向阳,他是学校里出了名的"坏孩子",老师总是批评他:"你看你这样子,将来肯定是没出息的!"每当这时,周向阳就装出满不在乎的样子,把头仰向天花板,并不时地扭扭脖子,表现出对老师批评的不以为意。幸运的是,周向阳遇到了一位好校长。

一次,这位校长看见了周向阳,就说:"你就是周向阳小朋友啊。"

周向阳奇怪了:连校长都知道我的名字,看来我在学校里是坏出名了。

校长仿佛看透了他的心思,说:"周向阳,你的名气可不小啊,我一直记得你呢!"

周向阳快要哭了,心想自己真的是坏到无可救药的地步了。

哪知这时校长又说:"周向阳啊,我一直想向你请教一个问题,你要如实回答我,好不好?"

周向阳被校长说得愣住了。校长向我请教问题?有没有搞错?

校长说:"你在去年的全校运动会上,500米跑得了全校第1名,我这个老头子羡慕得不得了。我像你这么大的时候,可没你跑得快啊,你是不是有什么奥秘呀?"

周向阳不好意思地抓抓头,心里却乐开了花。他想:原来校长还记得我去年跑第一的事啊。他禁不住流出了眼泪。

校长又说:"你先把你的秘密留着,过几天我让你在全校同学面前讲,让他们也跑得和你一样快,你愿不愿意?"

"好啊!"周向阳快乐地叫出了声。

后来,在一次晨会上,校长对同学们说:"再过几天,我们又要召开全校运动会了,在这里,我们请周向阳同学上台来讲一讲他跑得快的秘密,好不好?"

在浪潮一样的掌声中,周向阳第一次走上了主席台。他内心激动得像有千军万马在奔腾。他看到了校长鼓励的眼神,他说:"我的秘密很简单,就是在起跑前五分钟,我会给自己讲一个恐怖故事。说在大森林里有一只吃人的妖怪,张着血盆大口,一路疯跑着要吃人,我想象着这只妖怪就跟在我身后,于是我就拼命地跑……"

周向阳讲完了,台下一片静默。他慌了,他不知道自己是不是讲错了。就在这个时候,突然爆发出一阵掌声。掌声势不可当,一下子就把他围住了。

从那以后,周向阳就像变了一个人,他快乐、健康、自信。后来,他考上了南方的一所著名大学。

可以说,是那位校长拯救了周向阳,给了他重新站立起来的信心。如果天下的父母都能用这种欣赏的方式来帮助孩子,也许每一个孩子都会像周向阳一样从自卑变得自信。

(二)成功教育的中医疗法

学生是在课堂上分化的

坐在同一间教室里,读一样的书,听一样的课,而学习成绩却差别很大。因此,是否在用心听,是否与老师同频共振,是否有创造的火花在闪烁,是学习成败的分水岭,进而可能会影响学生的整个人生。

这是我在闸北八中采访时的感受。我也理解了刘京海为什么始终抓住学习困难问题不放,因为这是成功教育的最大难题。

学生以学为主,如果学习成绩总是很差,他怎么会有成功的信心呢?刘京海的过人之处在于,发现了学习困难的原因,即反复失败以及由此逐步形成的失败心理。

在一次教师业务学习会上,刘京海对实验班的教师们谈了自己的想法。他说:

"西方在解决差生问题时,习惯于把一个个问题诊断出来,就事论事地矫治,我们称之为'西医',即脚痛开刀,胃痛开刀,头痛开刀,现在已发展为更换各种器官,包括换脑子。这种矫治,在问题简单、条件单一的情况下效果可能是好的,但问题一复杂,效果就差了。所以,美国虽有系统的矫治差生的理论和方法,可基础教育合格率只有60%。

"我发现,解决差生问题较好的方法还是中医的思想。中医有两个重要的思想:第一,主张治本,从不舒服的地方出发去找病根,找主要矛盾,如脾虚、肾亏,等等;第二,主张扶正祛邪,即主张扶植肌体自身产生一种力量去战胜疾病。这两个基本思想在解决复杂问题时特别有意义,而教育问题,特别是差生问题往往是复杂问题,运用这种思维方式寻求治疗方法也许会更有效。"

夏楚参老师对中医感悟深厚,对这番话颇为认同。他开始了大胆的成功教育实验。

成功教育让孩子找回自信

实验班上课了。

让实验班同学意想不到的是,夏老师今天的要求是他们从未听说过的。听起来是那么幼稚简单,却又是那么新鲜刺激,诱惑着每一个人都想要试一试——

第一个要求是举手,第二个要求是站起来,第三个要求是讲出一句话,第四个要求是讲一句完整的话,第五个要求是讲出有正确观点的话。

达到了这五个要求,就给100分,并且记入学生成绩手册。

从不举手的李霞举手了。

夏老师马上叫道:

"李霞!"

李霞脸红红地站了起来。不过,由于紧张,这个小姑娘弯着腰、低着头,哪儿也不敢瞧一眼,身子还有些颤抖呢。

夏老师微笑着说:

"我之所以先叫李霞,是因为她是第一个举手的,这说明她是勇敢的。可是,她站立的姿势还没有达到标准,谁能为她示范一下呢?"

王宇站了起来。这个胖乎乎的男生摇头晃脑,嘻嘻哈哈,做出一副满不在乎的样子,一只脚还在摆动。同学们一见都乐了。

"大家的笑说明,王宇的站姿与同学们心中的标准还有差距,对吗?"

见同学们纷纷点头,夏老师说:

"我观察了一些日子,发现许多同学的站法与李霞和王宇的站法很相似,一是害羞型的,一是随便型的,这是缺乏自信和自尊的表现。我们中华民族对人的形象很有研究,提出了'坐如钟、站如松、行如风'的要求。"他走到李霞、王宇身边,轻轻拍了拍两个人的肩膀,鼓励道:

"来吧,你们俩为大家示范一下。两腿并拢,收腹挺胸,抬起头来,目视前方!"

李霞像到了军训基地,扭捏了一会儿,终于抬起了头。

她第一次体会到昂首挺立的滋味,似乎有一股热气从脚下直蹿上来。

王宇收拢了双腿,身子好像僵硬了,硬得他快要歪倒了。但在全班同学的注视下,他还是勉强挺立在那里。

"来呀,为他们鼓掌!"

在夏老师的带动下,同学们报以热烈的掌声。夏老师激动地说:

"他们站得多好啊!人,要抬起头生活。站立,要站出自信,站出尊严。人之所以为人,从动物进化为人,直立行走是重要的标志。我们怎么能倒退呢?"

他又一次叫李霞：

"李霞，你用一句话说说自己的感受，好吗？"

李霞的脸更红了，汗珠也沁了出来。她低声回答：

"我们要做一个真正的人。"

夏老师明明听见了，但他摇摇头，说：

"听不大清楚，你站到最后一排去。"

李霞顺从地走到最后一排。同学们都好奇地望着夏老师，不知道他又有什么新名堂。

夏老师说：

"从现在起，咱们要改变回答问题时声音小得像蚊子叫的状况。标准教室前后直距7米。我要求大家在7米之内能让别人清楚地听到自己说的话，这是给分的条件。答错了不扣分，声音小了扣分。来吧，李霞！"

李霞简直快要哭了。长这么大，她何曾在众人面前做过示范呢？可是，夏老师一再鼓励她，能让他失望吗？她张了张嘴，却什么声音也没有发出来。

"怎么样，大家相信她能成功吗？"

听到夏老师发问，同学们大声嚷起来：

"她能成功！"

"李霞，拿出吃奶的劲儿啊！"

"李霞，拼啦！"

没想到，李霞的眼泪一下子涌了出来。她拼足力气，几乎喊了出来：

"我们要做真正的人！"

全班爆发出罕见的经久不息的掌声。李霞冲回到座位上，禁不住泪流满面。

夏老师充满感情地说：

"我决定，给李霞100分！因为她刚才完成了三个突破，而且提炼出了一句高水平的话。从今天开始，每个同学都要实现举手、站立、发言三个突破，这是走向成功的起点。"

"我们要做真正的人!"

自从李霞喊出这句震撼人心的话以后,实验班在悄悄发生着变化。

过去,每逢碰到学习难题,大家都纷纷逃避,唯恐自己出丑;而今,同学们抢着尝试,说错了也不害怕。

过去,每逢集体活动,大家都习惯于听从老师或班干部的安排;而今,同学们争相献计献策,各尽所能。

成功教育的中医疗法在闸北八中产生了良好的效果,学生们开始恢复自信,开始主动学习,并努力养成了积极发言的习惯。也许,这后一点更为重要,因为细究起来,学习成绩不好的学生往往是学习习惯不好。

好的开头是成功的一半

闸北八中的薛大荣老师曾写过一篇短文,题为《成功的开头》,记述了夏老师放低起点,引导学生写好作文的事例。

夏老师在批改作文。

"妙哉,妙哉!"他禁不住为学生高磊的一篇作文的开头拍案叫好。

"……一间教室,两个监考老师,十六张桌子,三十二个学生,但一点声音也没有……"

夏老师想起了伏契克《二六七号牢房》的开头:"从门到窗子是七步,从窗子到门是七步……"还有林嗣环的《口技》:"一桌、一椅、一扇、一抚尺而已。"用数字开头的文章,不乏佳作。

夏老师调整了一下坐的姿势,准备好好欣赏这篇作文,可是越往下看,眉头拧得越紧。最后,他无可奈何地把作文搁在一边。原来,除了开头的29个字外,后面文字平平,内容空洞……

他叹了口气,呷了口茶,又拿起另一篇作文。奇怪,怎么看不下去?眼前浮现的仍是那些文字,"一间教室,两个监考老师……"他定定神,知道自己动了心绪,于是重新拿起高磊的作文看了又看。

"高磊的作文从未获过高分,这次写出这样好的开头,肯定动了一番脑筋……"

夏老师陷入了沉思。

在作文讲评课上,夏老师把高磊的作文的开头部分印发给大家,接着又把后面的文字朗读完,请同学们来评议。

"好的开头是成功的一半。"一个平时作文成绩较好的同学说,"我们大家帮他出出主意,让高磊改好另外一半吧。"于是,同学们你一言,我一语,气氛异常热烈。夏老师也被深深感动了。

第二天,高磊把改好的作文送来了。夏老师忍不住马上就看了起来,边看边叹:"妙哉!"

看完后,他盯着高磊问:

"你猜猜看,可以打多少分?"

高磊一脸惶惑,说:

"不知道。"

夏老师拍拍他的肩膀,爽快地说:

"90分!"

"真的?"

高磊睁大了眼睛。

从此,高磊写作的兴趣更浓厚了,作文水平也越来越高。

(三)善于提问是善于学习的重要表现

闸北八中的变化引起了教育界的关注,来这里听课或参观的人逐渐多了起来。

一天,实验班上语文课,来了不少专家学者。他们要亲眼看一看,"差生"们是怎么上好语文课的。

上课铃声响了。夏老师在黑板上飞速写下题目——《死海不死》。

课讲得流畅,同学们听得认真,来宾们如同在重点中学听课一样。那些平日调皮惯了的学生,头一回上这么隆重的公开课,也收敛了许多。

该让同学们讨论了,这是公开课的关键,也是难点。夏老师尽量保持着往日的从容,启发大家说:

"现代教育提倡质疑精神,善于提出问题是善于学习的重要表现。请大家想一想,学了这一课你有什么想要讨论的问题?"

沉默了片刻。

方伟举起了手。看到他举手,夏老师暗暗欣喜。

暑假里,方伟、方进双胞胎兄弟同时从小学毕业。弟弟方进以261分的总成绩进入了一所小有名气的中学;而哥哥方伟却只考了242.5分,比弟弟低了近20分,被统一分配到了闸北八中。为此,方伟的母亲曾苦苦哀求当时的陈校长,允许她将儿子转走。陈校长讲了成功教育实验计划,并允许方伟进实验班,他的家人这才勉强同意了让方伟入校就读。果然,成功教育给了方伟飞翔的翅膀。他因为进步突出,被评为校级"三好学生",还参加了全区中学生学习方法知识竞赛,为学校赢得了团体第5名的荣誉。因此,他提的问题必定会有些水平。

方伟站得笔直,问:

"夏老师,我有个疑问,为什么课文的题目叫《死海不死》,可是课文的最后一句话却是'死海真的要死了'呢?"

夏老师表扬了方伟会动脑筋,但他并不急于回答,而是鼓励同学们自己找出答案。

李霞又一次举起了手,大声回答:

"'死海不死'是针对死海浮力大的特点而起的标题,因为浮力大,人们在水里不会被淹死,所以叫'死海不死'。结尾的'死海真的要死了',是科学家对死海未来命运的一种推测。"

夏老师笑了,又问方伟:

"李霞的回答你满意吗?"

方伟点点头。许多来宾也点头赞许。

这时，一向很少提问的王宇举起了手，吞吞吐吐地说：

"老师，我……我觉得课文有些不对头。"

夏老师一怔，不知王宇会提出什么稀奇古怪的问题，而这又是最容易出麻烦的环节。可是，众目睽睽之下，怎能不让学生说呢？

"有什么地方不对头？来吧，勇敢一点，到讲台上仔细讲出来。"

在夏老师的鼓励之下，王宇恢复了从容，笑嘻嘻地上台。可他上台哼哈了半天，却说：

"也没啥，我瞎想的，不一定对。"

说罢，他要走回自己的座位。夏老师及时鼓励他，说：

"敢于发现问题是好事。说说看，说错了也没关系。胆子放大一点！"

王宇定睛看了看夏老师，说：

"那，我就瞎讲啦！"

他在黑板上写下"约400米"、"300米"几个字，狡黠地转动着眼珠，说：

"课文上说，死海最深的地方深度大约400米，写的是'大约'，对不对？又说，海水平均深度是300米，对不对？我想，这里'最深的400米'是个大概的数，就是约数；而'平均深度300米'倒是精确得很，是确数。这两个地方……好像碰不拢呀！我想的就是这些，瞎讲瞎讲……"

王宇说完，笑嘻嘻地走下了讲台，还向同学们吐了吐舌头，扮了个鬼脸。

夏老师松了一口气，笑着说：

"王宇同学的看法属一家之言，可供参考。不过，语文课本是全国统编教材，很多专家都审定过的。"

他边说边擦黑板上的那几行数字。忽然，他停住了，一种强烈的反思使他对王宇刮目相看。他说：

"王宇是了不起的！了不起呀！这篇课文我教了多少年了，从没发现错误，因为不相信教材会有错误。没想到，王宇小小年纪，一下子就指出了专家们的错误。我要说，这是我们今天这堂语文课的最大收获！"

他望着乐滋滋的王宇,问:

"王宇,你看该怎么改?"

王宇脱口而出:

"海水平均深度大约300米。"

教室里响起了热烈的掌声。听课的专家学者们纷纷过来与王宇握手,弄得这个调皮鬼受宠若惊,不知所措。

(四)墨非老师与名医弗雷德的故事

弗雷德是纽约大学医疗中心小儿神经外科的主任,他的医术非常高明,堪称世界一流。由他开创的包括骨髓移植与脑瘤切除在内的多项外科手术,已使许多人获得新生,而这些病人在过去均被认为是无法治疗的绝症病人。

弗雷德曾经写了一本专著,书名为《生活的馈赠》。在该书的扉页上,他写道:

> 送给墨非先生:您永远是我最敬爱的老师,我将永远铭记我在河谷小学读五年级时您所给予我的关心和帮助,您的热诚与善良永远是我学习的榜样。

当书籍出版的时候,弗雷德首先把书寄给了这位老师。

那么,这位伟大的老师到底对弗雷德做了些什么呢?请大家随弗雷德先生一起走进他的童年生活,看看他是怎样成长的。

小学时,弗雷德在河谷小学读书。那时,他是大家眼里的笨学生。上课时,老师要他在黑板上听写,可他什么也写不对,甚至连2加2等于几都弄不清楚。上小学三年级的时候,连弗雷德的父母都开始为孩子发愁了。他们时常问老师:"弗雷德到底会落后到什么程度?"因为在父母们看来，小弗雷德实在不应该那么笨。弗雷德的父亲毕业于耶鲁大学的医学院，是一位颇有建树的精神科医生；弗雷德的母亲是一位社会心理学工作者，已获硕士学位。他的哥哥和弟弟也都是大家眼里的好学生。

其实，弗雷德学习也是很刻苦的，但成绩就是不好，顶多也就勉强及格。面对同学的嘲笑和老师的难看脸色，弗雷德有些害怕上学了，他时常装病。然而，五年级的时候，弗雷德遇到了一位好老师，他就是墨非先生。可以说，是墨非老师改变了他的一生。

弗雷德曾经深情地讲述墨非老师给他的帮助。一次课后，墨非老师叫住了弗雷德，并拿出了他的考试卷子。弗雷德一看见卷子，人立刻就像矮了半截一样，他赶紧惭愧地低下了头。墨非老师没有责怪他，而是说："我知道这些题你都会，你愿意重新做一遍吗？"弗雷德默默地点点头。老师让他坐下，就卷子上的每一道题目逐一向他提问，弗雷德则以口头的方式进行回答……

当弗雷德都回答完以后，墨非老师兴奋地说："你都答对了！我就知道你都能答对。"弗雷德看着老师脸上满意的笑容，觉得那笑容似乎搬开了压在自己心头已久的大石头，他的心不再处于黑暗中了，好像一下子见到了阳光一般。

令弗雷德没想到的事情还在后面呢！墨非老师随即把弗雷德的成绩改为满分，从而使弗雷德逃离了留级的厄运。不仅如此，墨非老师还教给弗雷德一些新的学习方法。他总是寻找合适的机会对弗雷德说："你很聪明，我的孩子，我知道你将来一定会前途无量的，我对此充满了信心。"

从那以后，弗雷德就下定决心，不辜负老师的期望。这时，弗雷德惊奇地发现，原来自己也不是那么差劲的，自己也有一些出众的才能。他发现自己的记忆力其实是非常惊人的，就连几周前的某一天吃的什么饭都记得很清楚。后来，在初中的第一年里，他竟然一字不差地全文背诵了林肯总统的《葛底斯堡演说》，受到同学们的称赞。弗雷德的自信心在渐渐地恢复，就在那时，他第一次敢于有自己的理想了：长大以后要像爸爸一样做一个著名的医生。

可以说，能否经常给孩子鼓励、能否帮助孩子建立自信心，是智慧的教师与平庸的教师的重要区别。墨非老师无疑是一名智慧的老师，这也正是弗雷德终身都对他感激不尽的原因。

怎样最好地鼓励孩子，帮助孩子建立坚定的自信心？提出下列建议：

第一，鼓励要经常。教师或父母给孩子鼓励时不要太吝啬，不要觉得孩子没有什么优点，没有值得鼓励的地方。其实，只要你做个有心人，就一定能够发现孩子的长处。而且，即使孩子真的很差劲，你也可以像墨非老师那样，抓住机会鼓励孩子。

第二，鼓励要具体。鼓励切忌空话，空话只能让孩子觉得虚伪和无所适从，最好给孩子一些很具体的鼓励。比如孩子今天完成作业的时间比以前提前了五分钟，即使这么短的时间也该给他鼓励。也许他和别人比还不行，但和自己比他已经有了很大的进步，你要把这些告诉孩子。

第三，鼓励可以很简单。鼓励并不是什么高深的事情，只要你有爱心并且细心，就能够做到。一句话，一个眼神，一次交谈，一个赞美，一次短暂的拜访，都有可能使孩子终身受益。

第四，鼓励之后要给孩子切实的帮助。孩子们都是需要帮助的，当你鼓励了孩子以后，当孩子的自信心有所增强以后，还需要成年人用实际行动帮助孩子巩固这份来之不易的自信心。所以，你需要给他最实际的帮助，如像墨非老师那样教孩子一些新方法等。

四 尽情释放孩子的潜能

（一）培养人就是培养他对前途的希望

如何唤醒孩子内心的潜能？孟子所说的恻隐、羞恶、恭敬、是非等"四心"固然存在，却只是幼芽或者说是开端。因此，唤醒的前提是发现，发现之后要珍惜，并且循循善诱。最巧妙也最成功的教育，莫过于激发孩子对自己的未来充满兴趣和信心。说得更通俗一点，就是要让孩子心里的发动机蓬勃地转动，年龄越大越需要这种来自内心深处的不竭动力。如苏联著名教育学家马卡连柯所说的"前景教育"：培养人就是培养他对前途的希望。因此，要特别注意发现和珍惜孩子的优势。

在这一点上，上海的楚福建师傅可谓是深有体会。

当年，楚福建师傅为了儿子楚庆生的学习可是愁坏了。

一身武功的楚庆生，却成了没人敢要的学生，留级已成定局，弄不好还会进工读学校，这让哪个做父母的不忧心如焚呢？

楚庆生的爷爷是武林高手，曾当过著名爱国将领冯玉祥的警卫。父亲楚福建练过举重，也有不俗的成绩。

那天晚上，在闸北八中的会议室，当楚师傅走进来的时候，我立即感觉到此人身手不凡。他一身普通工人的装束，却腰板挺直，行走如风，脸色黑里透红,讲话声似洪钟。

讲起儿子的事,他滔滔不绝:

楚庆生3岁开始习武,我让他以全国武术冠军李连杰为榜样,以是别人3倍的运动量练武,不断向极限发起冲击。在竞技场上,我不但要求儿子拿第一,还要求他与第2名拉大距离,确保冠军非他莫属。

1991年,11岁的楚庆生荣获上海武术比赛个人基本功冠军。我问儿子:

"你的目标是什么?"

儿子响亮地回答:

"全国武术冠军!"

是的,这就是我们的目标。坦率地说,这事也怪我,怪我不重视文化学习和个人修养。当时,我对儿子的文化课要求很松,只要不留级,每门功课60分就行了。

由于我的错误引导,楚庆生从小学一年级开始,学习成绩总是在低分中徘徊,经常受到老师的批评和同学的嘲笑。儿子对学习毫无兴趣,老师又气又急却一筹莫展,孩子不学,他们有什么办法呢?就因为儿子成绩太差,影响了班级的平均分,也影响了学校对老师的考核和班级的声誉,所以,学校屡屡暗示我们:

"只要楚庆生转学,学校一定给予积极的配合。"

什么配合?就是编造假成绩册呗。否则,哪个学校肯收下楚庆生呢?

1989年的秋天,为了便于儿子进行武术训练,也为了给他换个环境,我们同意转学了。果然,由于假成绩册编得让人看不出破绽,楚庆生转入了黄浦区某重点小学就读。

重点小学学风良好,成绩齐整。他们很快发现了问题,大呼上当,因为楚庆生的实际成绩与成绩册上的水平严重不符,于是他们坚决要求把他退回闸北区。该校学生平均成绩在90分以上,而楚庆生低人家几十分,学校能不急吗?我们苦苦恳求,学校才让楚庆生勉强读完了四年级。升入五年级,学校强制性地要把楚庆生退回闸北区,可闸北区不收,理由是上海有政策,五年级是毕业班,学生不得转校。

为了不让儿子失学,我无数次奔波于黄浦与闸北两个区的教育局之间,最后还是市里出面做工作,让楚庆生在该重点小学读到毕业。您想想看,成绩很差、处在夹缝中的楚庆生,每天过着怎样的一种生活?他的心态又怎么会好呢?

终于,小学毕业了,楚庆生进入了黄浦区的一所初级中学。

不久,出现了一次机遇。上海市下达了一个职业运动员的名额,而楚庆生是比较适合的人选。

可是,由于种种原因,某领导的儿子鸠占鹊巢,占用了那个宝贵的名额。三年后,我与那位领导的儿子相遇,他内疚地说:

"当初那个名额是楚庆生的,是有人做了手脚,把名额给了我。结果,我练不出成绩还弄出一身病,又耽误了楚庆生的前途。我后悔极了!"

当时,我曾伤心欲绝,认为世道不公。今天,我倒庆幸儿子选择了闸北八中,因为成功教育让他走上了正道,给了他更大的希望!

"进闸北八中容易吗?"

听我这么问,楚师傅仰面大笑起来,说:

"容易!非常容易!不过我心虚呀,咱家的孩子咱知道,楚庆生当时快走到危险的边缘了,我真怕闸北八中也不要他!"

当职业运动员的名额被占用后,楚庆生变得自暴自弃。与许多厌学的孩子一样,他迷上了电子游戏,并很快上了瘾,根本不想上学。因此,读了半年的书,他的成绩单上一片红,各科成绩差得让人吃惊。他不但频频逃学,还连连闯祸。

那些日子,楚师傅最怕电话铃响,因为电话铃一响,常常是班主任打来告状的:

"楚师傅,您快来,您儿子把同学打伤了,您快带上钱来吧!"

"楚师傅,您儿子把学校教室的黑板打坏了,您带上钱来吧!"

最可怕的一次,电话那头说:

"楚师傅,您的儿子被派出所民警带走了,他把上海电信大楼的门面玻璃打碎了!"

那些天里,楚师傅又气又悔又怕。他生气儿子胡作非为,他后悔让儿子习武,他害怕儿子犯罪。是啊,一个武艺高强的少年如果走上了邪路,那不就是走向了犯罪的深渊吗?

张妙坤是闸北八中的常务副校长,被刘京海校长称为"三军统帅"。

应当说,他算老资格了。张妙坤是1964年上海师范大学中文系的毕业生,一直在闸北八中工作,从语文教师、教研组长、教导主任,一直干到常务副校长,直到退休。还能有谁比他更了解闸北八中呢?

可这位"三军统帅"也有眼花的时候。

当楚师傅把儿子的成绩册和转学证明递上时,张妙坤扫了一眼,便研究起了成绩册和有关资料。不一会儿,这位教育行家便眉开眼笑地拍板做主了。

楚福建没想到进闸北八中如此容易。

为了严加管束儿子,楚福建决定忍痛放弃儿子在上海市体校武术训练队享受的优越条件,让他专心学习文化知识,从头开始。他听说闸北八中正在实施成功教育,对转变"差生"有一套真功夫,便决定把儿子转来闸北八中。

黄浦区那所中学听说楚庆生要转学,真是喜出望外,如释重负。他们主动"配合",给楚庆生换了一本新的学生成绩册,并给他每门功课加50分,让他"飞"进优秀学生的行列。

尽管闸北八中曾有"差生集中营"之称,但那已经是老皇历了。同学们你追我赶、互帮互助,形成了爱学习、守纪律的校园新风尚。因此,闸北八中的老师们很快发现,楚庆生的优秀学习成绩不是真实的,不过他们是见怪不怪了。

不过，这件事让楚师傅父子极为感动，因为闸北八中没有一个人揭儿子的老底，更没有人把儿子拒之门外，反而给予他更多的鼓励和关照。

楚师傅说：

"儿子在黄浦区读书的时候，闯祸多，被人告状也多，我几乎得了电话恐惧症。直到儿子进入了闸北八中，我才过上了正常人的生活。"

其实，楚庆生的经历在闸北八中是极为平常的。

开学的前一天，校长召开新生班主任会议。教导处邱主任不安地宣布：

"这届新生的录取平均分约200分，为全区倒数第一。另外，还有五名留级生安插到各班。唉，困难是蛮多的！"

邱主任说罢，紧张地等待着暴风雨的来临。

也不怪邱主任紧张。以往新生分班，谁不想在差的生源中尽量挑好的？挑一个基础好点的，就省不少力气，还容易出成绩，何乐而不为呢？今年生源奇差，哪个新生班主任不瞪起眼睛来？几位校长与邱主任一样忧心忡忡，都准备好了要给老师们做思想工作。

奇怪的是，会议室里静悄悄的。班主任们纷纷在看本班的花名册，一个个心平气和。不一会儿，他们陆续向外走去。

"哎，别走哇，还有工作要布置呢。"邱主任舒了一口气，说，"我还以为你们会吃了我呢！"

楼老师撇撇嘴说：

"你有什么好吃的？我早料到了这个现实，从没指望生源会好起来。"

"老实说，本来我想争一下的，可咱们成功教育要实现的目标，不就是让留级生和别的'差生'都获得成功吗？别的老师能做到的，我难道不行吗？"年过半百的苏老师说出了心里话。

坐在她身边的小冯老师说：

"观念变了嘛！咱们闸北八中的老师就是要在转变'差生'上显示价值，偏爱'差生'嘛！"老师们一齐笑了起来。

楚庆生是中途转学来到闸北八中的，张妙坤副校长还被蒙在鼓里呢，他有些摆功似的向刘京海隆重介绍了楚庆生,什么武术冠军啦,什么学习成绩优秀啦。

刘京海校长见多识广,不相信什么都好的学生会主动转学来闸北八中。他打量了一下楚庆生,满怀信心地说:

"你的武功这么好,动作这么利索,一定非常聪明!"

楚庆生一听慌了,连连摇头。刘京海拍拍他的肩膀,说:

"笨的人不可能拿上海冠军的。如果你把功夫稍稍用在学习上面,成绩肯定会上去,这一点我有绝对的把握。"

刘京海校长的这几句话,促成了楚庆生命运的转折。楚庆生后来回忆说:

"过去在学校里,我耳朵里听到的全是埋怨、批评、讽刺和嘲笑,使我从心里认定自己是个人见人烦的坏学生。我从未听到过一句夸奖的话,就连我的武功也似乎成了罪恶的证明。可进了闸北八中,连刘京海校长这么有名的人都瞧得起我,我太幸福了,这样的感觉过去从来没有过。因此,我暗下决心,一定要行动起来,像练武那样刻苦学习!"

在刘京海校长的安排下,楚庆生进入了数学教学高手王守新老师的班级。

(二) 孩子的成功意味着一个家庭的成功

一个充满野性的少年开始觉醒。

但是,多年来形成的陋习,使他每前进一步都无比艰难。早在100多年以前,俄国著名教育家乌申斯基就指出,良好的习惯就像是一种有效的道德资本,而不良习惯就像是一笔偿还不清的债务。他说:

总之,人越是年轻,习惯也就越能很快地扎下根来,但它也能很快地被消除;而习惯本身越长久,要根绝它就越困难……教育者必须经常同学生们过去所养成的许多坏习惯进行斗争。

王老师对楚庆生的数学水平进行了测查，发现他的实际掌握程度与小学三年级学生相差无几。这就意味着，如果不抓紧努力，也许由初二升初三时他就要留级重读。

可是，楚家收入较低，没有钱请家教来补课。因此，王老师每天放弃两小时的休息时间，免费为楚庆生开小灶。

楚福建师傅坐不住了，这个生性刚烈的汉子连连向王老师鞠躬致谢，又不解地问：

"八中的老师这么偏爱'差生'，究竟是为什么？"

王老师愣了一会儿，说：

"不为什么。帮助每一个学生成功是我们教师的天职啊，这是八中每个老师都知道的。"几句话感动得楚师傅不知所措，直问自己该怎么配合学校的教育。

王老师说：

"八中有个老传统，希望在孩子刚起步的时候，父母做到'四个一'，即定一个目标，准备一盏台灯、一张桌子，每天抽出一个小时陪孩子学习。"

楚师傅把"四个一"认真地记了下来。王老师又强调说：

"关键是帮助孩子养成学习习惯，逐步让孩子自己管理自己。"

回到家中，楚师傅立即为儿子腾出了桌子，准备好了台灯。他还找出一本书，准备在儿子学习时自己读。目标嘛，不用多想，首先要跟上进度，顺利升入初三。

楚庆生刚刚坐了半个小时，那感觉就像坐了半天，全身难受起来，总想出去跑跑跳跳，大喊大叫。这时，他看向了父亲。想不到，一向很少读书的父亲，竟会那么专注。他不由得产生了几分愧意，又埋下身子写起了作业。

奇妙的感觉产生了。自从刘京海校长夸过他聪明之后，楚庆生越来越觉得自己聪明了。过去听不懂的课，如今开窍了；过去看不明白的题，如今也看出门道了。

一天补习时，王老师出了三道题，他做出了其中的两道。王老师顿时两眼放光，说：

"楚庆生，你太棒了！你要知道，我出了三道难题呀！你居然一下子解出了两道，太让我兴奋了！"

说罢，王老师用力地拍了他两下。

楚庆生呆住了，他过去从未体验过因学习进步而获得的快感。原来，成功会像电流一样，让人的全身骤然发热，使你有一种想飞翔的感觉。也许，从这一刻起，他真的变了，由被动学习转变为主动学习了。

闲暇时间，楚庆生和邻居、同学一起复习功课，互相测验，你问我答。有时，放学回家吃了饭，他又背着书包到学校去自习，而且一去就是几个小时。

父亲有些怀疑，心想：儿子真的是去学校了吗？会不会是以学习为掩护，悄悄溜进了游戏厅呢？因为长这么大，还很少见他这么主动学习功课。虽然来闸北八中后环境变了，可儿子的旧习就这么容易改吗？

于是，有几次趁着夜色，父亲蹑手蹑脚地来到闸北八中，想看看儿子是否真的在教室里。结果，儿子每次都在那里潜心读书。过了两小时，父亲再来侦察，发现儿子还在那里一动不动，他这才放下心来。儿子的转变让父亲心花怒放，因为他切切实实看到了希望。

在一次家长会上，刘京海校长说：

"一个孩子的成功，意味着一个家庭的翻身。"

楚福建听到这里，不由自主地带头鼓起掌来。他敬佩地望着刘京海校长，庆幸自己遇上了高人。自从儿子进了闸北八中，他的确有了翻身的感觉——可以堂堂正正地做人了。

升级考试的时候，楚庆生虽然也有过挫折，但经过补考终于通过了。更为重要的是，他学习上的自觉性被唤醒了。

楚庆生对爸爸说：

"爸爸，以后您不必陪我学习了。现在我已经能够自己把握自己。"

（三）唤醒孩子心中沉睡的巨人

让楚福建父子意想不到的是,刘京海校长不但重视学生的学习,还热心支持学生练武,并聘请上海体育学院的武术教练来校执教。

在学校的艺术节上,刘京海校长鼓励楚庆生表演的武术节目,受到了全校师生的热烈欢迎,楚庆生也为所在班级争得了荣誉。

上海市武术比赛就要开始了,楚庆生如渴望蓝天的雏鹰一样展翅欲飞。

与楚师傅必争第一的态度不同,刘京海校长拍拍楚庆生的肩膀说:

"这一次你是代表闸北八中参赛,是代表成功教育出征,但成功不一定非得冠军,希望你能拿下第3名!"

刘京海校长的话让楚庆生心里暖融融的,又感到无比轻松。结果,他以精湛的武艺一举夺得刀术、棍术两项冠军。少年雄姿震撼了上海武术界。

一些武术界的朋友大为好奇,纷纷问他:

"庆生,你离开了体校,在闸北八中怎么练武术?而且,你不但没退步,还武艺大长,这是怎么回事?"

"刘校长会武术吗?"

楚庆生回答:

"刘校长是我遇到的最好的老师。他虽然不懂武术,却教我用心用脑练武,并使我保持最佳状态。成功教育让我自信,我相信明年的武术冠军仍然是我!"

回到闸北八中,学校组织全校师生召开庆功大会,欢天喜地地为楚庆生庆功。

一个人见人烦、几乎无学可上的"差生",为闸北八中争得了两项市级比赛的冠军,这在闸北八中的历史上是绝无仅有的。哪个八中人不为之兴奋?

刘京海校长宣读了学校的表彰决定,并亲自将"成功教育一等奖"荣誉证书和100元奖金颁发给楚庆生,并号召同学们学习他那超越自我的拼搏精神。

此刻,楚庆生仿佛又进入了赛场。

真正的教育不是改造而是唤醒,唤醒孩子心中沉睡的巨人。巨人一旦醒来,潜能尽情释放,一个真正的人就此诞生了。

楚庆生被唤醒了。

他不仅刻苦学习,积极练功,还热心为大家服务,努力加入了共青团组织。他记住了刘京海校长的叮嘱:

"国家需要文武双全的人才,更需要关心他人的精神。"

楚庆生过去靠拳头打天下,如今他以爱心重塑自己。粉刷教室、打扫卫生等最劳累的活儿,他总是冲在前边;他还从家里带来铁锤和钉子,悄悄为班级修理课桌椅……

入团之后的一天,刘京海校长找楚庆生谈话,将一个重要的消息告诉了他。

"根据你的特长和进步表现,学校准备推荐你报考上海警官学校,你愿意吗?"

"是真的吗?"

楚庆生激动起来,说:

"这是我梦寐以求的理想职业。我希望把自己的武艺奉献给公安事业,做一个保卫大上海的人民卫士!"

从此,楚庆生的奋斗目标又多了一个,他学习更主动了——主动提问,主动做题,主动与同学讨论。

一次全市数学统考,满分为120分,而楚庆生竟考了109分,令人刮目相看! 他顺利考过了警官学校440分的录取线。

2002年5月,当我在上海见到楚庆生的时候,他已是上海第三劳教所的管教干警了,负责七八十名罪犯的劳动教养。

楚庆生个子并不高大,却显出虎虎生气,似乎随时可以腾空而起。经

过警校里的学习深造与干警生活的磨炼,已经文武兼备的他谈吐稳重多了。他说:

"前几天,我还与我们的中队长谈到,一个孩子只要自己想读书想上进,即使环境差一些也能成功。所以,关键是要让孩子内心的发动机转动起来。"

我深有同感地点点头,问:

"那么,你心里的发动机是怎么转动起来的呢?"

他描绘起了对刘京海校长的第一印象——

在开学典礼上,刘京海校长先给大家深深地鞠了一躬,又向老师问好,然后说:

"成功教育相信每一个学生都有成功的愿望,相信每一个学生都有成功的潜能,相信每一个学生都能获得多方面的成功!"

这"三个相信"让楚庆生热血沸腾。后来,刘京海校长又对他说,笨的人是得不了上海冠军的。这句话影响了楚庆生多年,几乎成了他自信的来源。

由于任务在身,楚庆生来不及与我详谈。他沉思了一下,格外郑重地说了一句话:

"如果没有成功教育,我可能也在铁窗里边了!"

(四) 成功教育的奥秘在于尊重

十几年过去,我依然难忘以下的这个故事。

星城中学是燕化公司最大的一所新建子弟学校,学校所在的星城社区是北京市文明社区。2004年,北京燕山教委把申办"北京市校园环境示范校"的任务交给了星城中学。显然,这是一项光荣而具有挑战性的任务。

怎样完成申办任务呢?星城中学的领导们很清楚,若按习惯的做法,无非是召开动员大会——层层下达任务指标,制定各项标准和规范,反复检查督促,天天打扫卫生,到处种花种草,在热热闹闹中完成任务。可这一次他们多了一些思考:环境变美究竟是为了谁?仅仅是为申办而使环境变美吗?如果是这样,申办后问题依旧存在怎么办?他们又思考了另一个问题:学生在申办过程中处于什么位置?仅仅是被规范、被要求吗?

促使星城中学领导层思考的原因之一是,该校是尊重教育的实验学校。尊重的理念使他们认识到,教育不是给自己脸上贴金,学生也不是完成任务的工具。申办示范校是为了使学校的环境更有利于师生的生活和工作。学生在申办活动中,如果只是一个被动的参与者,那么,这样的示范校即使申办下来,对学生的发展也没有任何意义。于是,他们决定改变旧的思路,采取"申办示范校,学生做评审"的新方法,即让学生做申办示范校的主人。

实践证明,学生当中蕴藏着巨大的潜力,这种潜力一旦被激发出来,就会创造出令人难以想象的奇迹。

当星城中学的老师们把接受任务的情况告诉学生后,学生们热情高涨,因为他们早就渴望能够生活在一个优美的环境里。学生们主动查找学校存在的问题,如有些垃圾没有倒进垃圾箱内、有人在墙壁上乱涂乱画、有人破坏公物等,共找出一百多个问题。学生们的热情与认真远远超出了老师们的想象,就连墩布溅到墙壁上的污点、暖气壁里的废纸,也未能逃过学生们的眼睛。

面对如此多的问题,还要不要申办"校园环境示范校"?校领导把决定权交给了学生。

学生们一下子炸开了锅,因为如此重大的问题还从来没有让他们做过主呢,他们主人翁的心态油然而生。同学之间展开了激烈的争论,赞成申办的人不少,不赞成申办的也有很多理由,但无论支持还是反对,都是为了维护学校的声誉。在这一争论中,学生的角色悄悄地发生着转变——由旁观者变为参与者。最后,赞成申办成了多数学生的共同心愿。于是,他们利用一切机会去说服那些投反对票的同学,甚至还主动找到老师做起了工作。

曾有人调侃说："都说我们是主人,我们在单位根本没有主人的感觉,只有回到自己家里才像主人。"是的,只有真正关心并且能说了算才是主人。星城中学的学生们就是这样,他们处处关心校园环境,不断提出合理化建议。如,校园走廊悬挂的画像多年不变,他们建议更换新版名人画像,添置新的艺术作品,还提出把同学们在比赛中获奖的作品展示出来,等等。学校马上采纳了学生们的建议,增添了艺术作品,为学生提供了展示园地。

学校如此重视学生们的建议,这极大地鼓舞了他们。他们又提出19项建议,如:墩布须滤干后方可使用,废纸须装入塑料袋内集中处理等。以前曾经有过塑料瓶堵下水道的情况,学校也因此做出不许学生带塑料瓶到校的规定。在申办过程中,学生们对这一规定提出了质疑,认为用少数同学的不良行为惩罚全体学生,给大家的生活带来了不便。于是,306班学生提出"收集塑料瓶,废品变班费"的倡议,得到了广泛响应,从此塑料瓶堵下水道的现象再也没有发生过。

学校的环境变美了,同学们又发现了新问题——老师中也存在着一些不文明现象,如有些老师乱倒茶叶渣、乱丢烟头、骑车进校门、学生问好不理不睬等。恰逢教师节来临,学生们在给老师写感谢信的同时,委婉地提出了相关建议,还给老师送去自制的烟灰缸、倒剩茶的铁桶等用具。学校也向老师们发问:学生行动起来了,老师该怎么办?老师们感慨地发现,那些过去被自己教育的学生,如今已开始影响自己的文明行为了。

在申办示范校一年多的时间里,学生们比老师还要关注,总向老师们询问:"申办下来了吗?申办下来了吗?"

在一次尊重教育课题的研讨会上,该校的马春红老师在发言中激动地说:"学生的这一改变,只在于学校改变了思维方式——由把学生当作完成学校任务的工具,变为学校一切工作都是为学生成长服务的。经过师生们的共同努力,申办'北京市校园环境示范校'的目标终于实现了。在这个过程中,学校面貌发生了根本性的变化,学生在这一过程中也得到了成长。我们的体会是：只有学校把学生当主人，学生才能做主人，他们的热情和创造欲才能被激发出来。"

在大会点评环节，我对星城中学的做法给予了特别高的评价，原因在于他们对学生的尊重达到了较高的水平，将孩子的潜能尽情释放了出来。星城中学的做法给每一位教师都带来了深刻的启示。

让每个孩子都能体验成功

（一）对孩子的不同特点应给予尊重

世界是丰富多彩的，每一个人都有自己的个性和特点。当我们与朋友交往的时候，我们能够宽容朋友与自己不同的性格特点，我们也希望自己所交的朋友是性格各异的。但是，当成年人用教育的眼光来看待孩子的时候，往往忘记了这一点，大多希望孩子能和所有父母、老师眼里所谓的"好孩子"一样懂事、听话、循规蹈矩。

可是，总有一些孩子具有自己独特的性格，有的孩子好动，有的孩子爱玩，还有的孩子不那么听从父母和教师的管教。当这种情况发生时，你是怎样对待孩子的呢？

在这方面，山东省青岛市朝城路小学的法岱林老师颇有感触。她曾感慨地讲述了她的亲身体会。她说：

> 老师们常常感叹现在的孩子太难管了，有些学生竟然敢向老师的指令发出挑战。但我觉得，这并不是说好孩子越来越少了，而是我们的老师不太会欣赏和尊重那些敢于对老师说"不"的孩子，把孩子们的特点都当成了缺点。

我在这方面非常有体会。以前,我教六年级的时候,有一个学生经常不写作文。为了此事,我发过火,在班上也厉声厉色地训斥过他,到头来,孩子没面子,我也没面子。家访时,孩子的父母都支持我,但最终我也没能改变他,还把我们的关系弄得很僵。

　　临毕业时,他给我写了一封信,内容是:

　　"法老师,难道老师总是对的吗? 有些作文题目,我没有什么体验,不知道该写什么,也不愿意说空话应付,因而没写。但您丝毫不理解我,也不给我说话的机会,只知道批评、指责。我于是一篇作文也不爱写,甚至对语文课也失去了兴趣。说实话,我对您很失望,您还年轻,希望以后不要再像对待我那样对待其他孩子了。"

　　看完以后,我非常不安,整个暑假,那孩子的话总在我脑子里翻腾,使我内心充满了惭愧和悔恨。

　　转眼间我又去教一年级了,这是个从头再来的机会。孩子们还是五花八门,其中,一个叫丁杨的男孩很特别。他喜欢画画,喜欢到连最应严阵以待的考试也不放在眼里,尽管我再三强调仔细检查,但他匆匆答完题以后便迫不及待地开始涂涂画画;作业一般不写;很会说理,讲什么都一套一套的,时常冒犯老师的"尊严",很让人伤脑筋。

　　但是,因为有过教训,我从没试图使他改变自己原有的风格,我们相处得还算不错。他一直非常喜欢上学。有一次开班会,我动情地对全班说:"你们都是我心目中的好孩子。"

　　下课后一个学生问我:"丁杨也算好孩子吗?"我说:"当然,丁杨是好孩子,是个很有个性的好孩子。"当时,丁杨恰巧在我前面准备出教室,听到此话,他回转身来,一脸的感动。我也很感动,说不出是为什么。我知道我终于成功了,终于学会了无条件去尊重一个孩子。

　　记得泰戈尔曾经说过:"不是铁器的敲打,而是水的载歌载舞,使粗糙的石块变成了美丽的鹅卵石。"现在我明白了,教育正是水的载歌载舞。

孩子们之间千差万别，每一个孩子都有自己的特点。因此，作为父母和教师，对孩子的不同特点应给予尊重。只有当你以欣喜的心情来迎接每一个不同的孩子，让他们都能体验到成功时，教育才能真正变成载歌载舞的水。

怎样正确认识孩子的特点，欣赏和尊重每一个孩子，帮助他们体验到成功呢？提出下列建议：

第一，要有眼力去发现孩子的特点。作家张恨水小的时候特爱读小说、写小说，但考试成绩一塌糊涂。为此他的父亲很生气，还多次教训过他。幸亏《小说月报》的主编和北京《新闻报》的副刊主编给张恨水提供了机遇，这才使得他一举成名。如果没有两位主编的慧眼，张恨水也许一事无成。所以，建议父母、教师多学习做伯乐，细心发现每个孩子的不同特点，这样才能及时给予引导。

第二，要从心底里承认、接受孩子的特点。有的父母或教师虽然知道孩子们有什么特点，但其内心却不把孩子的与众不同之处当成特点或优点，而是当成缺点。当你不能承认、接受孩子的特点时，孩子就无法从你那里得到鼓励、赞赏和帮助，相反还很有可能被压制、批评、挖苦。

第三，培育和引导孩子，令其特点良性发展。接受了孩子所具有的不同之处，就该给孩子更多的尊重，并想办法培育和完善孩子的特点，让孩子更好地发挥自己的特长，而不是把孩子的特点磨平、磨光。

（二）自尊心和自信心是送给孩子最珍贵的礼物

2000年2月18日的《南方周末》上登载了一篇短文，作者思微写道：

儿子正上小学二年级，但他已读过两所小学了。

一年级的时候，他在另一所小学就读。班上一位女生在语文考试中经常是最后一名，成绩多为六七十分，常常影响班级在年级的名次。班主任十分着急，经常对其父母埋怨："我每天早出晚归，对该班费尽心血，却偏偏如此倒霉，摊上这样一个学生，我批评也批评了，可她的成绩就是不能提高。"

儿子二年级时转学到现在就读的小学。班上也有一个刚转学来的同学，由于原来基础较差，在第一次语文单元考试中只考了4分。父母很着急，向老师提出让孩子重读一年级。老师叫父母不要着急，相信通过学校与父母的共同努力，孩子的学习成绩会不断提高。与此同时，老师也在全班同学面前宣布：该同学虽然这次没考好，但只要他努力，一定会考得越来越好。如果他下次考试进步了，全班同学都要为他鼓掌。

第二次语文单元考试，该同学考了15分，班主任真的带领全班同学为他鼓掌，表扬他的进步。第三次考试，该同学考了55分，班主任又带领全班同学为他鼓掌。现在该同学每次都能考80分以上。

可以说，后一位教师的成功之处就在于他能够帮助学生体验到成功，尽管这个孩子是一个很普通的孩子，甚至是许多人眼里的"差生"。

无疑，一个人是否能够获得成功，自信心起着重要的作用。自信心无论对孩子的学习还是对孩子一生的发展都至关重要，只有自信的人，才能在成长的过程中不断保持创造力和健康的心态。但是，由于孩子们还很小，往往看不到自己的潜能，因而常常表现为缺乏自信心。所以，作为父母和教师，重要的是帮助孩子树立自信心。

然而，自信心不是凭空产生的，必须以实力为基础。对于学生来说，主要是发现或培养自己的实力；而对于教师和父母来说，则是为学生发现或培养自己的实力创造条件。

但是，现在一些成年人在教育孩子的时候，经常在不经意中扼杀孩子的自信心，甚至以培养唯唯诺诺的孩子为荣。也有的成年人，忽略了学习成绩一般的孩子，以为只有成绩好的孩子才具有自信心。事实上，人是平等的，即使是那些天赋不高的孩子也应该受到同等的重视。

教育的目的是让每个孩子都能找到适合自己的学习方式和学习技巧,最大限度地培养和发展孩子的自信心;因材施教,使每个孩子将来都能在社会上找到最适合自己的道路,并且获得成功与幸福。

有一些教师和父母很注意培养孩子的自信心,积极创造机会让每一个孩子都体验到成功。例如,北京市光明小学举办的"我能行"活动,就是希望通过一系列活动让孩子们发现自己的长处和潜能,看到自己的能力。这个活动也收到了很好的效果,孩子们的自信心大增。

河南安阳市少先队组织曾在教育专家韩凤珍的指导下,开展"我之最"活动,让每一个孩子都亮出各自的绝招、绝才、绝优、绝长。结果,许多曾经被人瞧不起的孩子或那些曾经被忽视的"灰色儿童",也纷纷登台露了一手儿。他们有的剪纸,有的爬树,有的驯狗,有的耸动耳朵,有的讲历史故事,有的溜旱冰……真是八仙过海,各显神通,学校里一下子冒出许许多多有本领的人。孩子们由于展示了自己超人的本领,因此信心十足,彼此之间也刮目相看了。

我曾在长篇传记小说《孩子,抬起头》中,详细描述了韩凤珍的创造性教育探索。韩凤珍说:

> 所有难教育的孩子,都是失去了自尊心的孩子。所有好教育的孩子,都是具有强烈自尊心的孩子。教育者就是要千方百计地保护孩子最宝贵的东西——自尊心。这是切断后进生生源的重要手段。那么,怎么培养孩子们的自尊心呢?我想,一个不可忽视的途径,就是给每个孩子创造表现能力的机会,让他们都尝到成功者的喜悦。

为了丰富和完善"我之最"活动,为了让全体儿童都真正体验到成功的美妙感受,韩凤珍老师又拓宽了"我之最"活动的内容:最美好的愿望、最崇敬的人物、最拿手的本领、最热爱的学科、最向往的活动……总之,只要父母和教师以培养孩子的自尊心、自信心为己任,就一定会发现每个孩子都是与众不同的。

在孩子的成长过程中，没有什么比自信心和自尊心更重要的了。我相信，每一位父母都是爱孩子的，每一位教育者也都是希望学生成功与幸福的。那么，请你把最宝贵的礼物——自尊心和自信心送给孩子。

怎样培养孩子的自尊心和自信心，让孩子拥有成功的美好体验？提出下列建议：

第一，发现孩子与他人的不同之处。正如世界上没有两片完全一样的叶子，每个孩子也都是独立的个体，他们都有着和别人不同的特点。作为成年人，不要总是用一个孩子的缺点去和另外一个孩子的优点比，而需要做个有心人，发现每个孩子的特点与优点。

第二，不对孩子过分保护。如果一个孩子被成年人过分保护起来，他就很少有机会去体验生活，当然也就很难获得成功。久而久之，这样的孩子就容易变成对一切事物都不感兴趣的"木头人"，好像外界与自己是没有关系的。那么，当真正需要他自己来面对生活的时候，他就有可能变得唯唯诺诺，对自己没有信心。

第三，经常给孩子一些适当的鼓励和赞扬。有一位老师，在班级里推行优点卡制度。她给每位学生都建立了优点卡，有的学生读书声音洪亮，有的学生作文写得好，也有的学生爱思考，总之，每个学生在老师眼里都有自己的优点。这位老师及时发现优点，及时写在优点卡上，她的做法给了学生极大的鼓舞。父母们是否也可以效仿这位老师的做法，经常给孩子一些鼓励？如果父母们能做到这一点，孩子们就能够经常体验到成功的幸福感受。

（三）让每一位学生成为自我发展的承担者

在谈到解放学生、给予学生创新空间的时候，人们常常会批评中国的教育对学生的严重束缚，甚至认为这种情况已成定局，无法改变。实际上，任何国家的教育都不是铁板一块。中国的许多学校已经开始了惊天动地的改革,其力度与效应即使在世界范围内也是非凡的。

为了尊重学生的差异和追求,创造适合每一位学生发展的教育,让每个孩子都能体验成功,北京十一学校取消了班级和班主任制度,4174名学生拥有了4174张不同的课程表。

2014年2月27日上午,教育部破例在北京十一学校召开新闻发布会,教育部基础教育二司副司长申继亮对这所学校的教育改革给予了高度评价:"十一学校是新世纪以来众多推进课程改革、实施素质教育的普通高中学校的代表和典范。"

人民网·教育频道2014年2月27日做出如下报道:

> 北京十一学校校长李希贵认为,教育应立足于每一个个体的自主成长,创造适合每一位学生发展的模式,让每一位学生成为自主发展的主体。教育的目的在于发现每位学生的不同特点和个性差异,唤醒他沉睡的潜能。为此,十一学校通过对国家课程、地方课程的校本化,构建了一套分层、分类、综合、特需的课程体系,创立了265门学科课程、30门综合实践课程、75个职业考察课程、272个社团、60个学生管理岗位,供学生选择。
>
> 在这些课程中,除了少数的必修课外,其余大部分是选修课程,所有课程排入每周35课时的正式课表,学生不仅可以选择课程,还可以选择上课时段,真正实现了自主选择,一人一张课程表。
>
> 此外,为了给学生更多的自主选择空间,十一学校实施了"大小学段制"。每个学期分两个大学段和一个小学段,大学段主要进行统一课程的集中学习;两个大学段之间的为期两周的小学段,不安排统一的学习内容,没有老师,也没有作业。学生可以根据自己的学习需求,制订自主学习规划。有的学生选择仍到学校自习;有的学生利用这段时间走出学校,到社会上或实验基地进行体验学习;有的学生则在家阅读喜欢的文学作品……
>
> 虽然课时缩短了,但这并没有影响学生的学习成绩;相反,由于

自主性的提高带动了学习效率的提升，很多同学的学习成绩更好了。

随着选课走班制的实施，原来的行政班级界限和班主任管理模式被打破，学生在不同的教学班级之间流动，这无疑增加了教师管理的工作量和工作难度。推动教师转型，转变惯性思维，成为变革成功与否的关键因素。

对此，十一学校提出全员育人的教育理念，在年级层面实施分布式领导模式，把教学管理事务分解为导师、咨询师、学科教研组长、小学段与研究性学习主管、过程性评价主管、终结评价与诊断主管、选课与排课主管、教育顾问（针对特殊行为问题）、自主研修主管、考勤主管、大型活动主管等多个岗位。任课教师可以根据自己的专长，主动承担，这样既确保了年级工作和教育教学管理的高效、有序，又给每一位教师搭建了施展个人才华的平台。

经过四年的实践探索，学生状态、教师情态和学校形态都发生了很大的变化。其中，90.3%的学生认为"学校所学的课程对自己的未来发展有重要意义"，94.8%的同学认为"我能够根据学习目标安排自己的学习"。教育的开放性和动态性营造了每个成员积极参与、共同负责的新型群体关系，学生对他人、集体、社会负责的意识和能力有所提升。2012年"两会"期间，学校人大代表助理团的同学有效利用平时搜集的舆情民意和调研结果，在此基础上形成了八份提案，通过全国人大代表宋鱼水提交到了"两会"。

2013年的一项调查显示，十一学校的学生对学校的课程、师生关系、同伴关系、资源和设施、组织与管理状况、学校秩序与安全等整体氛围的综合满意度达到95%；而对学校的培养目标、教育理念、学校氛围、社会声望、学校的特色优势等，学生的平均认可度高达97.5%。

从2007年开始，十一学校以提供选择性的课程为起点，以制度变革为保障，最终实现了从价值选择到教学组织形式、从课程结构到管理制度、从教学方式方法到学校组织文化等全方位的转变。

对此，校长李希贵说："我们的路径很清晰——发现每一位学生的不同,唤醒每一位学生的潜能,启动每一位学生的内动力,让每一位学生成为自我发展的承担者。只有解放了学生,让他们拥有相信自己的力量,他们才能去实现心中的梦想。"

为什么我对这篇新闻报道感触良多?因为我应教育部的邀请,出席了这次新闻发布会,并且发表了评论。我说,这是以惊心动魄的改革造就现代中国人的伟大尝试。超越资格和技能的概念,走向以创新为目标的综合素质培养——这或许就是北京十一学校的追求。学校教育如何以人为本?简言之,就是发现学生、解放学生和发展学生。

人们不难发现,十一学校的改革未必对考试成绩有多大帮助,却对学生的人生发展意义重大。面对十一学校的新模式,不会选择就无法生存,而选择能力的强化不正是一个现代人最需要的素质吗?选择能力同时意味着适应能力与合作能力,这些都是获得成功与幸福的基本品质。

(四)强烈的兴趣爱好是孩子走向成功的强大动力

杭州市建兰中学,是一所有着20年办学经验的全日制民办初级中学。学校以充满人性化的管理,积极营造有利于孩子成长的各种环境,构建有利于培养孩子创新素质的教学方法。合理化的教学设计,多层性的课程设计,多元化的成果展示,使得建兰中学的学生始终处于良好的学习状态中,从而获得了更多的学习乐趣,得到了更多的成功体验。因此,当该校邀请我讲课,我欣然前往。我总是渴望了解学校和家庭的新探索与新经验。

建兰中学尊重个性,欣赏特长,给许多有个性有特长的孩子创造了锻炼与展示的机会。

2013年12月,该校举办了一场钢琴独奏音乐会,音乐会的主角是当时初三(2)班的龚雨菁同学。这已经是建兰中学第二次为学生举办专场音乐会,而首位举办音乐会的谢聪同学目前就读于解放军艺术学院,已成长为中国人民解放军军乐团的萨克斯管演奏家。

龚雨菁是个湖州女孩,父母是老师,学琴至今已有十多年了。不少孩子怕耽误学习,上初中后就放弃了自己的兴趣爱好,但进入初中后,龚雨菁并没有放弃学钢琴。学校门厅有一架钢琴,她可以随时练习。老师把音乐教室的钥匙交给她,她每天放学后要先在学校练琴至少一个半小时再回家。2012年11月,她拿下了杭州市中小学艺术节器乐独奏比赛初中组一等奖;2013年10月,她湖州师范音乐学院音乐厅举办了一场音乐会。

建兰中学校长饶美红说,龚雨菁当初是以特长生的身份入学的,成绩虽不算是最出色的,但各方面都十分优秀,还担任了班里的副班长和文娱委员。

谈及为学生举办一场音乐会,饶校长说,她希望学生明白,成绩不是唯一。无论是什么样的孩子,只要在个性、爱好上面有兴趣,学校都会尽可能地为他提供一个展示和发展的平台,让他有机会体验成功。

近几年,建兰中学在特长生队伍不断扩大的同时,也开始关注一些很冷门的特长,譬如马术、篮球、轮滑,等等。甚至,学校还因为一位同学非常喜欢巴西龟,而录取了他。

这位爱好研究巴西龟的同学,叫徐风起,成绩不算突出,但非常喜欢养小动物,不管是哺乳类、爬行类、两栖类,还是节肢类。

徐风起买的第一只小动物,是一只阿根廷钟角蛙。当时为了养活这只蛙,他专门买了饲养箱,还配了加热灯。从那时起,他便爱上了饲养小动物,开始将课余的所有时间都投入到这上面来。

同样是养小动物,徐风起和别人不一样,他特别专业。徐风起说,既然养起了小动物,就不能养得太肤浅,所以拼命找专业的饲养书籍来看。

"国内的饲养资料都不够专业,我只能找国外的看。"徐风起的英语本来不算太好,120分的试卷,最多考90分。一开始,那些国外的专业书籍他一个单词都看不懂,于是他想了个土办法,拿着字典对照着看。先看动物的学名,看一个背一个,那些专业术语也慢慢熟悉起来。

后来,班上的同学慢慢发现,徐风起的英语莫名其妙好起来了,现在每次考试,都能考到110分以上。

此外,通过上国外的英文网站,与国内外一些动物发烧友一起交流,徐风起的专业知识也大涨。有一次,美国耶鲁大学几名生物专业毕业的外国友人来杭州,徐风起陪他们一起逛花鸟市场,还用英语专业词汇对爬行动物做出了极细的分类,令几名老外颇感意外。他们想不到一个中国的初中生,竟然有这么丰富的两栖爬行动物专业知识。"他们鼓励我,说以后我如果要去耶鲁大学求学,他们愿意给我写推荐信。"徐风起很是高兴地说。

谈起徐风起,饶美红校长说,她欣赏这样的学生,做事专注,成绩虽然不拔尖,但凭他的这种精神,以后肯定能获得更多的成功。她甚至还专门将徐风起邀请到讲台上,为同学们做讲座。

当时,这个事情还曾引起争议:为什么招收有这样爱好的学生?一个研究乌龟的人也不足以开个讲座吧?但饶校长说,事实证明,为了这一次演讲,徐风起连夜做了PPT(幻灯片),讲得十分精彩,受到同学们的一致欢迎。

请天下父母设想一下,如果你的孩子酷爱饲养、探究动物,你会理解和支持吗?在生活中,太多孩子有一些令成年人匪夷所思的兴趣爱好,而这些兴趣爱好可能是孩子走向成功的强大动力。

第 三 章

成功在于选择

　　成功的道路千万条,但对于每个人来说,仅有一条最佳的路,即最适合自己发展的路。对于一个肯奋斗的人来说,真正的成功在于选择,而选择在于自知。成功者就是选择了适合自己的路,失败者则是选择了不适合自己的路。

　　什么是成功的教育？ 适合个人发展的教育就是成功的教育。当人人都可以选择自己喜欢、擅长的道路，并为社会所认可，过着幸福生活的时候，教育就是成功的。

　　教育是人的解放，而人的解放常常通过选择去实现。

　　这也许是李金海的一个痛苦的发现。

　　女儿即将初中毕业了，要不要考重点高中呢？

　　熟悉李金海的人会诧异：一个重点高中的校长，怎能不让唯一的宝贝女儿上重点高中呢？李金海可是个有名的人物。他是北京市广渠门中学的校长、全国人大代表、全国"五一劳动奖章"获得者、全国教育系统先进个人，并以创办"宏志班"而饮誉全国。

　　在接受《少年儿童研究》杂志记者孙宏艳（现为中国青少年研究中心少年儿童研究所所长、研究员）采访的时候，李校长坦率地说：

　　"我是想让女儿升重点高中，然后考大学。为了这个目标，我和所有的父母一样生气、着急、上火，逼她学习，不许她看电视，不许她弹琴，不许她玩。我还拉下脸来请家教给她补课，但是效果不好。由于学习不好，女儿自己也很压抑，不爱唱了，不爱跳了，笑容也少了。那一段时间，全家都像被关在笼子里的鸟，烦躁、爱发脾气，矛盾也比以前多了……"

　　经过慎重考虑，他们决定同意女儿放弃报考重点高中，转为报考一所职业高中学习计划统计。

　　李金海分析道：

　　"女儿成绩不好并非智力原因，而是由行为特点和性格决定的，这些都比较固定了。我如果逼她考重点高中、考大学，她会很痛苦，甚至会一辈子受罪。何必呢？我想明白了，父母的第一任务是让孩子身心健康，而这就要选择适合她发展的路子。"

果然，解放了的女儿又恢复了快乐的天性。职高的课程与她的能力相匹配，她的学习也轻松了许多。那时，她真的很快乐，天天都唱着歌儿上学去，又唱着歌儿回家来。更重要的是，她自信心大增，积极参加社团活动，还被评为"三好学生"，加入了共青团。

职业高中毕业后，她在一家银行当职员，每天都很快乐。为了参加银行系统的技能竞赛，她主动报名参加训练，学计算机、打算盘、数钞票等，手指都磨出泡了，她仍然兴致勃勃，因为这是她愿意做的事情。结果，工作第一年参赛，她就荣获第6名。女儿激动得哭了，因为她从未获得过这么高的荣誉。这不是成功吗？

回忆往事，李校长说：

"过去我们常说'只要功夫深，铁杵磨成针'。但我认为，在教育上使用这个理论是不合适的。尤其在培养孩子方面，并非只要功夫深，就什么目标都可以达到。真正爱孩子就要处处为孩子着想，让孩子做他喜欢的事情，而不是让孩子来实现父母的愿望。"

李金海是真正的教育家，因为他悟出了教育的真谛。他用坚实的臂膀挡住了世俗的威逼与诱惑，给了女儿一片自由的天空，让女儿超越了现实的羁绊，踏上成功之路。

天才是什么？

天才就是选择了适合自己的路的人。

蠢材是什么?

蠢材就是选择了不适合自己的路的人。

成功在于选择了适合自己的路。

成功的真正内涵不是金钱,也不是地位,而是幸福!

一 生命的追问

（一）分数第一的教育成为青春生命的祭坛

在上海闸北八中采访的日子里，我总是想起一个北京的女孩，她叫秋儿。

转眼之间，她已去了多年。不知为什么，我一想起闸北八中，必定想到她，而想到她的时候，闸北八中也随之而至。

假如秋儿生活在闸北八中，她或许不会踏上那条不归路⋯⋯

1999年7月18日是个星期天。傍晚，人们大多沉浸在快乐的休闲时光中。我守在电视旁，漫不经心地看着晚报。这时，家中的电话铃突然响了。

拿起听筒，一个沉重压抑的声音传了过来："孙老师，秋儿自杀了，明天是她的遗体告别仪式，她的亲属希望你能来，你能来吗？"原来，打电话的是我的同事刘秀英（现为中国青少年研究中心家庭教育研究所所长、《少年儿童研究》杂志主编及编审）。

我惊呆了。那一刻，我几乎不敢相信自己的耳朵，周围的空气仿佛一下子凝固了。那一夜，我几乎没有入睡，翻来覆去，眼前都是秋儿的身影。

我是见过秋儿的，大约一年前，在秋儿的表姐燕燕的家里。那一天是燕燕的生日。记忆中,16岁的秋儿穿着一件白色的上衣,一条近乎黑色的裤子。那一天的秋儿给我的感觉是很有几分个性。

刚开始,她和我不熟悉的时候,矜持而沉默地坐在角落里,手里摆弄着大家送给燕燕的生日礼物,像是很喜欢又很不在意的样子。生日宴会未进行到一半的时候,秋儿已经变成了一个爱说爱笑的少女,她一会儿给大家说个笑话,一会儿给大家跳一段自己现编的现代舞,一会儿又坐在钢琴前给大家弹一段钢琴曲。她的十指就像快乐的小鹿一样在黑白琴键上跳跃,于是,《少女的祈祷》《献给艾丽丝》这些优美的钢琴曲就从她的指尖缓缓流出。说实话,她的琴技并不娴熟,但她很投入。还有她的舞姿,也是那么随意又那么健美,每一次扭动与旋转,无不散发出一个青春少女的活力、自信、热情与潇洒。

天色渐渐放白。一夜失眠使我头疼得厉害,可我仍然无法把那个快乐活泼的秋儿与"自杀"这样冰冷的字眼联系在一起。

再见秋儿,已是生死相隔。遗体告别仪式是在北京清河的法医中心举行的。这一天的秋儿,穿着杏黄色的上衣和胭脂红的背带裤子,显得很艳丽。她静静地躺在鲜花丛中,睡着了一般。在她的枕边,还摆放着毕淑敏的《呵护心灵》。据说,这是她生前最喜欢的书。她的脚边摆放着一双粉色的舞鞋,是秋儿学跳芭蕾舞时穿过的。

站在秋儿身边,我感到无言的心痛。她安静地躺在那里,生命已经离她远去,可我脑海里浮现的却还是那个仍然鲜活的秋儿。思绪飘移中,我觉得秋儿也许根本就没有死,她或许只是在玩一个小小的恶作剧。遗体告别室四周的墙上,贴着秋儿的照片。那些照片中的秋儿,或是在跳芭蕾舞,或是在登高远眺,或是在含羞微笑,这些都使我无法把秋儿和死亡联系在一起。

与我同来送别秋儿的刘秀英、孙宏艳,分别采访了秋儿的父亲与同学,证实秋儿走于一周之前的7月12日。

秋儿的父亲说:

那天早晨，秋儿和平常一样起床洗漱后，冲了一碗燕麦片，又在微波炉里热了个汉堡。吃完，她就推着自行车出门了。随后，我也上班去了。下午5点半，我乘班车回到家。

当我打开防盗门锁时，却发现门拉不开。我感到奇怪，以为防盗门坏了，因为秋儿平时回来都比我晚，凡先回来的话，都不关防盗门。我突然警觉：是否有坏人进家偷盗，将门反锁？于是，我将门上的铁纱窗捅破，将手伸进去打开插销，防盗门开了。开第二道木门的时候，锁拧不动，里面被反扣上了。我很紧张，觉得屋里可能有人，我到楼下叫来管电梯的人员，又拨打了110报警电话。十分钟左右来了两辆警车，十几个警察将门撞开，屋里没有发现人。我突然闻到浓烈的煤气味，我赶忙去开厨房的门，门被反锁着。警察从阳台进入厨房，发现秋儿躺在地上，手腕上用刀割了两个小口子，口中有白沫。厨房的桌上放着两把菜刀，平台上放着她的笔记本；客厅窗台上放着打开的药盒，里面的安定药片全都不见了。

警察和我当即将她送到医院抢救，结果……后来我向电梯工询问，他说秋儿早晨7点半又回到家里，以后就没有看到过她下楼。事后秋儿的同桌告诉我们，8点15分她曾打电话给秋儿，因为老师让她立即通知秋儿会考有两门不及格，要补考，让秋儿到学校去交照片和16元钱。那位同学回忆说，秋儿接了电话，听说有两门不及格，好像不高兴，9点以后再打就没人接了……

秋儿的同学们用各自独特的方式来和秋儿告别。他们穿着黑衣黑裤，有的手拿折好的千纸鹤，有的手拿一束含苞待放的百合，也有的拿了一罐"幸运星"。他们进去的时候一脸肃穆，出来的时候个个泪水涟涟。那一景一幕，都使人分外心酸，使人不得不在心里想："如果秋儿还能和同学们一样享受生活给予的一切该多好啊！"

送别秋儿回来时，刘秀英、孙宏艳和秋儿的同学们同乘一辆车。秋儿的歌声一直回荡在车厢里，那是她生前录下的，那歌听起来很有韵味。在秋儿的同学告诉她们这是秋儿唱的歌之前,她们一直以为是哪个歌星在唱歌,还奇怪为什么如此悲凉的气氛还开着音响。

一路上,几乎每一个同学都沉浸在对秋儿的追忆里——

第一次认识秋儿,是在高一开学的时候。当时,我们已经开学好几天了她才来。但她给我的印象特别好,感觉她很随和,跟大家交谈很自然,一看就知道她不是一个内向的人。因为我也很喜欢音乐,所以我们俩经常一起参加文艺活动,一块儿研究流行歌曲。我觉得秋儿在音乐方面特别有天赋。高一寒假的时候,学校有个文娱活动,秋儿提议编个现代舞。我对现代舞一直没有概念,总觉得现代舞不过那么几个动作。可是,和秋儿跳了一段舞才发现,秋儿在这方面非常有创造性,她高兴的时候,跟着音乐能想出许多不俗的动作。

以前,我只知道秋儿会跳芭蕾舞,没想到她对现代舞也这么有感觉。她在这方面真的是太具有优势了。编舞的时候,遇到很难的动作,或者感觉跳不下去的时候,她跟着音乐蹦那么一会儿,就能即兴编出一个新动作。这些动作都很自然谐调,不是那种绞尽脑汁才想出来的,同学们都叫好。秋儿在这方面很有灵感。

秋儿在高二的时候做了学生会的文艺部长,她在同学中是很有影响力的,我们学校已经很久没有这样的文艺部长了。秋儿在学校的艺术节上亮了几次相以后,同学们对她的印象特别深,全校都知道我们班有个秋儿,连低年级的学生,像初一、初二的孩子都在议论秋儿。我们经常能听到不认识秋儿的人在谈论秋儿。作为文艺部长,秋儿做了很多事。她组织同学唱歌跳舞,还参与各种评比发奖活动。她做事特别利索,头一天开了会,第二天就能把活动的方案拿出来。其实,她完全可以把一些事情推给副部长来做,但她从不这样,她是一个很负责的人。

秋儿刚开始做文艺部长的时候,有的人很不服气,但秋儿上任以后,那些人就服气了,还到处说"秋儿真是才华横溢"。

和秋儿交往了那么长时间，我以为秋儿将来说不定能成为一位国际影星呢！她爱唱歌，爱跳舞，会画画，会弹钢琴，我觉得她的每一个特长都可以使她生活得很好。但是，她却……

秋儿之死令人震撼。我们真的不明白，这样一个多才多艺的秋儿，为什么要用那么决绝的方式离开人世呢？难道在这个世界上，就没有一点儿让她牵挂的东西吗？这些疑问使我们强烈地感到有必要沿着秋儿的生活轨迹追寻下去。

（二）所谓"差生"更需要家的温暖

秋儿很小的时候，父亲和母亲便由于性格不合离了婚。

她先是在妈妈家住。妈妈是个要强的人，她对秋儿的要求相当严格，脾气又有些暴躁，母女俩经常会发生一些小摩擦。于是，秋儿又住到了姥姥家。姥姥对秋儿倾注了全身心的爱。

可是，妈妈却认为姥姥对秋儿很娇惯，就和爸爸协商，又让秋儿去了奶奶家。奶奶特别爱干净，她喜欢家中的一切都有条不紊，喜欢安静而有秩序的生活。秋儿是一个淘气的小姑娘，怎么能顺得了奶奶的心呢？

最后，秋儿又住到了姑姑家。姑姑是位大学教师，懂得教育心理学，她认为自己有责任给秋儿一个安定的少年时代。况且，秋儿的表姐燕燕和秋儿仅差了两岁，两个人在一起也许可以互相帮助。于是，秋儿的14岁是在姑姑家度过的。

秋儿是不快乐的。不快乐的原因并非姑姑一家待她不好，而是因为在秋儿的心中，那毕竟是寄人篱下。

1996年10月的一页日记也许可以反映当时秋儿的心情：

寄人篱下的生活，其实滋味并不好受。

姑姑家的确很好，物质生活上什么也不缺，精神生活似乎也很充实。但仔细想想，心里真不是滋味。每天放学的时候，我都和别的同学一样说："我回家了，再见！"但是"家"字的意义何在？别的同学可以理直气壮地说："爸爸妈妈在等我吃饭呢！"而我回去的只是姑姑家，他们随时可以让我走人。因此，我也只能终日面带笑容赔着小心。

今天，姑姑对我说了一句话，我真的好想哭，我心里真的很难受。妈妈对我说："秋儿，你走吧，我不要你了，你去你姑姑家住吧！"而今，我来姑姑家借住了，姑姑却因为我把裤子泡在水里两天没洗而对我说："秋儿，你太脏了，再这样，我不让你住我们家了！"我该怎么办？我该怎么办？谁能帮帮我？

我发现，姑姑爱我不那么深了，姑姑的心里只有表姐；而爸爸心里却只有我的学习，其他一切都不重要。现在，我的心情很不平静，头脑里只有一个念头：让我死吧！很多时候我都希望自己能死掉，我不会后悔。我觉得活着好累好累。

我恨爸爸妈妈，为什么他们要生下我，我恨！

其实，姑姑的话也不过是几句唠叨而已，和每一个家庭中的母亲的唠叨一样没有多少实际意义。但长期缺乏亲情的秋儿已经草木皆兵了，她变得敏感、多疑、忧虑，姑姑无心的一句话，竟使她胆战心惊。

在这样动荡的生活里长大，秋儿非常渴望有人能够关注她。表姐的生日宴会那天，她在日记中写道：

今天是表姐的生日，她请了35个女同学到家里来庆贺生日。唉，看到她有那么多朋友，大家送她那么多礼物，我的心里凉了一大截。因为从小到大，从来没有人送过我什么礼物，而放在床边和书架上的礼物，大多是我自己辛苦攒钱买的。大家问我，我只能回答那是同学、朋友送的。

同时，秋儿也很在意与亲人、同学之间的关系。在她的日记里，我们发现了多处描述亲人和朋友对她的态度的文字："我发现我和姑姑的关系似乎密切了很多，今天去早市买东西回家的路上，我差点儿就叫她妈妈了……""我觉得同学好像特别喜欢我……"

初中毕业以后，秋儿回到了爸爸家，因为爸爸有了新房子，秋儿也因此有了自己的小房间。那些天，秋儿非常快乐，她在日记中多次记述了她的新家，那是一种少女对美好生活的真正憧憬。

然而，追随着秋儿的生活轨迹走下去，我们发现秋儿仍然是不快乐的，她对"情"的渴望非但没有减轻，反而与日俱增。

这是秋儿的一篇随笔：

> 当人影一个个离我远去，当喧嚣的教室一下子寂静，这时的我就会对"情"字充满了浓浓的眷恋。寂静带来我对他的思念，无声带给我想大哭一场的感觉。人走，席散，鸟飞，声绝，一切竟是如此凄切、悲凉。我的归宿在哪儿呢？我的依靠是谁呢？我大声地问自己，可没有任何声音回答我。我摸摸仍在跳动的心脏，知道自己还在为命运奔波。
>
> 为班里关上最后一扇窗户，我静静地站在走廊中，享受着等待的甜蜜。但如死一般的寂静又加重了心中的忧愁。17岁，虽然美梦纷呈，甜蜜不断，但仅17岁的我，却承受了如此之多的悲欢离合。
>
> 难道只有我一个人在为"情"所苦？

从这篇看似随意的随笔中可以看出，秋儿的心境其实很不好。在她的心里，不仅缠绕着对亲情的眷恋，而且夹杂着对爱情的渴望。她的追求又似乎并非少女怀春，而是在寻找一种依靠，一种亲情、友情、爱情的混合体。

那么，秋儿苦苦等待的"他"又是谁呢？

（三）青春少年驿动的心更需细心呵护

"他"就是秋儿后来在日记中多次提到的潇儿。

当时，秋儿读高二，潇儿读高三。由于秋儿做过学生会的文艺部长，因此，在学校里可以说是大名鼎鼎，两人在文娱活动中成了朋友。在秋儿的眼里，潇儿是一个相当优秀的男孩子，秋儿曾经这样描述他：

> 他不仅聪明，而且个性极强，最令我心动的还是他的幽默和多才。一首感人至深、饱含真情的小诗，体现出他语言的功底与思想的丰富；一张风景素描，展示了他粗中带细的性格特点；一份精致而又韵味十足的礼物，给我带来欣喜。这样一个多彩的男孩子闯入了我的生活，我庆幸，我感激，我要好好地把握住他。人们常说，机不可失，时不再来。他对我来说，已不再是一个机会、一个梦想，而是我生命的全部……

在孤寂的生活里，潇儿的出现无疑给秋儿的心灵带来了难得的慰藉。因此，和潇儿交往的那段时间，可以说是秋儿17年的生命旅程中最快乐的日子。从秋儿留下的日记里可以发现，那段时间的日记，连字体都像在飞一样。我们知道，秋儿的心也一样快乐得要飞起来了。然而，父女俩还是因为潇儿起了冲突。

当知道女儿竟然和一个男孩子产生了感情的时候，秋儿的爸爸并没有像有些父亲那样暴跳如雷。他约潇儿进行了一次谈话。那是两个男人之间的谈话，共同的话题自然是秋儿。谈话之后，爸爸觉得潇儿的确是个不错的男孩子，看起来有才气，又很关心秋儿。然而，爸爸仍然理智地对潇儿说：

"你们年龄都还小，应该以学业为重。"

同时,爸爸也和秋儿进行了一番谈话:

"都高二了,不抓紧时间学习,谈什么个人感情! 将来考不上大学,连工作都找不到!"

"我们俩交往没耽误学习。他还经常给我补课呢!"

"哪有谈朋友不分散精力的? 你赶快停止和他来往,把成绩提上去,这才是真本事!"

秋儿知道爸爸是最爱她的,也是最依顺她的。同时,她也知道爸爸对自己抱有很大的期望。秋儿见爸爸有些生气了,赶紧顺从地说:"那好吧,我们不再来往了!"

然而,事情并没有到此结束。一次家长会后,老师找到秋儿的爸爸谈话。老师说潇儿是个成绩不太好的学生,希望秋儿的爸爸能管管秋儿,不要让秋儿和潇儿来往。

爸爸回到家里,把老师的话告诉了秋儿,要求秋儿不要再和潇儿来往了。秋儿听了爸爸的话,没有说什么。

其实,在秋儿的心里,她和潇儿之间真的不能算是早恋,确切地说,她是找到了一份亲情、一份友情、一份呵护。仔细分析,秋儿的早恋事件仍然是她渴望美好生活的体现。她希望通过自己的努力,获得一份真正属于自己的情感。

秋儿非常珍视这份情感。在她和潇儿交往了八个月之后,潇儿面临高考了。那几天,秋儿的心情特别烦躁不安。她在日记中倾诉道:

现在我和他面临着"危机"——他马上就要毕业了,马上就要离开我了,我真的舍不得他呀! 不知道他到了大学以后会不会爱上其他女孩子,我真担心,我不是不相信他,但我真的很怕……所以,我希望他今年考不上大学,希望他再复读一年,虽然我真的很爱他,虽然我真的希望他能成功……

又快到期末考试了,心里真紧张,七上八下的。老师说,如果这次有三门不及格就要留级,我不愿意,所以,现在我在玩命地发奋学习。我希望自己能够顺顺利利地升入高三。

这种矛盾、紧张的心理一直纠缠着秋儿。就在写完这篇日记的十九天后,秋儿在家自杀了。

(四)对学生的评价标准不应只有分数

在秋儿留给爸爸的遗书里,她写道:"在冥冥之中,我还有几分牵挂,那就是爸爸和潇儿,他们是好人。他们在我生命中起到的作用,无人能代替。"可是,为什么这浓浓的牵挂却没有留住秋儿的生命呢?秋儿在遗书里提到了最直接的原因:"会考两门不及格,这对我的打击太大了,我只能选择这条路,对不起。"

跟随着秋儿的思想,我们不得不回头关注秋儿的学习状况。

秋儿的表姐燕燕曾写了一篇回忆秋儿的文章,题目是《她本该是属于阳光的》,从中可以看出秋儿的高中生活是怎样的。她写道:

在我的表弟表妹中,秋儿是唯一亲热地喊我为"燕儿姐"的人。她是个伶牙俐齿、能说会道的姑娘,说起话来常常快得像连珠炮,再加上她时刻变换的表情、手舞足蹈的动作,使人感到屋内只要有了她,就充满了生机与活力。

现在想来,我一度是不了解秋儿的。我总是羡慕她的快乐、自信和与生俱来的灵气,不相信这样的孩子会有什么哀愁。她的语言学习能力很强,上初中时,在英语口语方面已很出众。一次有两位同学来家里找我,正赶上秋儿在朗读英语课文,她发音准确、清晰而流畅,并透出一股怡然自得的神态,惊得我的两位同学直吐舌头:"那个读英语的女孩是谁?足可以做英文朗读标准示范了!""是我表妹……"我小声回答,心中惭愧不已,要知道,我的口语差死了……我说我对秋儿不了解,大概就源于一直不知道她拥有着这些过人的天赋,而那本该具备的自信竟不属于她。

我知道在学习上,物理、数学等科目的确令秋儿头疼。她经常为解不出一道数学题而烦恼,但我认为这并不影响她应有的快乐心境。直到有一天,秋儿一语道破问题的关键:"燕儿姐,我的种种特长毕竟不是专业呀!爸爸和老师都说,像我这样,只有考上大学,才能真正在社会上立足,否则,我又是什么呢?"秋儿美丽的大眼睛里流露出焦虑与困惑。接着,秋儿又悄悄地道出了心里话:"其实上幼儿师范也不错……"

然而,秋儿最后还是上了高中。上高中的秋儿与我很少见面,我只能通过电话或从母亲口中得知秋儿的一些消息:秋儿当了学生会文艺部长,秋儿期中考试有三门不及格,秋儿上下学要骑三小时车,秋儿每个周六、周日都要去补各门功课……秋儿的生活好紧张。我不知道秋儿是否过得好,只听她在电话中说:"燕儿姐,我很累。补课老师说我学得很好,可不知为什么,一考试,还是不行。我不知道我还有没有希望,只盼自己能更有信心一些……"我安慰她说:"没关系,高中都很苦,再努把力,你会考上大学的。"电话那端,秋儿答应着。

我不知道我还能和秋儿说些什么。直到一年后她离去了,我后悔当初没能帮她一点儿忙,让她知道事实上她有多么优秀。也许,过重的压力与老师对她的某些态度使她失去了信心。

秋儿走后,亲戚朋友都惋惜地说:"其实,凭她的任何一项才干,将来都能在社会上过得很好。"可是,为什么在秋儿生前没有人告诉她这些呢?

秋儿的父亲曾经回忆说:"秋儿当选为文艺部长后,她曾兴奋地说,她以200票当选,比各部当选的委员要高80票。她还说,本来获得最高票的可当选为学生会主席,但她学习不好,所以不能当主席,只能当文艺部长。她的一位老师还挖苦她说：'会唱歌跳舞有什么用？你学习不好！'"

在采访秋儿的同学时，我们也听到了这样的一些声音——

同学H说："我们都欣赏秋儿的多才多艺，但没有谁说'我不学习了，我要跟着秋儿学跳舞唱歌'，因为大家都知道，只有分数才是真正的法宝。高考时，你的分数高，就能上大学。我们现在所面临的评价标准就是这样，整个社会就是这样看我们的。如果你学习好，那么你犯点小错，老师、父母都能够原谅你；如果你学习不好，又爱唱歌跳舞，那么就成了天大的罪过，就是不务正业，即使是小事也变成了大事。我们被不停地训诫要好好学习，只有学习好了才有出路。"

同学G说："秋儿的男朋友对她真的很好，给她的帮助很大，这是我们大家都知道的。但在成年人眼里，这却是最不可原谅的事情。其实，我们班里也有别的同学有异性朋友，但因为他们学习好一些，老师就睁一只眼闭一只眼了。"

同学A也说："在我们心里，秋儿就是我们班的'小燕子'。她爱唱、爱跳、爱玩、爱闹，同时，她又和'小燕子'一样，不那么循规蹈矩，不能把学习搞好，不能得到成年人的认可。"

同学F说："我觉得秋儿比较脆弱的地方就是她老看不到自己的优点，或者说她看自己的缺点总是远远超过看自己的优点。虽然她在文艺方面那么有天赋，但她总在夸赞别人歌唱得怎么好，她很少想到自己其实也唱得那么好。在学习方面，她也是这样看自己的。为了学习的事，她哭过好多次。秋儿是一个挺有上进心的人，她说自己特别渴望能上高三，能上大学，所以她比谁都更怕留级。"

这里，我们无意谴责任何一位为人师者。因为我们知道，这不是哪位老师一个人可以承担的过错，而是社会对教育价值的取向过于单一化、简单化而带来的悲剧。

哈佛大学的教育学教授霍华德·加德纳用多方面的研究成果证明，每一个人至少有八种不同的智能——语言智能、数学逻辑智能、空间智能、身体运动智能、音乐智能、人际关系智能、自我认知智能、自然智能。我们每一个人都有自己所擅长的智能,可能有的人语言智能比较发达,如一些杰出的作家;有的人身体运动智能比较发达,如一些有成就的运动员及伟大的演员。

从这样的角度进行分析,可以说每一个青少年都是一个潜在的天才。但是,如果我们只是肯定一两种智能,我们就会让拥有另外的智能类型的孩子陷入被动,使他们成为失败者。事实上,在大多数时候,大多数人是用"学习成绩好"这一种标准来评价孩子的。

写到这里,我们终于悲伤地发现,秋儿为何难以抗拒死亡的诱惑了。我们也终于了解了秋儿,我们懂得了为什么父亲和潇儿的爱都无法挽留秋儿的生命,因为社会上的某些人才标准是容不下她的,父亲和潇儿也可能用那样的标准来评价她。同时,我们也懂得了秋儿为什么希望潇儿高考落榜了:虽然潇儿是她的"唯一",但她已经预感到,如果潇儿上了大学,潇儿的价值观必然和社会上大多数人的价值观统一起来。那时,如果自己不能考上大学,潇儿必然离开自己。而如果没有了这份爱,对于秋儿来说是非常可怕的,因为她的生活中缺乏的恰恰是爱,这是她的依靠,是她生存的力量所在。

然而命运还是给了她致命的一击。当秋儿得知自己会考两门不及格、有可能留级的时候,她不知道自己该怎样面对父亲、面对潇儿了。因为父亲为她花费了大量的心血,请了许多老师帮她补课;因为潇儿曾经对她说过:"无论你考得怎样,你都要告诉我真实的情况。如果你欺骗我,我就不和你好了。"

秋儿觉得自己走到了一条死胡同里,她也许是这样想的:让我怎么对潇儿讲呢?实话实说,潇儿还会喜欢我吗?潇儿一定会瞧不起我、离开我的。如果不说实话,潇儿会认为我欺骗了他,那样,他同样会离开的。怎么办?怎么办?看来,我也只有一条路可以走了!

这条路却是一条不归路。

现在,我们已经无法得知,那天早晨去上学的秋儿为什么又回到了家里。也许,秋儿是预感到了那一天将会公布成绩,预感到了自己将面临的可怕境遇,因为恐惧她才回家躲了起来。我们不知道我们应该指责谁。

我们知道学校教育存在许多弊端,我们知道家庭生活给秋儿带来了许多阴影,我们也知道社会的某些价值取向使大多数人成了"失败者"。

是的,我们完全可以一千遍一万遍地呼唤父母的亲情,完全可以一千遍一万遍地渴望朋友的理解,完全可以一千遍一万遍地诅咒那些陈腐的教育观念。

但是,对于青少年朋友来说,唯一能够把握的是自己。当呼唤他人的帮助时,是否呼唤了自己?是否懂得生命之旅中有鲜花也有荆棘?是否懂得活着需要面对现实,需要承担各种各样的痛苦?

河南郑州一位比秋儿低一年级的中学生,三门功课不及格,处处碰壁,但他并未屈服,毅然说服当教授的父母,让他去社会上闯荡。他去过俄罗斯,当过电视人,生活的风霜让他成为了一个真正的男子汉!

北京一位中学生也在校内碰得"头破血流",他同样选择了自学,自己为自己排课,既保证了学业,又实现了发展绘画特长的梦想。几年后,他考进了中央工艺美术学院。

当然,我们并非鼓励学生退学,而只想说明学业挫折并不可怕。生命的辉煌不会因为一时的阴影而被影响,青春不会因几阵风雨而失去灿烂。只要顽强拼搏,纵然伤痕累累,天空依然蔚蓝!

(本节与孙宏艳、刘秀英共同采写)

二　成功的奥秘

（一）爱首先是一种尊重

坐在青岛海滨的礁石上，刘京海听完了秋儿的故事。他长时间没有说话，却拼命地抽烟，似乎要把答案吸出来。

我问道：

"如果秋儿进了闸北八中，是否可以避免悲剧的发生？"

他缓缓地摇摇头，说：

"一个人，或一所学校，与一种观念抗衡，难啊！"

他看了我一眼，愤愤地说：

"你知道吗？直到今天，还有许多人瞧不起闸北八中，就连一些毕业生的父母也依旧自卑。在他们心中，考入重点高中甚至升入名牌大学，才是真正的成功！可很少有人会仔细去想一想，自己的孩子到底是什么样的基础？什么样的发展道路最适合孩子？"

"成功在于选择。选择最适合自己的发展道路，就是选择最佳的成功之路！"

听了我的话，他快速地点点头，说：

"对呀！可选择靠什么呢？靠对孩子潜能的了解，靠拥有现代的成功观念,这并不容易做到啊!"

我不能不佩服刘京海的客观与敏锐。

在上海工作多年的陈至立担任教育部部长之后,曾到闸北八中考察过,她是比较熟悉刘京海的。她问:"刘校长,你如何看待升学率?"

熟悉中国教育现状的人都明白,这个看似容易回答的问题,实际上很难解释,尤其是在知根知底的陈至立部长面前。也许,你可以像一些激进人士那样,说升学率是万恶之源,应当转向素质教育。可在很多人看来,升学率高低是学校声誉的核心标尺。假如,闸北八中的毕业生升学率很低,又怎能说明教育的成功呢?

刘京海沉思了片刻,答道:

"升学率是个复杂的问题。少数人才能升学,这在很长时期内是难以改变的,这不是我们校长能解决的,也不是您陈部长能解决的。教育的发展受到经济的制约,而中国的经济就是这样,需要一个发展的过程。那么,为了生存与发展,老百姓当然需要升学率。我是校长,也是共产党员,共产党的宗旨是为老百姓服务嘛,所以我要抓升学率,否则就不是共产党员了。"陈至立部长专注地看着这位杰出的中年校长,惊讶于他的坦诚。

"当然喽,我毕竟是校长,是共产党员,有责任提高老百姓的思想认识,还要坚持教育规律,让学生多方面发展。校长嘛,应该做自己能做的事。"

听到这里,陈至立部长饶有兴趣地问:

"你认为校长能做的事情是什么呢?"

刘京海严肃地说:

"不能为了少数人的升学率而放弃多数人的合格率,因为国家需要所有的学生都能达到合格的水平。"

他不知道陈至立部长是否满意自己的回答,但他说的都是心里话,并且句句是实情。

在闸北八中,刘京海也抓升学率。为了鼓励学生勤奋学习,他甚至设立了一个诱人的奖项:学生某门课考了100分,奖励100元! 既奖励学生,也奖励老师。我找他核实时,他狡黠地笑了笑说:"100分谈何容易呀,这可是闸北八中的学生! 真考了100分,该奖!"

我在全国各地做过大量的采访,深知有些学校的素质教育只在吹拉弹唱及其他活动上做文章。有句玩笑话,上午搞应试教育扎扎实实,下午搞素质教育轰轰烈烈。刘京海则不摆花架子,狠抓升学率。他做研究出成果最多的,就是怎样帮助学习困难的学生获得成功,而他的目标就是让学生百分之百地毕业与升学。他认为,离开了这些,成功教育就是一句空话。

海浪一次次扑来,把礁石咬得千疮百孔,也把自己摔成珍珠一样的碎块儿。它们暂时退却了,但是又重新凝聚起力量,手牵着手,肩并着肩,再一次向礁石发起了冲锋。礁石没有退路,它坚守在海水的包围之中,默默无言,与日月相伴。

望着一群掠过水面的海鸥,我感慨地说:"教育是人的解放,教育的目标是使人获得真正的发展。秋儿本想考幼儿师范,这是适合她的选择,是一条成功之路、幸福之路,却被最爱她的父母扭曲了。"

刘京海若有所思,说:"爱首先是一种尊重。尊重好学生是容易的,可问题的关键是,要尊重每一个学生,包括那些学习成绩差、思想品德也有缺陷的学生。"他向我说起了舟舟的故事——

1987年4月1日,胡一舟出生在武汉,是父母的第一个孩子。医生告诉这对父母,这个刚出生的婴儿患有第21对染色体综合征,是个先天型愚儿。正常人的智商最低有70,可舟舟的智商只有50。也就是说,终其一生,他的智力只会相当于四五岁的孩子,属于重度弱智。然而,舟舟得到了爱,受到了尊重。他从小随父亲在武汉乐团排练厅活动,受到了艺术熏陶。对音乐具有超凡的悟性和感应的舟舟,终于成长为一位音乐指挥。

1999年1月22日,中国外交部在北京保利剧院举行招待各国驻华使节的春节晚会,中央芭蕾交响乐团登台演奏,舟舟首次公开担任指挥,引起了巨大轰动及国内外媒体的密切关注。

2000年9月,舟舟访美巡回演出,分别与辛辛那提交响乐团、杨伯翰大学交响乐团等久负盛名的乐团合作,在卡内基音乐厅、肯尼迪音乐中心、国家大剧院等世界艺术中心先后演出八场,获得了巨大成功。

刘京海激动地说:

"我敢说,任何一个学校的'差生',都肯定比舟舟学习成绩好,而舟舟上学很可能交出一张又一张白卷。难道我们非要逼舟舟考重点、升大学吗?难道我们能漠视舟舟在音乐方面的天赋才华而让他与成功无缘吗?"

其实,无论是家庭教育还是学校教育都应该以培养健康人格为最高追求,这也是爱的本质体现。我很喜欢爱因斯坦的短文《论教育》:"学校应该永远以此为目标——学生离开学校时是一个和谐的人,而不是一个专家。被放在首要位置的永远应该是对独立思考和判断的总体能力的培养,而不是获取特定的知识。

(二)找准最佳才能区更易接近成功

1900年,巴黎。

著名心理学家阿尔弗莱德·比奈碰到了一个新课题——要设计一种测试方法,来预言低年级学生中哪些将来会有出息,哪些将来会平平庸庸。

这是一些小学生父母的要求,因为他们急于想知道自己的孩子到底是不是天才,要不要采取一些特别措施。虽然是在100多年前,但孩子之间的差异、教育成败的悬殊,已经让越来越多的父母与教师感到不安。

比奈成功了!

他的发明很快被命名为"智力测验"或"智商测验",测验的结果被称为"智力商数"，即 IQ。

　　和巴黎的其他时尚一样，智商测验很快就传到了美国，在第一次世界大战之前就已经相当普及。当它被美国的军事部门用来测试了 100 多万人后，它真正红遍了美国。从那时起，智商测验成了心理学最伟大的成就，被认为是极具普遍实用价值的科学工具。

　　直到今天，世界各地仍在流行智商测验的方法，而在中国，这已经到了登峰造极的地步。

　　一天，应北京人民广播电台的邀请，我在北京某科技馆为小学生的父母讲课，谈怎么认识今天的孩子。

　　奇怪的是，一个十二三岁的男孩子坐在第一排，不但认真听还仔细记。我问他为啥来听大人的课，他说：

　　"老师说我弱智，我妈就让我来这里受受教育。"

　　可是我与这个男生聊历史谈文学，他都能侃侃而谈，怎么会是个弱智儿童呢？原来，他的数学考试不及格，老师就训斥他"弱智"，并让其父母开来弱智证明，否则，不允许他随班升级。

　　显然，这位教师在对学生进行精神侵害，而学生及其父母并未用法律手段来维护自己的正当权利。据我所知，一些教师之所以逼学生开弱智证明，是为了逃避教育难题与责任——一旦证明某学生弱智，其学习成绩可不计入班级成绩，这是某些教育部门长期以来的规定。于是，一张张弱智证明开了出来，犹如耻辱的印记，烙在"差生"的脸上，刺入他们的心中。

　　1993 年，哈佛大学的著名心理学家、教育学教授霍华德·加德纳，以其划时代的学术专著《多元智能》，向流行百年的智商测验发起了挑战，也解开了我们心中的许多疑团。

　　他写道：

　　　　我认为，我们应当从测试和测试的数据中彻底解放出来，注意一下另一种更自然的信息来源——世界各地的人们是怎样获得那些对于他们的生活来说非常重要的技能的。

例如,想一想在南半球海域航行的水手们,他们是怎么通过观察天空的星座,通过水域的特征和少数分散陆地的标志,在成百上千个岛屿中找出航行的路线来的。在水手这一群体中,智能就意味着航海的能力。再想想外科医生和工程师、猎人和渔夫、舞蹈家和编舞者、运动员和教练、部落首领和巫师,如果接受我对智能做定义的方法,对这些不同的角色都应该加以研究。我认为,智能是解决问题或制造产品的能力,这些能力对于特定的文化和社会环境是很有价值的。

感谢沈致隆教授的翻译,他因为在哈佛大学与加德纳教授有共同的研究和交流,所以能准确传达多元智能的要旨。

刘京海对舟舟的评论以及加德纳的论述在我耳边时常响起,这使我联想起了采访童话大王郑渊洁的情景。

郑渊洁号称"童话大王",可童年的时候却是个"差生"。

老师因他调皮捣蛋,训斥说:

"郑渊洁呀郑渊洁,咱们这个班里,将来最没出息的就是你!"

郑渊洁心里不服气:我作文好,我有想象力,怎么会没出息?

果然,由于想象力丰富,又酷爱文学,从未上过大学的郑渊洁,成为当代极具影响力的童话作家之一。他的《皮皮鲁与鲁西西》《舒克和贝塔历险记》等几百万字的作品,深受一代代小读者的喜爱。他因此被评为"北京十大杰出青年"。

我与郑渊洁是同龄人,彼此很熟悉,单身汉时期曾在一个楼里办公和住宿。1988年11月19日,他应邀来我家里,专门接受我的采访。

他是骑摩托车来的,黑皮衣,黑皮裤,戴着头盔,颇像个大侠。

在我们的对话中,他毫无隐瞒地道出了自己成功的秘诀。

孙云晓:不必谦虚,你已经是成功的童话作家,你认为自己成功的秘诀是什么?

郑渊洁：一句话，我找到了我的最佳才能区。每个人都有自己的最佳才能区，这是上帝赋予每个人的特殊能力，是任何人都代替不了的。

孙云晓：你写小说不也获得过成功吗？譬如短篇小说《帽子》在《中国少年报》获一等奖。这难道不能显示出你的最佳才能区吗？

郑渊洁：不是。我虽然能写小说，也能写诗，但在小说家和诗人中，我不会是一流的。而构思和写作童话我可以是一流的，因为这对我来说是件很容易的事。选准最适合自己干的事，怎么会费力呢？如果太费劲的人获得成功，要么是自己瞎编出来的，要么是二流水平。

孙云晓：你在儿童时代显露过什么才华吗？

郑渊洁：我小时候是个顽皮儿童。刚进幼儿园，觉得那是一个非常可怕的地方，我怕老师就像怕老虎。5岁随爸爸妈妈来北京，我在北郊的一所普通小学——马甸小学读书。功课一般，毫不出众，但作文还不错，有一篇作文还被收入《小学生优秀作文选》。

孙云晓：你对目前的教育有不同的想法吧？

郑渊洁：现在的孩子很受罪。譬如，为什么会望子成龙？往往是因为父母没出息，要从孩子身上找回来，所以就出现了夏斐的悲剧（9岁的青海女孩夏斐因成绩未达到妈妈的期望，被妈妈活活打死）。小孩子最重要的就是玩。可我们的教育限制得太死，幼儿时期正是发展语言的关键阶段，幼儿园却经常不许说话，多残忍，像法西斯一样！

在郑渊洁的作品中，反映"差生"的喜怒哀乐，表现"差生"的聪明才智，是一个鲜明的特色。当他有了自己的儿子后，干脆不让他去学校上学，而是自己编教材，在家里教儿子。如今，他的儿子已成为企业家。

毋庸讳言，郑渊洁的成功之路是值得人们品味再三的。

按照加德纳教授的分析，智商测验依据的是一元智能的概念，即智能就是解答智商测验试题的能力。智商测验可以相当准确地预测儿童在学校的成绩,但在预言他走出学校后的实际工作情况时却无能为力。因为智商测试所评量的仅仅是逻辑或逻辑加语言的能力。

与一元智能的观点相反,加德纳教授认为,每个人都至少拥有八种智能,八种独立而又平等的智能;虽然每个人的智能结构不同,但都在组合性地发挥作用。

人类有哪八种智能呢?

第一种是语言智能,就是人们对语言文字的掌握、运用、表现的能力。这种能力在诗人、作家和演说家身上表现得尤为突出。

第二种是数学逻辑智能,就是数学思维和逻辑推理、科学分析的能力。这种能力在数学家、统计学家、数据分析师、侦探等专业人士身上有鲜明体现。

第三种是空间智能,就是在脑中形成一个外部空间世界的模式,并能够运用和操作这种模式的能力。水手、工程师、外科医生、雕刻家、画家等都是具有高度发达的空间智能的例子。

第四种是音乐智能,从事音乐创作、演奏、舞蹈和其他舞台表演的人,通常在这方面比较突出。

第五种是身体运动智能,是运用整个身体或身体的一部分解决问题或制造产品的能力。舞蹈家、体育运动员、外科医生、手工艺大师在这方面均有突出的表现。

第六种是人际关系智能,就是理解他人的能力。教育家、心理医生、宗教领袖、政治家、推销员、经纪人等,具有这方面的长处。

第七种是自我认知智能,这是一种深入自己内心世界、了解自己的感情生活、辨别自己的情绪变化、体验自己的灵魂活动的能力,即建立准确而又真实的自我模式,并在实际生活中有效地运用这一模式的能力。一般来说,文学家、哲学家、心理学家、神学家、音乐家都是善于表现自我认知智能的人。

第八种是自然智能,就是善于观摩,喜欢分辨动物、植物或岩石并为之分类等的能力。

显然，舟舟具有非凡的音乐智能，而郑渊洁具有天才的语言智能，但他们的数学逻辑智能则属于不发达水平。

刘京海的过人之处在于他用成功激发人的自信，从而使人的全部潜能被激活起来，并弥补了许多短处。楚庆生作为上海武术冠军，身体运动智能肯定发达，但他的数学逻辑智能是否一定差呢？经过王守新老师的帮助，他的数学取得了优异成绩。这一结果是否表明，多元智能既需要发现，也需要培养呢？

（三）勇于放弃也是一种成功

2005年11月中旬，我在秦皇岛参加一个教育行动论坛，主题是"以尊重为价值导向，改变教育行为"。

第一位登台发言的是女教师吕世华，她来自北京市和平北路体育学校，发言的题目是"突破教材的限定"。

来自14个省、市、自治区的300多名代表，起初并没有十分在意一位普通教师的发言。可是，当屏幕上出现了一双布满老茧并且黑得难以洗净的小手时，全场顿时鸦雀无声。

原来，吕老师曾上过一节语文课《顶碗少年》。也巧，这篇课文是我的作家朋友赵丽宏的一篇散文，写他几十年前观看杂技表演的印象。大意是：一位少年表演顶碗，在两次失败的情况下仍不气馁，最后终于成功了。在文章的最后，作者感悟道："人的一生是搏斗的一生，只有敢于拼搏的人才可能取得成功。在山穷水尽的绝境里，再拼搏一下，也许就能看到柳暗花明；在冰天雪地的严冬中，再拼搏一下，一定会迎来温暖的春风……"显然，该课文的中心思想是——坚持到底就能成功。

吕老师深情地讲述道：

下课了，我刚要走出教室，却看见小月趴在桌子上，哭得好伤心。"是不舒服吗？"我问。她没有说话。我随意拉起了她的手，这一拉着实让我吃了一惊！这哪里是一个小姑娘的手——又粗又大，布满了厚厚的老茧，即便是在田里耕种几十年的老农民的手也不过如此。如果不是亲眼所见，我怎么也不会想到这是一个10岁女孩的手，我怎么也不会相信这位小体操运动员经过五年的训练会把手练成这个样子。我心疼地捂着她的手。

"老师，我被北京队送回来了！"两行热泪顺着她小小的面颊滚落下来。

去年她被选送到北京体操队时那激动人心的情景仿佛就在昨天，怎么今天又送回来了？我虽不是体操教练，但也知道，被市队送回来，她在体操方面的发展希望就微乎其微了。我突然间明白了，一定是刚才我讲的"坚持到底就能成功"触动了小月。

我这个教学班的学生，无论是练乒乓球、游泳、摔跤，还是练体操，一个个每天5点钟就得起来出早操，进行体能训练；8点钟上文化课；下午3点钟又开始训练，直到晚上七八点钟。他们始终毫无怨言，默默地坚持。但体育竞技是残酷的，被选送到市队的人真是优中之优，大量的学生都没有进入专业队的机会。

难道这些不能进入专业队的学生都是失败者吗？

不！一个运动员的成功是由多方面因素决定的。首先，需要有良好的先天素质；其次，要有足以唤醒内在潜力的环境条件；最后，才是个人的顽强毅力和刻苦训练。这还不是成功的全部条件，还会有各种各样偶然或必然的因素，让那些为追求成功慷慨付出的人感到无可奈何。就像小月，她训练绝对刻苦，但是她的膝盖骨曾经受过伤，这必然会影响技术的发挥。还有，小月来自农村，与那些家庭社会背景和经济收入都好得多的同伴相比，贫寒的家境自有贫寒的不易。但她对梦想仍是那样痴迷，她仍在为追逐梦想而坚韧不拔。

面对这个让人爱怜、心疼的小月，我不知应该说些什么？我刚才还在为自己"坚持不懈就能成功"的分析而扬扬自得，此时我却觉得我的课是如此失败。"只要坚持不懈就能成功"这个既定的、唯一的答案触痛了小月,她年少的心中该是怎样的忧伤和无助!小月的泪水仿佛在问我:"我一直在刻苦训练,为什么没有成功?"

听到这里,我和在场的代表们都被深深地触动了。2004年11月,根据可持续发展问题世界首脑会议的建议,联合国提出了"教育促进可持续发展十年(2005～2014)国际实施计划",并确立了以尊重为核心的理念。毫无疑问,没有尊重就没有教育,更谈不上以人为本的现代教育。吕老师的讲述之所以令人动容,是因为她的讲述表达了一颗博大的爱心,表现出了敢于反思的勇气。而这些,正是一个现代教师可贵的素质。

吕老师意识到,教师有义务把真实世界中的无限可能性告诉学生。于是,她在下一次语文课上,提出了一个尖锐的问题:"坚持不懈就一定能成功吗?"

果然,一石激起千重浪,同学们争先恐后地发表见解。

有一个同学讲了这样一个事例:把一只松鼠装进空的水泥管道,管道被埋进地下,一端通向地面的出口,另一端则被玻璃封住。松鼠被关进水泥管道后在寻找出口。它看到管道一端微弱的灯光,便奋力扑向光源,可是出口被玻璃封住了。一次又一次,松鼠不断努力,却总是失败,但它仍不肯放弃,直到筋疲力尽。

又有一个同学举例说,影响美国布什政府决策的风云人物——女国务卿赖斯,一直梦想成为职业钢琴家。16岁那年她碰到了一位11岁的孩子,这个孩子只看一眼就能演奏赖斯要练一年才能弹好的曲子。赖斯惊叹之余,放弃了自己做钢琴家的梦想,转而攻读国际政治学。正是由于这一次的勇敢放弃和及时调整,她才获得了后来的成功。

吕老师告诉与会的老师,经过热烈讨论,同学们渐渐明白了,成功首先必须要找准目标,然后才是勇于探索。而像松鼠那样固执地坚持屡屡碰壁的"熟悉"目标,最后只能以失败告终。因此,一味坚持不懈显然有它的偏颇之处,适时放弃也是一种勇敢;而放弃,从某种意义上来说正意味着成功。

那天的课堂上，她注意到，小月睁大了含泪的双眼认真地听着。她相信，从5岁就开始练体操的小月，只要找到了最适合自己的发展道路，将来一定会有所作为的——因为她拥有比一般孩子更坚强的意志和良好的品质。她欣慰地看到，小月的脸上露出了如释重负的笑容。

在这次会议上，当我应邀对教师发言进行点评的时候，我高度评价了吕世华老师的探索精神，因为她在成功观方面有了突破。

多年来，我对"成功在于选择"理念的感悟尤为长久而深切。早在1988年，我便写了《成功在于选择》一书，因为重在写职业高中学生的发展，其中有"15岁人生大选择"、"识时务者为俊杰"、"最重要的"、"奇迹"、"认清你自己"、"通天的大道九千九"等章节。

坦率地说，我如此坚信"成功在于选择"，并不是依据高深的理论得出的推断，而是基于个人发展的深切体验，可谓实践出真知。当然，这里说的个人不仅仅指我自己，也包括许多人的发展体验。

在1966年那个黑暗而又寒冷的冬天，11岁的我因为偶然的机会读了一批文学名著，从此迷上了文学。

但当我20多岁真正开始写作时，却花了大量精力研究名胜古迹，希望写旅游指南一类的书，后来又迷上了小说和童话，但均以失败告终。直到我选择了写报告文学和研究教育问题的作品，才算跌跌撞撞地走向了成功之路。

我相信，对于一个有理想、肯奋斗的人来说，成功在于选择，天才就是选择了适合自己的发展道路。因此，无论是教师，还是父母，他们的一个神圣天职，就是发现和尊重孩子的潜能特质，引导并鼓励孩子走上最适合自己的发展道路，帮助孩子尽可能地把梦想变为现实。在这个过程中，要特别警惕形形色色的功利化动机和行为，始终坚持以人为本，以人的发展为本，让发展目标与孩子的自身条件相结合。

吕老师恰当地引用了泰戈尔的一句名言，值得我们共同分享："当鸟翼系上黄金时，就飞不动了。"

（四）扬长者成功

在进闸北八中之前，赵磊一直是个倒霉蛋。

在南京市江宁区某中学读初中二年级时，赵磊成了留级生。原因非常简单，他除了会画画，就是调皮捣蛋，其他功课也不做，这怎能不"大红灯笼高高挂"？又怎能避免留级的厄运？

为了面子，他被迫转学。可是，一个不爱学习的少年，到哪所学校能受欢迎呢？因此，在新的学校待了没几天，老师便厌烦了这个毫无名气的小画家。

有人建议，要"救"赵磊，必须让他放弃画画。

父母非常矛盾。谁不想让孩子好好学习？可他仅剩画画这一点点特长，如果再加以限制，儿子靠什么乐趣生活呢？

赵磊喜欢画画，从幼儿园就开始了，而且一直画得比别人好。上小学时，他积极画墙报，曾当过美术课代表。上中学后，他虽然三门功课不及格，却依然迷恋画画，见谁画谁，怎么想就怎么画。结果，把老师画成了凶神恶煞的模样，师生关系甭提多糟糕了。

面对走投无路的赵磊，父母绞尽脑汁，为他请了一位中学教师做家教。

这位教师名叫余丽娟，是闸北八中实验班的数学老师。她是上海教育学院的毕业生，1965年即来八中任教，开始教的是俄语，后改教数学。

也许是受成功教育潜移默化的影响吧，余老师一见赵磊，马上想起了刘京海的一段话。刘京海说：

"陶行知有一首打油诗叫《糊涂先生》，大意是，当你的学生成了瓦特、成了爱因斯坦，来看你这个老师的时候，你对学生说，原来你就是瓦特、你就是爱因斯坦呀！陶行知认为，这样的老师就是糊涂先生。因此，聪明的老师应当在学习过程中发现瓦特和爱因斯坦……"

余老师越了解赵磊的情况越觉得他是个人才,她建议赵磊转入闸北八中就读。赵磊一家自然求之不得。因为当时的闸北八中名气已经很大,慕名而来者络绎不绝,他们分析了赵磊的情况,自感气馁,担心难以办成。

"这样吧,我愿意接收赵磊这个学生,咱们就想个绝门的方法。"

余老师神秘地眨了一下眼睛,说:

"如果你们愿意,就对外说赵磊是我的外甥,随我在八中就读。"

赵磊的父母一听顿觉喜从天降,高兴得双双站了起来,说:

"有您这个姐姐,我们赵家烧高香了!"

"孩子进了八中,我们也去了一块心病呀!"

于是,赵磊成了闸北八中没有档案的学生,有什么事情,都由他的"阿姨"余老师负责。最让赵磊意想不到的是,闸北八中的老师像是商量过似的,全都支持他发展绘画特长。美术老师还建议他说:

"你的绘画很有创意,但基本功还欠扎实,如果真想有所作为,最好去华山美校上一个辅导班,我可以推荐。"

"真的?"

赵磊的眼睛立刻亮了起来,可没过一会儿,闪亮的目光又黯淡了。他说:

"我早想去了!可我问过了,人家每周有两个下午上课,可那正是我在学校上课的时间,我怎么能逃课呢?"

美术老师宽厚地笑了,说:

"我相信,咱们闸北八中会为求发展者大开绿灯的!"

果然,学校支持赵磊去华山美校进修,每周缺的课由各科老师利用晚上时间免费为其补讲。

滴水之恩当涌泉相报。

能够自由飞翔的赵磊,怎能不感激辽阔的天空?他内心的发动机飞快地转动起来了,老师们热情如火,他又不是冰人,岂能不热血沸腾?

一切都变了。

在赵磊的眼里,闸北八中的一切都是完美的:每个教师都是可敬的,每个同学都是可爱的,每一门课都是有趣的。所以,他告别了那一只只"大红灯笼",以合格的成绩从初中毕业。本来,赵磊应该回本人档案所在的中学办毕业手续,可他怎么也不肯回去。父亲只好替儿子跑了一趟。

"什么?赵磊毕业考试全都合格了,这怎么可能?"

"我们还以为他失踪了呢!"

"请看吧,这是他的成绩单。"

"奇迹!真是奇迹!"

江宁区某中学的老师们纷纷感叹着。

在华山美校进修的经历,让赵磊在专业上获得了很大进步。初中毕业时,赵磊顺利考入了华山美校这所中专学校。后来,他又考入了上海工程技术大学,学习广告设计。

如今,赵磊已经开办了自己的美术设计公司,用自己的一技之长为社会服务。

成功更是成功之母

（一）现代教育需要金钱却不只需要金钱

如果把刘京海待过的三所学校比较一下,也许可以形象地说,闸北八中像延安,闸北八中新校像深圳,田家炳中学像香港。

经过十几年的辛勤耕耘,成功教育的精神已在老八中(即闸北八中)扎了根。纵然生源一差再差,成功之花却不断绽放。

而田家炳中学有一流的生源,一流的师资,一流的设施,众望所归,众星捧月,教学质量稳居上游。再说,上海规定公立学校校长不能兼任民办学校的校长,刘京海已退居二线,改任董事长,操的心也就少多了。

所以,最牵动刘京海心的是新八中(即闸北八中新校)。

2001年9月才创办的学校,有什么基础可言?可是它却凝聚着刘京海的梦想,他要在这个新的起点上,实现成功教育的高追求。

让老师们惊讶的是,刘京海决定,新八中预备年级的四个住宿班面向全国招生。一时间,许多大款争相为孩子报名。

老师们议论开了:

"大款的孩子最难教育。弄不好呀,成功教育会败在他们身上!"

"是呀,咱们的经验都是教育普通孩子的。谁有教育大款子弟的灵丹妙药？"

"瞧吧，非出乱子不可！咱们管这么严，大款子弟怎么忍受得了？"

老师们的议论刘京海全都知道。干了这么多年的教育工作，他怎能不知道那些发了财的民营企业家的孩子难教育。可是，恰恰是这些大款舍得投资，也有能力投资，而这些收入对于改善办学条件和提高教师福利大有好处。

当我与刘京海谈起大款子弟的教育问题时，他略加思索，分析道：

"大款的孩子有优点也有缺点，优点是智商高、聪明、见多识广、胆子大，缺点是懒散、学习习惯不好、部分知识缺漏。"

说着，他笑了，自信地说：

"成功教育有办法教好他们，而且一抓就灵！"

在新八中挂职的徐伟元校长目睹了新八中学生的变化，他写道：

　　除了新校预备年级（上海为五四学制，即小学五年、初中四年，预备年级即为初中第一年级）的住宿班是面向全国招生以外，八中各年级均是对口班（以学区小学送上来的学生为主），没有快慢或重点、非重点的区分。

　　似乎每周都有插班转入的学生，教导处按序轮流落实班级。这些新转入的学生多数是中等学生，父母望子成龙，慕名而来，但中间也夹杂着一些在其他学校读不下去、冲着成功教育牌子想方设法挤进来的"残兵败将"。中途接收新生，老师感觉是非常正常的，并且总是腾出一只手，牵上一段。

　　几十位转校生，几乎是个个成功。关怀学习困难的学生是成功教育的内容之一。我感触最深的是，对那2%的"弱智"学生，教师也是努力地牵着手走。我曾听过一节数学公开课，讲勾股定理，最后归纳时，班里那位"弱智"学生有发言的意向，老师马上让他发言。那学生说，这节课使他懂得了对事物要多观察，要敢于大胆猜想、大胆尝试，再设法求证。老师带领全班同学用掌声鼓励他。

在八中老师的眼里，成功是在原来基础水平上的进步，这种期望是每位学生都能达到的……

徐校长是教育专家，上述见闻及评论是比较客观的。我在实地采访中发现，这些插班生尤其是那些大款的子弟，每一个人都不简单，似乎谁都可能随时做出惊天动地的事来。

在新八中的走廊参观电脑设施时，我看见一个"巨人"，他走在同学中间如鹤立鸡群。他一米八四的个子，却戴着红领巾，一脸稚气。

徐校长悄悄告诉我：

"他叫孙亮（化名），初一学生，父母原是运动员，现在开饭店。"

采访中，我知道了孙亮不少的"英雄"故事。上小学时，一位男老师罚他站一节课，还打他耳光。孙亮难以忍受，便举起一把椅子朝老师扔过去。另一位老师不知深浅，不仅总训他，还让他写检查在班上读，又拖着不肯让他通过。结果，孙亮一急，向老师挥起了拳头……

如今的孙亮像熊猫一样温顺可爱。他对我说：

"过去，老师从不正眼瞧我，甚至干脆不理我，让我自生自灭。所以，我对学习毫无兴趣，一见书就厌烦。现在可不一样了，老师把我们个个当宝贝，学校生活很有意思，我都不愿意回家了！"

坐在一边的贝明（化名）"揭发"道：

"孙亮当官了，所以不愿回家。"

"什么官？"

见我有兴趣知道，孙亮憨憨地回答：

"我是中队长。"

再说贝明，他在日本待过一年多，误了课时，因为数学总不及格，考试通不过，又回到上海。从此，他开始了在私立学校之间转来转去的学习生活。他说：

"我先去了某某外国语学校。入学赞助费55000元，每学期还要交8800元，比这里贵许多倍。因为我数学差，老师骂我白痴，骂得我一点信心也没有了。"

我问：

"当时，你们一个月要花多少零花钱？"

"不一样。一般是花几千块吧，也有的十天能花10000元。"

"怎么花呢？"

"下馆子，玩手机，买名牌呀。"

"学校不管吗？"

"管得可严呢，还不许把零食带进宿舍。不过，我们有办法，还搞拍卖呢。"

原来，学校有了禁令之后，带进宿舍里的食品就金贵起来；有要买的，有要卖的，便出现了拍卖活动。

贝明瞪圆了眼睛，说：

"五毛钱一根的棒棒糖，起价15元，30元成交！口香糖也从30元升到50元！连一包方便面，也拍卖到了100元！后来，宿舍还分了老大、老二。老大向你借东西，你不敢不给。他借了我的手机还不还，跟黑社会似的。"

做父母的和做老师的，有几个人知道孩子的这些秘密活动？现代教育需要金钱，可光有金钱堆不出现代教育。

我问贝明来闸北八中新校后的情况，他一脸兴奋，激动地说：

"在八中，我的英语第一次及格了！刚来时才二十几分，但没人笑话我，老师天天晚上给我补课。现在，我数学课也能听懂了，概念也清楚了，考了八九十分呢！可来八中之前，我的数学几乎没有一次及格。这样好的学校谁不喜欢？如今的社会，扫垃圾也用电力车，没有知识怎么行呀？所以，我要多学本领！"

（二）好的教育需要好的环境

16岁的温宁（化名）在新八中读初中一年级。

　　与他面对面地坐着,问一句他答一句,似乎很顺从的样子,而实际上他有着很强的戒备心。

　　16岁,本该读高一的年纪,他却在初一就读,其中必有难言的故事。

　　他来自中国最富活力的城市——温州。

　　在温宁刚刚出生的时候,父母就离婚了。为了让儿子过上好日子,妈妈全力以赴经商,一年到头在外面奔波,把儿子丢给他奶奶照料。

　　温宁一天天长大了,进了小学,又进了初中,也去过私立学校。

　　妈妈几个月才回来一次,匆匆见儿子一面,愧疚地说:

　　"对不起,儿子,我从未照顾过你。你说吧,你要什么,要什么妈妈都给你!"

　　妈妈给了温宁足够多的钱,因此他半个月花几千块是常事。

　　衣服和鞋总是挑名牌,什么贵就买什么。从小学五年级起,他就告别了李宁牌,因为嫌国产货不够酷。他要买耐克、阿迪达斯、锐步,手一甩就是七八百。

　　住房更是非同寻常。

　　他小小年纪,常常一个人住在一套大房子里。因为怕寂寞,他便把所有灯全开着,却发觉更加孤独。有时候,爷爷奶奶也来陪他住几天,但仍然无法排解他内心的苦闷。

　　人是环境的产物。不正常的环境必定造就不正常的人,对于孩子尤其如此。

　　温宁心不平,他容不得别人骄横,必然卷入纠纷之中。

　　于是,一场恶战接着一场恶战,打得天昏地暗。

　　妈妈害怕了,一听说上海有个闸北八中,治"差生"有绝招,便似寻求救命稻草一般找了过来。她找到了刘京海校长,恨不得跪下来求他收下儿子,并说交多少钱都可以。

　　刘校长看了看温宁,说:

　　"孩子,我们收下。"

　　温宁和妈妈几乎不敢相信自己的耳朵,一下子都愣住了。妈妈提出多交一些钱。

刘校长生气了，说：

"我们的成功教育就是要让一个又一个温宁走向成功，并不是专门为了赚钱的。"

经商的妈妈听了感到非常惭愧。温宁虽未言语，心中却起了波澜。在他的观念中，靠钱可以摆平一切，而刘校长是第一个拒绝多收金钱的人，这让他产生了敬意。

水平测试，温宁的数学成绩仅为9分。他说：

"我最怕数学，一点儿也听不懂，反感透顶！数学老师是我最怕的人！"

刘校长笑了，说：

"放心吧，闸北八中没有可怕的老师。"

他把温宁交给了王守新老师。

从此，王守新老师与温宁形影相随。课上讲，课下补，就连晚上也在攻数学。

王守新老师不愧是教学高手。他首先摸清楚了温宁的真实水平，了解到他在什么地方滑了坡，又有哪几道坎爬不上去，确定了从哪里下手补起后，再将他的知识链条连接起来。

一段时间之后，连温宁也惊奇于自己的变化。他不知不觉对数学产生了兴趣。他演算的条理是如此清楚，步骤简单明了，一环扣着一环，似乎胜利的希望近在咫尺。一天晚上，王老师又在为他做辅导，他突然向老师摆手，说：

"老师，别讲了，让我自己试试。"

王老师愉快地点点头，静候在一旁看他演算。当他发现温宁解出了题时，按捺不住激动，大叫：

"棒极了！这么难的题一下子解开了，说明你有数学天分呀！"

说罢，王老师拍拍温宁的肩膀，说：

"今天你进步大，我们提前结束补习。我讲个寓言给你听，这是刘校长给老师讲过的。"

故事大致如此——

一只老鹰下了一窝蛋。有一天,一只蛋滚到了鸡窝旁,鸡妈妈以为是自己下的蛋,就把它和自己的蛋放在一起孵化。过了好长一段时间,小鹰终于孵化出来了。

随着时间的推移,小鹰和小鸡的模样差别越来越大,小鸡都嫌它丑陋,看不起它。鸡妈妈也以为自己生了个怪胎,不喜欢它。每次外出觅食,鸡妈妈和小鸡都雄赳赳、气昂昂地走在前头,小鹰自惭形秽,走在最后,总是吃鸡妈妈和小鸡剩下的食物。

有一天,一群老鹰从天空飞过。鸡妈妈惊恐万分地说:

"孩子们快逃命吧,我们的天敌来了!"

于是,小鸡和小鹰都拼命地逃窜,躲回到低矮的鸡窝里。以后,每次都是这样。

没有人告诉小鹰它不是鸡,它是可以搏击长空的鹰。因此,小鹰一直以为自己是鸡,从不去练习飞翔。结果,小鹰和鸡一样生活,并且终老一生。

讲完了寓言,王老师问温宁:

"明白这个故事的寓意了吗?"

"我是鹰,不是鸡。"

温宁想了想,又说:

"但是,鹰要自信自强,刻苦练习,才能在天空里翱翔!"

第一次期末考试结束了,温宁用惊人的成绩证明了自己是鹰。他各科平均成绩86分,外语单科93分!

妈妈得到儿子的喜讯,激动得泪如泉涌,连忙与儿子通话祝贺。

温宁说:

"妈妈,不要总给我寄钱了,您挣钱也不容易,千万多保重。我现在天天穿校服,顿顿吃食堂,很少花钱。您放心吧,儿子会让您骄傲的!"

（三）成功教育就是播洒阳光的教育

每到新生入学，新八中的老师总有处理不完的官司。

"周老师，您快来呀，您班的张一帆和张金言打起来了！"

周秀茹老师是位天津姑娘，她从华东师范大学教育系毕业后，先去田家炳中学做了两年班主任，又被刘校长调到新八中，在预备班当班主任。刘校长说，好钢要用在刀刃上。

的确，闸北八中的老师多是通过进修获得大专或本科学历的，像周秀茹这样直接出自名牌师大教育系的并不多见。更难得的是，周老师潜心研究每一个学生，常常有独到的发现。

刘校长爱才，便留心培养周老师，还送她去香港教过书。

周老师找到两个男学生时，张金言哭哭啼啼的，张一帆则气呼呼的。她笑了笑，一只手牵住一个学生，在操场上走着，就像两个孩子的母亲。

操场上铺了塑胶跑道，周边是碧绿的草坪与多彩的花木，走进这里，真让人心旷神怡。

"说吧，怎么回事？"

一听周老师发问，张一帆抢着说：

"下课了，我们排队回宿舍洗澡，张金言在队伍里随便讲话，我是体育委员，能不管他吗？"

周老师转头看看张金言，他委屈地辩解道：

"我说话不对，你可以批评呀，可你为什么当众揪我？你让我没面子，我能不反抗吗？"

张一帆撇撇嘴：

"没用的东西，就知道哭！"

周老师用力攥了一下张一帆，他不再吭声了。周老师说：

"你们俩都是好学生，谁也没有错。一帆维持纪律是对的，金言维护尊严也是对的,你们只是方法欠妥了一些。想想看,应当怎么做才好呢?"

张一帆摸摸脑袋,说:

"我应该悄悄提醒他,而不应该揪他。"

张金言想了想,说:

"我应该遵守纪律,排队走路不说话。"

说罢,两个男生相视而笑。

其实,最让周老师操心的不是男孩子,而是一些大款的女儿,譬如周彩虹。

13岁的周彩虹,身高一米六九,简直是个大姑娘了。可她就是不爱学习,只喜欢打扮,领导着班级的时尚新潮流。

周老师深信刘校长的观点,要让学生拥有自信,必须让他们成为学习的胜者。是啊,学生以学为主,如果他惧怕考试、厌恶读书,算什么成功呢?所以,尽管在热恋之中,周老师还是牺牲了不少业余时间,免费为周彩虹补课。可是周彩虹却总是变着法儿逃走。有一回,她甚至一边看手表,一边说:

"周老师,我家远,最后一趟班车6点开。如果您留我补课,您把打车的钱给我。"

面对这个无理又无礼的要求,周老师只好苦笑着摇了摇头。她意识到,自己没有摸准穴位,随便扎针只会给人带来痛苦。

说起周彩虹,周老师是爱恨交加。因为她除了学习,别的方面都不错。她聪明伶俐,什么电器一看就会用,衣服搭配也和谐不俗;她助人为乐,不但主动借文具给同学,还替生活困难的同学缴各种费用。所以,她向周老师要打车的钱,纯粹是故意添乱。

一天,周老师约周彩虹谈话。周彩虹以为又要谈学习,一副毫不在乎的样子。

周老师笑笑,问:

"彩虹,你去当模特儿怎么样?"

"当模特儿?"

周彩虹的魂一下子被勾了回来,她简直无法相信,班主任会与她这个"差生"谈时尚。

　　"是啊,我一直在琢磨,你一米六九的个子,审美意识强,又有运动潜质,当模特儿也许是一条适合你的发展之路。"

　　"可……可我这么小,去哪里当模特儿?"

　　周彩虹来了情绪,却又不知所措。

　　"你看,东华大学模特培训班不是在招生吗?"

　　说着,周老师取出一些资料,递给周彩虹,说:

　　"我研究了一下,我相信,你去报名会被录取的。"

　　"真的?"

　　周彩虹心跳加快了。要知道,她暗暗做过当模特儿的梦,可这却是头一回有机会实现梦想。

　　"刘校长不是总说要尝试成功吗? 你不敢去尝试,怎么能成功?"

　　"我一定去试一试!"

　　周彩虹满怀感激地向老师鞠了一躬,跳跃着跑开了。

　　几天后,一个精致的信封出现在周老师的办公桌上。周彩虹在信中写道:

　　尊敬的周老师:

　　　　一千分一万分地感谢您。我终于被东华大学模特培训班录取了! 我会珍惜这个机会,用优异成绩报答您——我的指路恩人!

　　　　　　　　　　　　　　　　　　　　　您的学生:周彩虹

　　进入模特班的周彩虹,仿佛变了一个人,对生活中的一切都热心起来了。预备班准备开主题班会——"祖国在我心中",她头一个报名出节目,说用报纸设计时装来表演。周老师建议多找几个人,效果会更好一些,于是,她就找了三个男生、三个女生。

　　从此,周彩虹更忙了。每到周末,她便约同学们去附近的公园里练习走台步。她已经接受了一段时间的正规训练,加上天资聪颖,还挺像个模特教练的样子。训练结束,她请同学们到家中吃晚餐,与大家建立了融洽的关系。结果,节目大获成功。

不久,全校举行班会巡展。预备班由周彩虹领队的模特表演最后一个出场,一下子征服了全校师生。谁也想不到,闸北八中会冒出一支挺专业的模特队,而且出在最懒的预备班。大家热烈鼓掌,高声叫好。不用说,此节目荣获了一等奖。

看到今非昔比的周彩虹,周老师深深感悟到:成功教育就是播洒阳光的教育。

这天放学,她又约周彩虹谈心。此时的周彩虹与周老师早已情同姐妹,每一次交流对于她来说都是一种享受。

周老师说:

"彩虹啊,看到你在模特表演的艺术道路上潜力无限,老师真为你感到高兴啊!"

"我也觉得生活有意思了,一切都变得那么可爱!"

"可是,我也有些担心。"

"怎么?"

周彩虹紧张起来了。她知道周老师虽然年轻但并不轻言,说什么都有比较充分的准备。"你回去看一下,这是我从网上下载的资料,都是关于模特专业发展的。"

周老师递给她一摞资料,平静地说:

"现代社会对模特的素质要求越来越高了。一级模特要有大学学历,最低一级的模特也要中职毕业。明白吗?"

周彩虹的脸上掠过一丝阴云,她沉思了一会儿,说:"这就是说,我先要初中毕业,再至少读完中职或高中,才可能正式进入模特界,对不对?"

"完全正确。"

周老师点点头,又说:

"我观察你很久了,发现你很灵。只要你肯学习,在八中这样的环境里,你一定会成功的！而这一点关系到你的一生。"

　　也许,这一次谈话正中要点了;也许,当模特的成功给了周彩虹从未有过的信心。从此,周彩虹开始学习,开始以新的状态学习。她上课认真听,课下积极与同学讨论,并且主动找各科老师补课。渐渐地,周彩虹的学习成绩赶上来了,与她的模特步一样不断向前。

　　教师节到了。周彩虹送给周老师一个长长的挂件,挂件是项链式的,有一个小天使在中间。

　　周老师慌了,说:

　　"你是学生,别用父母的钱送贵重礼物。"

　　周彩虹郑重地回答:

　　"老师,这钱是我的劳动所得。我接拍了一个运动鞋的广告,挣了400元钱。"

　　"是吗?"周老师听了又惊又喜,说:

　　"那我就收下了。我很喜欢,我会经常戴着它,希望你永远像天使!"

四　自信者必胜

（一）好的环境胜过许多教育

对于杨正莉来说，小学毕业的那个夏天是她有生以来度过的最痛苦的夏天。谁不知道她是一个聪明好学的女孩子？谁不知道她是一个充满诗意的女孩子？可是，偏偏因考试紧张马失前蹄，她被分到了闸北八中。

骄傲的杨正莉顿时像矮了半截，似乎掉进了黑暗而寒冷的冰窖里，可她连呼救的勇气也没有，因为她怕人家知道她将成为闸北八中的学生。

就在这个时候，她收到了闸北八中的一封信。

信是班主任夏楚参老师写来的。不愧是语文老师，不但字体潇洒有力，而且颇有诗意。夏老师写道：

杨正莉同学：

　　你好！

　　接到没有见过面的老师的来信，你也许会感到诧异吧？这可以理解。我之所以冒昧来信，是因为依据我多年的经验，进入闸北八中的好学生或许会有些犹豫，因此，沟通一下是必要的。你说对吗？

　　作家孙犁说过，鸟鸣翠谷，虎啸深山，方可达到极致。就是说，人才需要适当的地方培养。你是人才之苗,成功教育的沃土会使你获得良好发展。我自信有足够的能力助你成才……

如果有缘,希望我们见一面。我会在8月21日上午9点在闸北八中语文教研室等候你的到来。

……

"天哪,他在等我!"

杨正莉惊叫起来。长这么大,她头一回收到一个大人而且是老师的来信,并且对她是如此尊重,完全把她当成一个平等的人。

当时,她曾想转入别的学校,因为她有个阿姨在街道工作,恰好分管教育,愿帮她办手续。可是,杨正莉被夏老师感动了,她决定如期赴约。

这是一个小女孩儿自己的决定。

见面的结果是:杨正莉正式决定进闸北八中学习,由夏楚参做她的班主任。

果然,杨正莉所担心的一切都不存在。走进闸北八中,没有一个老师歧视她,更没有一个同学讽刺她;相反,师生们都称赞她有才气,还夸她长得水灵,性格可爱。于是,她在闸北八中的日子是快乐的。

在八中就读的几年里,夏老师去过杨正莉家八次。虽然夏老师后来担任了学校的教导主任,但他仍然精心指导她的学习,使她的语文成绩一直处于领先的水平。她的自信心也越来越强。

初中毕业时,依据她平时的学习成绩及各方面的表现,她本可以被保送到区重点高中。可是,她主动放弃了这个众人羡慕的机会,去报考了名列上海前三的复旦大学附中。

即使在一流初中就读的学生,也未必敢报考复旦大学附中。可是,从闸北八中毕业的杨正莉却信心十足。成功教育让她认识到自己的潜能,四年的初中学习让大家看到了她的实力,她越来越渴望向高目标发起挑战。

成功出于自信。当年,复旦大学附中入学考试满分为510分,杨正莉以495分高中,成为全闸北区十位佼佼者之一。

考入复旦大学附中的学生,绝大多数来自市里的名校。因此,师生们对杨正莉来自闸北八中感到不可思议:

"垃圾学校飞出了金凤凰!"

"运气好呗!"

"今天的闸北八中不是昨天的闸北八中了!"

让杨正莉感慨最深的是,复旦大学附中与闸北八中极为不同。八中的老师如父母一样,与学生手牵着手走,让每一个孩子都以有特长为骄傲,却不必因短处而自卑。可在这里却是以自学为主,靠自己奋斗。

这是许多闸北八中毕业生的共同感受,这也使他们对母校多了一份怀念与依恋。

高中毕业,喜欢理科的杨正莉考入了复旦大学计算机专业。毕业后,她成为上海证券有限责任公司的一员。

当接受我采访时,杨正莉已在金融业工作两年了。她还是那样步子轻快、笑脸盈盈,似乎总是有很好的心情。

她说:

"我在做电脑网络业务,如清算业务,是要为用户保密的工作。自从进入了计算机世界,天天都在接受挑战!"

"你既然文科好,不发挥优势会不会有遗憾呢?"

我想起了多元智能理论,不禁为她感叹起来。

她却依旧笑得一脸灿烂,说:

"是呀,因为理科弱一点,我只读了复旦大专;如果当时选文科,读本科不会有问题的。不过,塞翁失马,焉知非福?"

(二) 好的环境让人学会生存

从闸北八中4楼的语音室里传出流畅的英语朗读声,让人难以相信这是在闸北八中。听课的外校老师悄悄地议论起来：

"过去八中的学生连中文都学不好,还学外文? 能有今天这样子,真是奇迹!"

"是啊,发音挺准的。"

"看上去,每个学生都挺喜欢英语。"

冯伟珍老师正在教英语课文《冰海沉船》。她用一幅幅自制的配套投影图片,生动地表现了爱斐思小姐舍己救人的感人故事。学生们先看投影,再听老师朗读,再自己仿说、扩说、自由表述,读写协调发展,循序渐进。最后,冯老师又请几位学生站起来分角色朗读表演,把这堂英语课教学推向了高潮。

作为成功教育实验班的英语教师,冯伟珍曾经深深地苦恼过。

冯伟珍是一位漂亮的女教师,这漂亮不仅表现在外貌上,而且更多地体现在气质上。许多女生暗自以她为楷模,说:

"冯老师穿什么衣服都好看!"

上课的时候,有个男生迟到了,也不喊"报告",低头冲进教室。这在闸北八中曾是司空见惯的现象。冯老师见到了,微笑着说:

"你迟到了,是不是心怀愧疚之意呢?"

迟到的男生叫赵宇航,他听了连连点头,心中十分感激老师的体谅。冯老师又说:

"那么,请你过来,彬彬有礼地向我们大家表示歉意,好吗?"

"我……"

这可是从未有过的事啊。赵宇航涨红了脸,不知所措。

冯老师依然一脸笑容,说:

"没关系的,咱们谁都可能因特殊事情迟到,关键是要学会尊重别人。学习英语是学习一种文明,怎么能用粗鲁的态度对待呢?"

在冯老师的鼓励和指点下,赵宇航重新站到门口,喊了一声"报告",进门后又对师生们说:

"对不起,我迟到了!"

说话的时候,赵宇航一直看着老师,当老师点头示意之后,他才移步走向自己的座位。

小小一个插曲,让同学们见识了什么叫文明之举。过去他们何曾在意过这些鸡毛蒜皮的小事呢?他们不由得对冯老师刮目相看。

可冯老师心中的苦恼未解——闸北八中初三毕业生的英语合格率仅有22.7%。学生们一上英语课就头疼,还有人说:"我是中国人,何必学外文?"如此下去,怎么能成功呢?学外语的必要性与重要性好讲,一联系上海的发展、中国的变化,谁都能明白。可是,怎么突破学习的难关呢?怎么改变"哑巴英语"的状况呢?

经过反复探索,冯老师决定在听说上下功夫,也就是用实战之法,让学生听得懂、敢张口,养成良好的应用外语的习惯。

香港教育代表团来学校考察时,刘校长把客人带进了语音室,恰逢冯老师在上课。一位客人弯下腰,问:

"哪位同学愿意与我用英语会话?"

周艳同学马上举手,说:

"Let me try.(我来试试。)"

于是,周艳与香港客人用英语交谈起来。他们从班级、学校谈到家庭,从父母谈到个人发展,虽然费了点劲儿,但双方有了满意的沟通。

香港客人连连赞叹:

"不简单! 不简单!"

冯老师渐渐发现,敢于开口表达的同学越来越多,尤其是那个赵宇航,简直成了一个英语迷。英语课上只要有提问,他必定抢着举手回答。

有时,冯老师请赵宇航回答问题,他答错了;可是,当老师帮他纠正错误,他掌握了之后,就会又一次举起手来。

赵宇航虽为独生子,家境却不富裕。母亲是公共汽车售票员,因无人售票车运营而下岗;父亲在一家医院做后勤工作,收入也不高。所以,父母常常念叨:

"儿子啊,咱家的希望都在你身上了!"

让许多人料想不到的是,外语并非一流的赵宇航,却靠外语获得了良好的发展空间。

从闸北八中毕业后,因为喜欢外语,他考入了旅游职业学校。毕业后,他因为敢讲英语,敢与外国人打交道,在南京路上找到了一份外资企业的工作。

后来,他又自费去美国留学。归国后,赵宇航在上海某外资企业做汽车贸易,并且因为英语好,深受外国老板赏识。

一天下午,一辆崭新的轿车停在了闸北八中门前。一位西装革履的年轻人,手提笔记本电脑下了车,彬彬有礼地对门房说:

"我是冯伟珍老师的学生,我来看看她,她在吗?"

门房是位老大爷,一脸惊讶:

"您……您是她的学生呀? 请进! 快请进!"

也难怪门房会惊讶,因为他所见到的八中的毕业生,大都是工人打扮,哪有赵宇航这般派头的?

师生相见分外亲切。冯老师指着笔记本电脑问:

"拿这个干吗?"

赵宇航得意地笑笑,说:

"向恩师汇报一下成长经历呗,还有我的业务,请老师指点啊!"

在他演示的时候,冯老师问:

"有家庭了吗?"

"有了。"

"姑娘是做什么的?"

"空姐。"

"空姐?"

办公室里的老师们一听都来了兴趣:

"怎么'骗'到手的?"

"靠外语?"

八中的老师与学生关系一向融洽,尤其是毕业生,与老师们像一家人一样无话不说。

赵宇航嘿嘿地笑着，回答：

"也没怎么'骗'，在去英国的飞机上认识的。我担心她的安全，结婚后，让她改做地面工作了。"

他沉默了一会儿，动情地说：

"闸北八中是我的福地啊，而外语成了我的命根子。凭我这文化水平，考十年也考不上大学。可靠外语这本领，我可以走遍天下，过着快乐的日子……"

他站起来，向老师们深深鞠了一躬，说：

"谢谢老师们，你们太辛苦了，我不会忘记你们的！"

（三）成功就是一种心态

最令余丽娟老师感到骄傲的，是她教的闸北八中的一个班有15人考进了重点高中。这在闸北八中的历史上，几乎创了最高纪录。这就是95届的初中毕业生。

当然，之所以发生这样的奇迹，与"划片入学"的政策有一定关系，闸北八中凭此政策有机会得到了一些较好的生源。不过，谁也不能否认，成功教育使许多可能性变成了现实；否则，不少生源良好的学校的重点中学升学率为何不及闸北八中呢？而且，经过闸北八中熏陶的学生，生存意识与创业能力都比较强，这一现象也引起了人们的关注。

风度翩翩的颜雷，已经是上海富豪东亚酒店人力资源部的经理助理。他一身西服，彬彬有礼，并且精力充沛，给人一种非常成熟老练的感觉。

他对我说：

"成功就是一种心态。我在闸北八中的最大收获就是养成了成功的心态。那时候，受刘校长、余老师的影响，我们爱看心理学方面的书。我懂得了一个很重要的道理：想成功的人才能成功,你想得到什么才会得到什么。"

颜雷与谢奇才、曹颖、杨正莉、李海琳等同学同在一个班,而谢奇才是他从幼儿园和小学起就一起玩大的好朋友。

有时候,他们去踢球或打篮球回来,发现余老师已准备好了茶水和毛巾,让他们先擦汗,再喝上一杯茶。

不过,余老师虽为女性,却并非只有一片温情。她还常常营造出一种紧张的气氛,让同学们你追我赶,互相吸引,激励每个人都向更高、更强的目标迈进。

久而久之,同学们产生了一种共同的心态:

"我是闸北八中的学生,我怎么能不成功呢? 我必须成功! 我能够成功! 我没有理由不成功!"

颜雷初中毕业后,考进了区重点高中——风华中学。高中毕业后,他考入了上海大学物理专业。对于求职,他非常自信,并不无自豪地说:

"有本事就有工作。我投出六七份个人简历,有三四家公司要我。"

谢奇才毕业于上海外国语学院法语系,即将赴法国留学。他说:

"'差生'不差,只是差鼓励和机会。我之所以有发展,是因为闸北八中给学生的机会特别多。我参加过外语、数学、化学等多项比赛,并获得过区二等奖。刘校长说,考100分奖100元,我也拿过200元。这些都对我的发展产生了促进作用。"

在这个班里,有才华而又多磨难的,也许当属李海琳了。

这是一位个性极强的姑娘。

初中毕业时,她明明考上了区重点高中,却又主动放弃,选择了远在嘉定的工艺美术学校,去学习服装设计。当时,市中专招生办公室不同意,刘京海校长亲自出面交涉,才促成了这件事。

这一个异乎寻常的决定,她是背着父母做出的,是她一个人的决定。父母都是普通的工人,希望宝贝女儿过平平安安的日子,怎么会让她放弃已经到手的重点高中名额? 可是,海琳酷爱美术,想在实用美术领域有一番作为,而不愿意循规蹈矩地生活。

去嘉定读书离家遥远,必须选择寄宿。让父母没有想到的是,女儿从此开始了真正独立的生活。学校生活结束后,寄宿也随之结束,但海琳没有选择回家,而是选择在就职的公司附近租房住。

海琳的选择让我想起一位教授的评价。在京郊的一次会议上,北京师范大学著名心理学教授郑日昌激动地说:

"中国的青年至少比西方青年晚独立五至十年! 西方青年到了18岁便离开父母独立生活,而中国青年18岁时有几个人能离开父母? 他们恐怕二三十岁了,还在依靠父母呢! 多少研究生、博士生不是靠着父母在生活呢?"

我跑了不少国家,也做过许多调查,可以充分证明郑教授的评断是可信的。

当然,独立性差的责任不应当全归罪于中国青年,因为中国的父母是造成孩子难以独立的重要因素,甚至中国社会也有不可推卸的责任。但是,不能真正独立的核心责任,还在于中国青年本身。

于是,我的眼前出现了一幅巨大的荒诞画卷:

数不清的中国青年虽然西装革履或一身名牌服装,身后却有一条长长的脐带与父母连着。长到18岁,不剪断对父母的依赖,怎么在精神上独立呢?

可是,许多中国青年似乎已经习惯了,因为有了父母作为依靠,他们感到生活更轻松,也更安全。也许,他们希望这种依靠伴随他们到天涯到海角,永远永远……

由于上述联想,见到海琳的时候,我油然而生了几分敬意。我问:

"你父母同意你在外面租房子住吗?"

海琳回答:

"开始哪会同意呀! 但我已经过了18岁,我始终坚持,父母也就表示理解了。他们让我自己决定自己的人生之路,而他们只是提出参考意见。"

"了不起的父母!"

"是的,今天的父母也有不少现代观念。"

海琳现供职于上海泽生电脑服务有限公司。她的专长是做企业形象设计,做各种展览展示,还做灯箱广告,等等。

她自信地告诉我:

"我走上了独立创业这条路,并且一点儿也不后悔。我靠自己的劳动可以过上有尊严的生活!"

五 适合的就是最好的

（一）人生目标决定职业选择

素质教育是干什么的？用一句话来说，就是培养人才的。如果说，应试教育是精英教育，是培养少数人成才的教育；那么，素质教育则是大众教育，是让多数人成才的教育。显然，推进素质教育离不开现代的人才观，甚至可以说，现代的人才观是素质教育的重要基础。

当今素质教育之所以进展困难，在错综复杂的诸多原因中，人才观的片面性是一个巨大的因素。由于用人机构招聘人才时呈现出对学历要求的越来越高的倾向，因此许多父母也期望孩子的学历越高越好。我所在的中国青少年研究中心在多次调研中发现，如今，91％的中小学生父母希望孩子拥有大专以上学历；其中，54％的父母希望孩子获得博士学位。众所周知，中国的大学扩招到今日，能获得博士学位的依然是凤毛麟角。父母们的期望如此之高，绝大多数是难以实现的。

当然，人们追求高学历高地位的背后，有着深刻的经济原因和传统影响。例如，近些年来普通高中升温而职业教育滑坡的现象表明，尽管国家发展急需专业技术人才，但这一需求却得不到广大学生及其父母的认同。这些都说明，推进素质教育是一个系统工程，需要在政府的主导下采取整套强有力的措施。譬如，国家应像扶植师范教育一样扶植职业教育，为培养专业技术人才队伍奠定坚实基础。但是，人才观反映人的价值观，而价值观念是人们行为的导向。因此，深刻反思什么是人才、什么是成功，确立起现代的人才观与成功观，是全面推进素质教育的重要环节，应予以高度重视。

关于教育体制和劳动人事制度改革应当如何完善的问题，我建议应当由重学历向重能力转变。也就是说，可以设立尽可能多的职业学校和更灵活实用的技能培训机构，给合格者颁发有效证书，并使其容易就业。任何能力测试都要经过严格的考试，考试也是素质教育不可缺少的评价工具之一。

国际21世纪教育委员会早已提出"从资格到技能再到能力即综合素质"的现代人才逐步升级的概念。这样，既为广大青少年开辟了广阔的成才天地，又可以缓解他们中考和高考的压力，也有助于中国社会和谐发展。

从市场需求来说，正如中国社科院劳动和社会保障研究中心主任张车伟所指出，劳动力供求不匹配、技能劳动者严重不足，一直都是困扰我国劳动力市场的问题。这就需要我们加强劳动力教育培训体系与劳动力市场的匹配。

以市场为导向的职业教育无疑是这一问题的突破口，职业生涯教育无疑是青少年的必修课。问题在于，职业教育应该从哪里开始，沿着什么方向发展。与教育学博士洪明聊天时，他提出，职业教育应该始于人生观教育，因为人生规划决定学业规划，学业规划决定职业规划。这个逻辑实际上体现了教育的根本宗旨，即做人第一，人生目标决定职业选择。

（二）职业教育应成为通往成功的重要途径

在找工作一年比一年困难的就业季中，我们发现有很多人找不到如意的工作，但是也有很多岗位招不到合适的人才。

据央广网（北京）2014年7月21日根据《中国之声·新闻和报纸摘要》的报道，人社部最新公布了《2014年度第二季度部分城市公共就业服务机构市场供求状况分析》：2014年第二季度，我国劳动力市场供求总体平衡，但中高级技能人才和专业技术人才缺口显著。有55.7％的用人需求对技术等级提出了明确要求，然而各技术等级的岗位中，高级技能人才和专业技术人才缺口空缺数量，却远远超过求职人数。人社部一项统计也显示，我国仅制造业高级技工缺口就达400余万人。

在这样一个市场需求下，我们看到了职业教育发展的空间，职业教育也势必会越来越受到欢迎。正如2015年7月6日《深圳商报》引用中国国际广播电台的报道说，目前，我国拥有世界上规模最大的职业教育体系，每年有近千万学生从职业院校毕业走向社会。那为什么企业还是招不到理想的技术人才，为什么媒体还会不时地议论"30万年薪难招一个高级技术工人"、"研究生易找、好钳工难求"呢？

职业教育关注着人的个性完善，立足于人的可持续发展，承载着培养高级技能人才和专业技术人才的社会功能。但是多年来，职业教育成了高考失利学生的集中营，职业教育因缺乏职业教育理论指导而陷入了普通教育的思维，缺乏职业教育的特色；或者是一味地强调职业性，以简单的技能代替系统的职业训练，忽视了德才兼备。

职业教育最核心的价值观应该是技以载道，如庄子所云"技兼于事，事兼于义，义兼于德，德兼于道，道兼于天"。职业教育培养的人才应该既有炉火纯青的技术，又有德配天地的品质。

值得欣慰的是，职业教育已引起党和国家的高度重视。据2014年6月23日新华社消息，全国职业教育工作会议于2014年6月23日至24日在京召开。中共中央总书记、国家主席、中央军委主席习近平就加快职业教育发展做出重要指示。他强调，职业教育是国民教育体系和人力资源开发的重要组成部分，是广大青年打开通往成功成才大门的重要途径，肩负着培养多样化人才、传承技术技能、促进就业创业的重要职责，必须高度重视、加快发展。中国经济的快速发展和建设创新型国家的强烈需求,注定了必须夯实职业教育的基础,否则一切都可能成为空想。

（三）中小学时代就需要进行职业生涯教育

作为父母,你希望自己的孩子当工人吗?恐怕很多父母都会摇头或皱眉,这是可以理解的。

在中国人的传统观念中:劳心者治人,劳力者治于人。如果想要脱离低人一等的境遇,似乎就要不断地往上爬,避免做一个劳力者。大部分父母尤其是独生子女的父母,都希望子女接受高层次的教育,以备就业时能够找到社会地位较高且体面风光的岗位。

在这种观念的影响下,入读职业学校成为那些没有考出好成绩的学生的无奈之举,职业学校沦为了后进生的集中营。校风、班风不良是社会对职业院校的印象,缺少优质教师资源也成了一个必然的结果。

其实这种观念和我们缺乏职业生涯教育有关。在西方国家中,孩子在很小的时候就已经接受了有关的职业生涯教育,知道自己在哪方面有特长,适合走什么样的职业道路。在我国,职业生涯教育起步很晚,可是好的教育是以人为本的。对外经济贸易大学校长施建军说,好学校要让每个学生都能就业,而他们学校学生的就业率已达到98%,其策略就是错位竞争、特色发展。中小学时代就需要进行职业生涯教育,这样在大学时代就能准确定位并且具备所需能力。

2013年3月31日,我在新浪博客中转载了《中美日韩高中生毕业去向与职业生涯教育研究报告》。这份报告是由中国青少年研究中心少年儿童研究所所长孙宏艳撰写的,详细记录了中国青少年研究中心、日本青少年研究所、韩国青少年开发院及美国艾迪资源系统公司于2012年9月至11月联合实施的"中美日韩四国高中生毕业去向及职业生涯教育比较研究"。

本次调查的对象为普通高中一至三年级的在校生。本次调查的重点之一就是了解四国高中生的毕业去向。结果显示:上大学是四国高中生的主要选择。比较而言,中国高中生最想出国留学,最不愿意报考职业技术学校和选择就业,美国高中生报考大专的最多,日本高中生报考职业技术学校和选择就业的最多,韩国高中生最想报考名牌大学。

以上这些差异体现出各国教育的特点。

在中国,受职业教育发展滞后和社会上高学历崇拜、"学而优则仕"等观念的影响,中国父母和孩子宁愿选择教育质量不高的普通高等院校,也不愿意去能掌握职业技术能力的职业学校就读。

而在日本,由于职业教育体系相当完善与发达,在初中和高中阶段即实施职业教育,为学生就业做准备,因此学生高中毕业后选择就业和继续攻读职业学校的比例相当高。

日本的职业技术教育既不是普通教育的简单补充,也不低于高等教育,而是国民教育的中心部分,这为中国发展职业技术教育提供了很好的借鉴。

在美国,社区大学(相当于中国的大专)是教育体系的重要组成部分,入学条件较低,且容易转入四年制大学,因此也吸引了一部分学生就读。

而韩国学生对名牌大学和一本院校的热衷也凸显了韩国高考竞争激烈的现实。

从这次调查结果可以看出,中国高中生毕业后无力就业、盲目升学的问题突出,究其原因主要有以下几个方面:

1. 学校职业生涯教育发展晚

对于职业生涯教育,我国起步比较晚。美国、日本等国都非常重视中学阶段的职业生涯教育,注重培养中学生的职业兴趣、职业规划能力及设计未来生活的能力,日本还将出路指导作为高中阶段职业生涯教育的核心。而我国基础教育阶段的职业生涯教育明显处于劣势。

就我国目前总体状况来看,小学阶段的职业生涯教育几近空白,初中阶段的职业生涯教育只在少数试点学校开展,高中阶段的职业生涯教育只有上海在全市所有普通高中内开展,北京、广州等地区在部分普通高中内开展了职业生涯教育。

面对社会就业环境的变化和学生就业意识、就业能力缺乏的现实问题，我国亟待加强基础教育阶段的职业生涯教育。

2. 家庭职业生涯教育欠缺

在家庭中，中国父母与高中生谈论最多的是目前的成绩，而谈论毕业去向、专业选择、未来工作、兴趣能力、生活方式的比例相对较低，这说明中国家庭的职业生涯教育还很欠缺。

调查还发现，高中生们普遍认为，父母对自己的未来职业选择影响最大，但他们对父母的工作感兴趣的仅四成多。这或许由于父母对孩子进行的职业启蒙较少，或许由于父母未给子女客观科学的职业导向。

3. 高中缺乏专业的职业指导教师

中国高中生的毕业指导多由班主任来承担，而专职教师仅占1/4，在四国中比例最低，而且差距巨大，均相差50多个百分点。

通过文献研究发现，美国、日本、澳大利亚、德国、加拿大等国家均对职业生涯教师的资质有严格要求，他们不仅为学生配备具有高学历的专职教师，还对专职教师进行定期的培训和考核，以保证学生能接受到与时俱进的教育。

例如，加拿大要求从事就业指导的咨询师必须具有教育学、心理学、咨询学或相应的人文社会科学的博士学位，而且要有一定工作经验，要求指导教师或管理员具有人文科学背景的硕士学位。

我国职业生涯教育几乎没有专业的师资队伍，有的学校职业生涯教育课程教师由德育教师或班主任担任，有的由地理、语文、历史等科目的任课老师兼任，还有的由从社会上聘请的各行各业专业人士担任。这些师资是职业生涯教育的重要力量，但是职业生涯教育还需要专业的教师队伍。这是因为职业生涯教育课程有其内在的规律和体系，需要专业师资对课程的内容及方法进行准确把握和演绎。

专家建议各地可整合本地区的教育力量，配备专业的师资队伍，并对教师进行定期的再教育和再培训，以提高专业化水平。

（四）德国双轨制职业教育体系助力国家发展

2015年6月，我在欧洲旅行，印象极深的一件事情就是，一到德国，游客们便潮水般涌向免税店，疯狂购买德国产品，如各种刀具和锅等。我缺乏购物经验，所以有些奇怪：这些东西中国没有吗？或者说质量真的相差很大吗？游客们纷纷给了我斩钉截铁般的肯定回答，无一例外。

毫无疑问，德国产品的高质量与先进的职业教育密切相关。德国的双轨制职业教育值得我们了解和借鉴。作为老牌的工业革命国家，欧洲各国的工业雄风已经被美国取代，只有一个例外，那就是德国。

众所周知，德国产品质量很高，一提到德国制造，不管是汽车还是螺丝刀，其质量均会获得肯定。基于对高新技术的重视，德国于2013年在《德国高技术战略2020》中提出了国家发展战略——工业4.0，意即第四次工业革命，其总体目标是实现绿色的智能化生产。

德国工业如此快速发展得益于双轨制职业教育。德国产品质量高的事实证明，职业教育是经济发展的重要基石。国防大学研究员徐弃郁研究发现，19世纪中后期，德国就开始由诗人之国向工程师之国转变。2013年夏天，我应邀去德国参加中德对话活动时，波恩大学的布劳恩教授告诉我，求职的德国学生一部分时间在工厂做学徒，一部分时间在职业学校学知识，双轨制职业教育对此起了决定性作用。

德国法律规定："凡初中毕业不再升学的学生，就业前必须接受两年半至三年的双轨制职业培训。"而企业不得接收未经培训的员工，未经培训的员工不能上岗。

双轨制职业教育在德国教育中占据了重要位置，接受对象主要是初中毕业生，其核心内容是国家和企业共同负担职业培训。双轨制职业教育的录取过程如下：每年，联邦教科部和各州文教部要发布学校毕业生统计数和下年度预测数，联邦劳动总局及各州分局要发布各工厂企业招收学徒工的统计数和下年度的预测数;联邦职业教育研究所则负责对学生的毕业情况和企业招工情况进行调查研究,需要接受双轨制培训的学生可以据此进行咨询并获得指导,先同企业签学徒合同,然后根据学徒的职业选择相应的学校进行学习。

所以,德国双轨制职业教育的学生有两个学习场所——企业和学校,两种身份——学徒和学生;40%的时间用在理论学习上,60%的时间用在实际操作训练上。学生每周在工厂培训三天半至四天,在学校学习一天至一天半。工厂企业着重对学徒工进行实际操作的训练,职业学校着重教授专业课和文化基础课。工厂企业设有教室,职业学校也设有演示车间、实训车间。双轨制职业教育十分注重理论和实践的结合,保证了企业能获得合格的员工。

德国职业教育还有一个很显著的特点,那就是互通式的各类教育形式。高中毕业生或者同等学力者,可以进入技术(职业)院校,从而为企业培养具有实践经验的高级专门人才及中高级管理人员。学业期满,学生获得工业技术员资格,大多数毕业生可进入企业工作,成绩优异的还可以通过双轨制补充学业,这就是德国双轨制职业教育向高等教育的延伸。

德国的双轨制大学,学制通常为三年。在这三年里,学生需要兼顾理论学习和实际工作。学生们每三个月就要进行学校理论学习和企业实际工作的转换。这期间他们需要完成多篇论文,学校会定期安排口试和笔试。学生们要在企业的实际工作中寻找论文的题目。而在企业工作的时间段里,学生则要独立承担工作任务,参与企业新业务的研发。企业按照行业工资标准发放工资,在职业教育阶段,工资每年都会增长。

德国同时还有高等专科学校,主要集中在一些工程技术和企业经济等类别的专业领域,专业性强,侧重培养实际应用的高级技艺型人才,四年制,并要求学生四年内必须完成学业,学生毕业授予专业硕士学位。

通过双轨制的职业教育体系,德国年轻人就业率很高。在以企业实践实习为主、学校理论学习为辅的双轨制教育下,学生毕业就是合格的技工,能立即为企业所用。年轻人得到工作,企业得到合格的雇员,劳动力市场进入良性循环。因此,双轨制职业教育实行比较完善的国家,年轻人失业率并不那么高。

双轨制的职业教育体系,符合职业教育的规律和特征,不仅实现了以市场为导向的校企合作,还沟通了各类型教育,使得职业教育的学生有向上流动的机会,从而培养出学生高级的技能和宏观的视野。

正如黑龙江齐齐哈尔工程学院院长曹勇安所言:"职业教育是一种以专业基础知识和专业技能为主的教育,训练(实践)是职业教育的内涵之一。同时技以载道的职业教育价值观也要求重视学生的做人品质,培养德才兼备的技术型和创新型人才。"

显然,职业教育是承接教育发展与经济提升、科技进步、社会繁荣的纽带。

2015年5月20日,中国国务院印发《中国制造2025》,部署全面推进实施制造强国战略。这是我国实施制造强国战略的第一个十年行动纲领。《中国制造2025》提出,坚持"创新驱动、质量为先、绿色发展、结构优化、人才为本"的基本方针,通过"三步走"实现制造强国的战略目标。与此紧密相连的是,职业教育也需要发挥出真正的作用。

(五)职业教育同样是成功者的教育

中国经济的持续快速发展,促进了人们观念的变化,也促使职业教育渐渐进入快车道。高职高专院校的录取分数线在持续走高,很多都超过了二本线,越来越多高考成绩原本超过大学录取分数线的高中毕业生,放弃了进入大学深造的机会,而选择读职业院校。

据2013年9月2日《中国教育报》报道,仅武汉铁路司机学校,就有2000多名高考成绩达到专科甚至三本院校录取分数线的学生放弃了读大学,而报名上这所中职学校。实际上,早在三四年前,北京、重庆、广东、山东等不少省市就有高中毕业生放弃上专科或本科院校而入读中职的现象。与部分高中毕业生回炉读中职学校相似的是，一些原本高考成绩超过三本甚至二本录取分数线的考生，最终也选择了职业院校。在北京劳动保障职业学院近两年招收的新生中，每年都有近百名学生的高考成绩高于三本甚至二本录取分数线。

这和人们的成才观念发生变化有关。如2009年5月31日《文汇报》介绍，上海市特级校长、上海信息技术学校校长邬宪伟呼吁："职业教育同样是成功者的教育。"他这样阐释成才观：

> 现在的教育模式下，实行的是单一的选拔机制。在每次考试和选拔中，总有相当一部分学生由于一些方面相对薄弱而失利，于是被笼统地判为不成功——其实他们很可能在其他方面自有优势。我们要做的，就是帮助这些学生找到适合自己的成长路线，走向成功。而职业教育的目的就是帮助学生完善个性发展，找到适合的教育，让其体验成功。

近年来，从职业教育中走出来的成功人士越来越多，钟乘强就是其中一个代表。

钟乘强是中山职业技术学院信息工程学院的三年级学生。他自小对电子产品感兴趣，上大学后开始痴迷物联网技术。据《中山商报》报道，大二时，他跟着师兄们，在江武志老师的工作室挑战家居物联网项目。挑选合适材料，和师兄一起编程，动手制作整套系统，为此钟乘强在工作室熬了四个通宵。项目模型被保存了下来，它用一套智能系统将电灯、电视机、空调等联系起来，使用APP（应用程序），人们就能随意控制这些电器。

据2015年4月2日《中国教育报》报道，钟乘强做成了人生中的第一单生意，把自己开发的"安防和人口动态信息采集及管理系统平台"卖给了中山市奥敏电子有限公司，从技术宅男成功转型为中山创客。据报道，此前，他还获得了中国教育机器人大赛灭火项目特等奖、群舞机器人项目一等奖，2015年初获得了"中国大学生自强之星"提名奖。

钟乘强的成功得益于自己对电子产品的爱好和钻研，也离不开学校对创新创业教育的支持。中国教育大家蔡元培就曾把职业教育比作一座房屋，内分教室、寝室等，各有各的用处。职业教育所注重的，是专门的技能或知识，有时研究到极精微处，也许有和日常生活绝不相干的情形。例如研究卫生的，查考起微生物来，分门别类，精益求精，有其他一切事都不管的态度，这是从事专门学问的特点。同时，蔡元培提出职业教育要表现出进步和创造性。

发展职业教育自然离不开创新精神的培养。

适者生存，适者发展。创新时代必然要求改革学习内容。"21世纪技能合作组织"倡议的"21世纪学习框架"，要求当代学生既要学习传统科目也要掌握新世纪跨学科主题，并在此基础上学会生活与职业技能，以及学习与创新"4C能力"，即批判性思维和解决问题的能力、沟通交流的能力、协作能力、创造力。

据2015年4月2日《中国教育报》报道，自2008年以来，中山职业技术学院的学生专利授权量稳坐广东高职院校第一把交椅，是广东省知识产权示范单位。不久前，该校又荣登广东省第一批大学生创新创业教育示范学校榜单，成为与"985"、"211"高校齐名的十所创新创业教育示范学校之一。该校创新创业教育中心主任王华教授认为："高素质技术技能人才，这个'高'就体现在高职院校学生跟普通技工不一样，他们应该在学校教育的作用下，具有明显的创新精神、创业意识和创造能力，这也是学校开展创新创业教育的意义所在。"

在创新创业教育工作体系的带动下，中山职业技术学院创新创业教育实现了全覆盖，涌现出一大批创业典型和创客群体，如成立中山高校兼职联盟、自创月营业额达上百万元的淘宝肩包品牌的张涌明，成立中山市吉士科技照明公司、年产值超千万元的黄前亮，以及瞄准创意开设中山首家真人版密室逃脱俱乐部的凌金龙等。同时，该校在创新创业教育领域先后取得国家级教学成果奖、国家级精品课程，以及全国创业孵化示范基地等标志性成果，学校创新创业教育教学团队最近还获得省级优秀教学团队建设立项，在创新创业教育方面的引领示范效应逐渐凸显。

完全可以相信，这仅仅是一个开始。

第 四 章

成功即为
和谐

　　美是一种和谐,幸福是一种和谐,而和谐更是成功的本质特点和最高境界。许多失败可归结为不和谐,许多成功也可归结为和谐。成功的非凡境界是三大和谐,即与人相处和谐、与社会相处和谐、与自然相处和谐。

你会相信吗，与前面讲到的秋儿相比，她的表姐燕燕的经历更是非同寻常。

在孩子们的生活中，随时都可能发生惊心动魄的事情。由于弱小，由于无助，由于经验不足，这些可怕的故事足以扭曲其心灵，改变其命运。可悲的是，许多成年人看到的仅仅是孩子的天真烂漫，无忧无虑。

当燕燕端坐在我面前的时候，这些念头如浪潮一样强烈地冲击着我。

16岁的燕燕是个漂亮的女孩，白皙的肤色，自然卷曲的头发，大大的眼睛闪着梦幻的柔光，加上亭亭玉立的身材，谁见了都会被她花季少女的迷人魅力所吸引。然而，令人难以置信的是，她与我谈的话题竟是死亡！

"孙叔叔，您甭劝我了，我早就想好了，我不会活过今年！"

她随意地一扬左手，有些粗鲁地打断我的问话。就在她扬臂的刹那，我蓦地发现她手腕内侧有一道深深的伤痕。我想起来了，她妈妈说过，女儿曾经割腕自残。

这是我熟悉的燕燕吗？我是看着燕燕长大的。她的妈妈和我是同事，曾多次说起女儿爱看我写的书，特别喜欢我写过的一位小歌星，还请求我带她去见面。我们在北京西郊的一所大学里工作。在学校的花园里，我常常见到燕燕跟着妈妈跑来跑去，像一只翩翩飞舞的蝴蝶。也许，这便是成年人所看到的表面现象，一种浮浅的甚至虚假的美好，而孩子内心的沉重压力与挣扎却往往被忽略，直至露出冰山一角。

从研究的角度说，燕燕是一个极其典型的心理问题个案。她本是一个天才女孩，却走向了崩溃之路，主要源于屡遭歧视导致的心理疾病。令人感慨的是,心理医生并未治愈燕燕的心病,倒是充满爱心的教育工作者改变了她的命运,引导她一步步走出深渊,走向康复,走向成功。

自1950年起,每年的4月7日是"世界卫生日"。2001年"世界卫生日"的主题确定为"精神卫生",口号是"消除偏见,勇于关爱"。过去,当有人想自杀或是因压力所致得了精神病,人们常认为他不够坚强。然而,人们的这一观念是需要纠正的。专家们预测:精神疾病已成为新世纪的流行病之一,我们需要正确地对待。在人民大会堂举行的座谈会上,专家们呼吁:人们不要害怕精神病患者,因为每个人都可能患上这种疾病。

中国疾病预防控制中心精神卫生中心2009年初公布的数据显示,我国各类精神疾病患者人数在1亿人以上,但公众对精神疾病的知晓率不足五成,就诊率更低。另有研究数据显示,我国重型精神病患者人数已超过1600万。

按照国际上衡量健康状况的伤残调整生命指标评价各类疾病的总负担,精神疾患在我国疾病总负担的排名中居首位,已超过了心脑血管、呼吸系统及恶性肿瘤等疾患。各类精神问题约占疾病总负担的1/5,即占全部疾病和外伤所致残疾及劳动力丧失的1/5,预计到2020年,这一比率将升至1/4。

据世界卫生组织估计,2020年以前全球儿童精神障碍发病率会增长50%,成为最主要的五个致病、致死和致残原因之一。青少年心理问题的发生率高达21.6%~32.0%,突出表现为人际关系、情绪稳定性和学习适应等方面的问题。

那么,燕燕是怎么发生这种事情的呢？家庭、学校、社会该怎么预防出现第二个燕燕？怎么引导孩子避开心理误区走上成功之路？显然,深入剖析燕燕这一个案,具有深刻的警示意义。孩子的问题与父母和教师关系密切,我们目前最需要做的,便是为孩子改造成年人的世界。

在闸北八中采访期间,我有一个极深的印象,这里的老师虽然不是心理学家,却以顽强的毅力与诚挚的爱心,融化了一座座冰山,让爱与成功相伴而生。也许,这才真正是教育的希望之光。

被误解的童年

（一）孩子的失败体验应引起家长的重视

与许多独生子女一样，燕燕从小的生活条件是优越的。父亲在科研机构工作，母亲是大学教师。父母重视早期教育，不但教燕燕认字、学算术，四五岁就让她学钢琴，还教她学唱《国际歌》《红梅赞》《南泥湾》《喀秋莎》等革命歌曲。

一切似乎都是顺利而浪漫的。

燕燕上小学一年级了。

刚上学还不到一个月，老师发现她的眼睛有些弱视。于是，妈妈带她去治疗。由于医生将她的瞳孔放大了，有一个多月的时间，她看不清黑板上的字，学习成绩受到影响，期中考试两门功课亮起了红灯。

其实，对于一个因病误学的一年级小学生来说，学习成绩下降本是完全正常的事情。即使是调皮捣蛋、毫不用心的小学生，教师也有足够的经验把他调教成一个好孩子。关键就在于如何帮助孩子面对挫折与变化。

按照通常的规律，小学一、二年级的学习难度很低，孩子大都可以考八九十分。记得时任国务院副总理的李岚清同志在一次谈到教育改革时，深有感触地说：

"我的小外孙考了97分,居然被视为不及格!这是什么道理?"

如今,燕燕两门功课不及格,岂不成了头号新闻!于是,老师对燕燕极为不满,在班上话里话外说她是个"差生",这种轻视的态度严重影响了孩子的心理状态。

我们每个人都可以回忆一下,在童年的时候,老师是何等的神圣,而弱小的我们多么渴望被老师喜欢。因此,老师喜欢的,学生一般都会喜欢;老师厌恶的,学生一般都会厌恶。老师随便一个暗示,甚至是不经意间的一个暗示,都可能引发低年级学生的偏激行为。结果,小燕燕的不幸遭遇开始了。

一天,放学的路上,一群小学生像小狼一样包围了燕燕。他们有的揪她的头发,有的抢她的书包,还有的朝她身上扬土。这些亢奋的小孩子一边进攻一边大叫:

"大傻子!"

"快打大傻子喽!"

燕燕惊呆了!这是她的同班同学吗?过去的笑脸与友谊哪里去了?七八岁的孩子怎么会如此狠心?恐惧万分的她孤立无援,边哭边退,恨不得找个地缝钻进去。

回到家里,燕燕哭着向妈妈诉说刚才那幕可怕的经历,妈妈听了又气又急,说:

"你为什么不去告诉老师呢?"

"老师?"

燕燕抹了抹泪水哼了一声,说:

"老师会理我吗?那不是我的老师,是那些好学生的老师,是那些乖学生的老师!"

燕燕心理上的退缩,也许可以追溯到她5岁的时候。

当时,她被妈妈送到钢琴老师家里学琴。尽管她的乐感很好,但指法却不符合老师的要求。老师很严格,经常训斥燕燕,还打她那双难以驯服的小手。燕燕渐渐产生了恐惧感,甚至形成了条件反射,一见到钢琴老师心里就紧张，手就颤抖不止，琴自然难以弹好。因此，没过多久，她就不得不中止了钢琴的学习。

孩子是在体验中长大的。体验成功越多，成功的希望就越大；体验失败越多，失败的可能就越大。5岁的燕燕有了失败的体验，她最需要的是感受成功，并在连续成功的体验中使伤口愈合，找回快乐与自信。上小学本是她生命的转机和希望的开始，可是，恰恰相反，她却无奈地跌进了深渊，从此开始了悲剧的人生。

小学二年级的一天，燕燕要去校长室考朗读。为了争口气，燕燕早就把选中的课文读得滚瓜烂熟。在她看来，这是件很容易的事。

终于轮到她了，燕燕信心十足，快步走进校长室。糟了，她发现大队辅导员也坐在屋里，心里不禁一沉，因为她害怕大队辅导员。有一次，大队辅导员检查早读，发现燕燕忘了戴红领巾，又没回答她的提问，曾当着全班同学的面挖苦过她。

果然，大队辅导员认出了她，说：

"你是燕燕吧？"

燕燕慌乱地一边点头一边翻书，想尽量掩饰自己的紧张，赶快朗读课文。不料，耳边却传来大队辅导员与校长的耳语声：

"这个孩子有点傻，可能脑子有问题。"

燕燕脑袋嗡的一声，猛地呆住了。她望着书上的课文，那熟悉的字迹却变得模模糊糊，怎么也看不清。只听校长问：

"还愣着干吗？怎么还不读？"

早已晕头转向的燕燕，这才哆哆嗦嗦地用颤抖的声音读起课文来。课文变得好长啊，她怎么也读不流利了，不知用了多长时间才读了下来。读完，不等校长做出评价，她就逃命似的逃离了校长室。

如果是一位有爱心又有经验的校长，他会从一个孩子的异常反应中发现问题。他只要耐心一些，温和一些，给孩子一点鼓励，就可能解救这只迷途的羔羊。

学生走向光明与黑暗，或走向成功与失败，有时候就取决于教师的推与拉，而这决定命运的推与拉常常表现为一句评价。可惜，童年的燕燕，很少碰上理想的老师。

生机盎然的5月到来了，草绿花红，百鸟齐鸣。更让人兴奋的是，学校的"红五月"歌咏比赛就要开始了，燕燕心里充满着希望和快乐。她歌儿唱得不错，歌唱考试还得了满分呢。再说，这一次是全班大合唱，也就是说，全班每一个同学都可以上台唱歌。

这天早晨，燕燕很早就醒了，她很久没这么兴奋过了，上学的路上都哼着歌呢。万万没料到的是，当全班同学开始集合排练时，音乐老师却对她说：

"你是燕燕吧？今天你提前回家吧。"

燕燕愣住了，不解地问：

"老师，为什么不让我参加排练？"

音乐老师皱了皱眉头，说：

"这次合唱没有你。"

"为什么呀？"接着，燕燕鼓足了勇气，大声说道：

"老师，您知道的，我唱歌得过5分的！"

音乐老师有些不耐烦了，说：

"这是你们班的安排，不是谁说上就可以上的。你不要在这儿耽误同学们排练的时间了！"同学们唱起了快乐的歌，燕燕流下了屈辱的眼泪。她想去找中队文艺委员小敏，可人家正在大合唱的队伍中一展歌喉呢。

第二天，当燕燕终于找到小敏时，这个深受老师宠爱的女孩高傲地昂着头回答：

"这是我们班干部和老师一起做的决定。你上了会给班里丢分的，你的脑子太笨了！"说罢，小敏头也不回地走了。

燕燕愣愣地立在那儿，活脱脱像一尊木雕。小敏那几句残忍的话，不就等于全班同学和老师对她的无情判决吗？

想到这里，我不由得悲从心来，因为燕燕根本不是弱智儿童，却被当作弱智儿童打入了冷宫。

（二）别让歧视和冷漠毁了孩子

燕燕在家庭与学校的夹缝中挣扎着，在爱与恨的冲突中挣扎着，毕竟她享受过父母之爱，享受过祖辈之爱，并在幼儿园里度过了快乐的时光。尽管伤痕累累，她的心依旧渴望爱。

每个人差不多都是如此。一个人在童年的时候享受的爱越多，他就越像一个真正的人，越具有人的力量，越能抵御伤害。但是，当这种伤害的程度超过人的抵御能力时，人就变成了一节耗尽能量的电池，徒有其表而难有作为。

新年来了。

穿上新衣服的燕燕内心又升腾起了希望。她把自己最爱吃的水果糖积攒起来。在这些糖中，有一块糖和其他糖的颜色都不一样，它最鲜艳、最漂亮，自然，这是留给老师的。捧着它，燕燕似乎看到了老师的笑脸。

那一天，燕燕带着她的糖果，带着她的善良，带着她回归集体的渴望，去参加了盼望已久的联欢会。她像天使一样，给每个同学分发糖果，更没忘记给老师送糖果。然而，已经习惯了排斥燕燕、戏弄燕燕的同学们，又一次抓住了恶作剧的机会。他们不要燕燕送的糖，甚至有些孩子还把糖扔在地上，嚷嚷着：

"谁要你的破烂糖！"

"我们不吃傻子的糖！"

放学了，下雪了，大地银装素裹，好似一个童话世界。开心的同学们打起了雪仗，你追我赶，好不热闹。燕燕在一旁羡慕地看着。

不料，同学们又"想"起了燕燕。他们抢走了她的帽子，又甩又扬，任凭燕燕怎么乞求，也无一人同情她。

白茫茫的雪地上，燕燕一个人在哭泣。凛冽的寒风吹乱了她的头发，又像刀一样割着她的脸。浑身凉透了的燕燕，热血似乎也变得冰凉，愤恨

代替了友善。·

她咬着牙,斩钉截铁地默念道:

"我恨这个世界!我恨这所学校!我恨这里所有的人!"

她开始了一个孩子的报复行动。

上课了,给燕燕班级代课的大队辅导员见她又把头低下去了,便大声地喝道:

"燕燕,抬起头看黑板!本来脑瓜就不灵,还老走神!"

燕燕缓缓地抬起头,用轻蔑的眼光扫了老师一眼,从容地把眼睛移向窗外。

"你……"

大队辅导员气得一时说不出话来,因为她万万想不到,一向低眉顺眼的燕燕竟然公开向老师的权威挑战!

又一次上课,教室里突然传来一阵尖叫声。大家循声望去,只见一个女生的铅笔盒里有只黏糊糊的大毛毛虫,正慢慢地向外爬。接着,又有两个女生在自己的铅笔盒里发现了毛毛虫,也吓得叫了起来。教室里乱成了一团,只有燕燕稳稳地坐在自己的位子上,一本正经地看着书。她的脸上毫无表情,心里却狂笑不止。全班同学怎么也不会相信,胆小怕事的燕燕会做出这样的惊人之举。

三年级唯一一次评选优秀班,有集体投票的评选程序,一般是哪个班的就投哪个班的票。燕燕的班比别的班多一人,票数当然应该更多。因此,同学们都以为胜利在望。

谁知,燕燕在众目睽睽之下,竟然投了弃权票。结果,她所在的班级落选了,同学们都气坏了。小敏和几个女生打了燕燕,还用土把她的衣服弄得很脏,却告诉老师是燕燕打她们。老师自然相信"好学生"的话,于是就训斥燕燕,并找来燕燕的父母。

关于这一后果,燕燕曾写道:

请家长,无非就是请家长,这是老师最后的绝招儿。这一招不知使我挨了多少打、多少骂。

妈妈请原谅我吧，我已不再是那个听话的乖孩子了，我已是坏人了，这都是让他们给逼的！我是傻子、弱智、疯子，你们后悔生我了吧？

上帝，你听见我说话了吗？我告诉你，我并不是他们说的那种傻子，我很聪明，真的。

我会编好多的故事，我太爱给自己讲故事了，那么多、那么多，至少在讲故事的时候我能感到我是真正属于自己的。在我的故事中，学校不再是可怕的，同学们也非常可爱；老师，她也很喜欢我呢！我也不想去报复别人，因为我是一个好学生呀！

研究发现，10岁左右是孩子自我概念形成的关键时期。如果形成了积极的自我概念，就会自信地生活；如果形成了消极的自我概念，则会自卑地生活。

因此，对于三、四年级的小学生来说，千万不可伤害他们的自尊自信，而要想方设法让他们体验成功。

燕燕是不幸的。她本是天性敏感的孩子，具有惊人的艺术潜能，却稀里糊涂地堕入地狱之中，备受苦痛的折磨。不过，人的生命力是强大的。纵然处于重压之下，燕燕仍在幻想中奋力挣扎，就像石缝里长出的小草，依然渴望着拥抱阳光与春风。

无人理睬的燕燕渐渐习惯了独处的生活。她喜欢一个人待着，喜欢一个人低头走路，喜欢编出许多故事讲给自己听。

她喜欢仔细端详地上的小草、小虫和石子儿。她甚至会想：它们多好啊，不会挨骂，不会挨打，不用去讨厌的学校。

有时，她会抚摸着墙上的每一块砖，悄声地问：你们也有说不出的苦吗？

听说人死了可以转世，燕燕就幻想着：下辈子就变作一棵小草、一粒石子儿吧，如果幸运的话，就变成一条小小的河流吧，这样，也许会快乐，也许会歌唱……

（三）成功源于良好的亲子沟通

某年1月的一个深夜,已经是高中生的燕燕用刀片划破了自己的左手腕,但没有死成,她被妈妈送进了医院。可是第二天,妈妈愕然发现,女儿又用刀片将缝合的伤口划破了……提起女儿,就等于提起母亲鲁老师的痛。

最让她痛苦的是,她不明白究竟是哪里出了问题,女儿到底病在哪里呢?上小学之前,燕燕是个人见人爱的小天使,漂亮、聪明又乖巧,会唱好多歌,会编许多故事,谁见了不夸上几句呢?!这样的孩子,谁能预料会发生今天的问题呢?

然而,燕燕不但出了问题,而且几乎被毁灭了。这也许可以得出一个可怕的结论:任何一个孩子都可能发生问题,只要他的麻烦得不到解决,日积月累,小麻烦就会变为大麻烦,小问题就会变为大问题。

当进入高中的女儿发生自残行为之后,悲痛中的鲁老师开始了无尽的反思。

女儿是在她与丈夫毫无心理准备的情况下出生的。那时,"文化大革命"刚刚结束,中国正处于百废待兴之际,她与丈夫都在拼命工作。因此,女儿刚出生五十天就被托送了出去,他们一个星期才得空看她一次。为了工作和学习方便,女儿2岁时又被送进了寄宿幼儿园。

也许,燕燕的幼年缺乏充足的亲情交流,这使她内心深处没有安全感,因而出现了某种焦虑,逐渐变得敏感、多疑。

由于父母经常加班或出差,燕燕从幼儿园回来不是被放在奶奶家,就是待在姥姥家。在那段时间里,祖辈的疼爱成了燕燕的精神寄托。

对于幼儿来说,紧紧抓住爱,就像吃奶一样,是他最自然的生存本能。即使是一只小狗或小猫,甚至小兔子,都能敏感地辨别出谁喜欢它,谁不喜欢它,从而追寻喜欢自己的主人,并在其面前撒娇讨好。人的灵性胜过任何动物,因此,幼儿对爱的感觉不仅敏感,而且是强烈的、日益加深的,并深刻影响着人格的发展。

鲁老师讲过这样一个变化:

> 随着孙子孙女的增加,祖辈对更小的孩子产生偏爱,女儿的地位也发生了改变,不再是受重视的中心。或许,这对于一个天天和父母待在一起、充分享受到父爱母爱的孩子来说算不了什么,但对于小燕燕这样一个内心柔弱、非常敏感的孩子来说却是极端恐怖的。我现在才明白,女儿5岁时为什么变得爱撒娇,总爱装成一两岁的孩子说不清楚话,哭闹着不愿去姥姥家;为什么每当我夸奖别的孩子时,她总是很生气,这一切都源于她缺少我们的关心和疼爱。那时的我只会反感孩子撒娇的行为,只知道批评她,却没有在孩子的心理健康问题上花费更多的心思。

鲁老师的分析是正确的。实际上,在家中地位的变化,在小孩子的意识中,或许就是一次情感危机、一种爱的剥夺,这对于一个幼儿来说,是天下最大的事情。她怎能不万分焦急? 如果父母或其他亲人能弥补她的需求,实现情感的转移是可能的,但这需要极大的耐心,需要采取极温柔的方式。显然,鲁老师夫妇当时忽略了这一不该忽略的变化,从而埋下了隐患。

"你的生活快乐吗?"

在小学期间,这是一句最值得经常问的话,因为小学时生活得是否快乐,对人一生的幸福影响极大。

燕燕的悲剧之一,就是在小学里失去了快乐,而那些屈辱的生活是她人生饱受挫折的最大原因。

然而,父母没有体谅燕燕,使她失去了获救的机会。

鲁老师回忆说:

女儿上小学后，似乎和读幼儿园时完全不一样了。每天放学回家衣服总是脏脏的，满头满脸都是土。有一段时间经常出现不完成作业的情况。每次开家长会，我们听到的多是老师的批评和指责，这对于我们来说是一个接受不了的现实。

实际上，每一个孩子进入小学，都会发生翻天覆地的变化。从幼儿园的以"玩"为主，到小学的以"学"为主，这一字之差何其艰难。孩子第一次识字、第一次写字、第一次数数、第一次回答老师提问，对他们来说，这些都是天大的事情。况且，还有许许多多根本无法预测的事情，如被人揍了一顿、让人家抢了东西、受到同伴歧视等，更是让他们刻骨铭心，又百思不解。因此，小学生的父母每天的主要功课，不是问孩子考了多少分，排在第几名，而是让孩子说一说今天发生了什么事情，孩子是怎样处理的，有些什么想法。然后，父母帮助孩子分析，不仅教给孩子办法，更要培养孩子的自信，让孩子感到生活充满了希望。

显然，鲁老师低估了女儿遇到的麻烦，反而认为是女儿自身的问题，结果使小麻烦逐渐演变成了大麻烦。

鲁老师如实地说：

我们并没有认真分析孩子为什么不愿意完成作业、是什么原因使她害怕上学，就对她发脾气，甚至动用武力。就是讲道理也多是用自己小时候刻苦学习的事情去开导她，或用别人家的孩子如何如何懂事、听话的例子去激励她。这样的开导和激励，却令她反感和不满。每一次她都说："我比你们聪明，比谁都聪明！"

我当时怎么也不明白她小小的年纪为什么会有如此强烈的自尊心，这么不虚心；现在我才知道，这是她在向周围环境抗争，在寻找一种自我保护。她被老师、同学否定得太多了，我本应帮她在这个被否定的世界里找到自信，可我却站到了她的对立面，同样去否定她、打击她，在家庭和社会的"镜子"中她都成了一只"丑小鸭"。

女儿长大后曾对我说："妈妈，您一直是一个好学生，您怎么也不会理解一个坏学生的。"是的，我从不理解女儿为什么总说世上只有她倒霉，不理解她为什么总要装成个小小孩子来向我撒娇，不理解她为什么总是郁郁寡欢。一个不理解自己女儿的母亲又怎么能真正帮助她呢？

如果我们站在燕燕的角度，设身处地想一下，或许会惊叹：这是一个多么了不起的女孩呀！同学们打她、骂她，老师歧视她，她居然始终坚信自己是聪明的，并且屡败屡试，甚至连父母训斥她，她也不气馁。对于一个小学生来说，这难道不是杰出的表现吗？应当说她是一个英雄！人们为什么非要让她屈服呢？

自小学一年级起，我就是一个受歧视的孩子。不知是因为我孤僻内向的性格，还是因为我有些古怪的脾气，或是因为我还在别的什么地方与同龄孩子不一样，总之我在学校里受尽了欺负。为此我转了三次学，可情况仍没有太大的好转。我早已痛苦不堪。终于有一天，我再也受不了同学和老师的冷眼，我不想上学了，真的不想再上学了……

这是燕燕的一段内心独白。可是，父母怎么会同意女儿不上学呢？于是，被众人认定为弱智的燕燕，开始施展高难度的计谋了。

（四）后天的环境和教育至关重要

燕燕曾经应我的邀请写过一系列文章，其中，就透露了自己装精神病的奇特经历。她写道：

春天悄悄来临了，草还是绿了，花还是开了，小鸟也还是叫得响亮，世间万物也大概还是这样的吧？

那一年我不敢看天，可怕的意念笼罩着我。10岁的我不敢想我要去做什么。

4月5日那天，学校组织学生去天安门广场毛主席纪念堂瞻仰遗容，回来我很累，但很晚了还是睡不着，只是躺在床上瞪大眼睛望着天花板上的吊灯。我在计划干一件事——一件大事。

大约过了两个星期，我的手开始发抖了。这是我的最初计划，我按期实施了。我装得很像，跟真的一样。我的忍耐性很强，可以连续抖很长时间（我向爷爷学的，不过爷爷手抖是因为肌肉萎缩）。

父母都很着急，以为我真的病了，带我去看医生，医生当然搞不懂我到底怎么了，只好说我精神太紧张，并无大病。于是，我又被送回了学校。

在学校，我的"病"似乎更厉害了，什么东西都拿不住。几位好心的老师见我手抖得很厉害，很担心，就一起把我送到医院做针灸，轮流看护。医生对我说："看，你的老师多好啊！"我心里一阵发紧。天哪！我做了些什么？老师，我……真对不起你们！我只是不愿再待在学校受欺负，原谅我吧！我闭上眼睛想："我是不是……天底下最坏的人？"

我就是天底下最坏的人！我自责了，但我没有悔改。不到11岁的我，心似乎比石头还硬……

我终于被送回家了，因为我不停地发愣，这是我实施的第二步"罪恶"计划。我总是在想，同学们老是骂我"傻子"、"疯子"，那么，就让我真傻一次，真疯一次吧！

"一身乌黑光亮的羽毛，一对俊俏轻快的翅膀，加上剪刀似的尾巴，凑成了活泼机灵的小燕子……"我一边坐在桌前背着《燕子》这篇课文，一边默默计划着我的第三步措施：失去记忆。小燕子已不再美丽，不再可爱。我将和可爱的小燕子告别了。于是，我便忘掉了一切。

"燕燕,好孩子,快醒醒,你怎么了?"妈妈一边扶起"晕倒"在地上的我,一边焦急地叫着。我慢慢醒来,嘴里不停地叫着:"血、血……我害怕,血……"我被扶到床上躺下来,渐渐地"睡着"了。过了一会儿,我忽然"惊醒"了,用毛巾被一下子罩住了坐在床边上看护我的妈妈,"欢呼"道:"抓住老妖婆喽! 噢噢,抓住老妖婆喽!"

我已经"忘掉"了许多事情,经常"不认识"自己的父母、亲属,总是走着走着就"跌倒",不会算20以上的加减乘除法,不会念课文,总说所有人都是妖精,等等。

父母着急死了,带我跑了好几家医院。医生给我做针灸、电疗,都不管用(当然不可能管用)。他们只好给我诊断为癔症。(奇怪,所有的医生居然都看不出我是在装病,我竟然会装得这么像!)

"妈妈!"我"惊恐"地喊着,"人头,满地都是人头……我怕,我怕呀!"妈妈没办法,只好把我送到了奶奶家,因为她毕竟还要上班,没有那么多时间管我。我在奶奶家"犯过"好几次"病"。我整日闭门不出,连窗子都不打开,说是怕鬼魂从窗外飞进屋来,半夜掐我脖子。坐在屋里也不让人省心,那香喷喷的包子竟被我说成了人肉馅儿的。再加上动不动就"晕倒",把可怜的奶奶呀,急得满屋子团团转。

只有我当警察的五叔说:"你们都别听她的,谁看不出她是在装病呀! 这我见多了。有的犯人为了逃脱自己的罪行,就装疯卖傻,最后不照样被识破了!"他说的是对的,他是唯一看出我是在装病的人,可当时没有人信他,大家都以为我真的病了。

有好几次,我都想承认我是在装病,可又总是没有勇气,我已经骑虎难下了!

说来似乎叫人难以置信,一个10岁的孩子装精神病,难道亲生父母也看不出来吗?

或许,父母是急坏了,吓坏了,整日不得安宁的生活使他们失去了正常的判断能力。渐渐地，他们觉得女儿真有些疯了，宁可信其有，不可信其无呀！

父母先是送女儿去医院针灸了半个月，可是女儿非但未见好转，反而日趋严重，连父母也不认识了，天天胡言乱语。绝望的父母只好向精神病院求救了。

去精神病院的那一天，鲁老师流泪了，她一遍遍地叫着女儿的乳名，说：

"燕燕，妈妈送你去医院好吗？燕燕住院，病就好了，很快就能回家了，好吗？"

燕燕嘴上不敢说什么，心里可是美极了。伟大的计划终于成功了！可以不上学了！可怕的老师、可恨的同学、恐怖的校园，统统再见了！永远不再见了！

一个星期一的早晨，燕燕穿着一条小太阳裙，带着两个玩具娃娃，蹦蹦跳跳地跟着父母来到了北京某精神病院。在她心目中，住院是一件很好玩的事呢。她根本不明白精神病院是怎么一回事。直到办完手续，身后的小门咣的一声被关上，从外面传来一阵锁门声，她才感到有些害怕了。

虽然已经事隔多年，但燕燕的记忆依旧清晰。她写道：

我立即感到有什么不对劲了，心里非常害怕。又有一个护士走过来，问过我的姓名后，把我领到了一间小平房内，和那里的一些病人见了面。我发现那些人好多都目光呆滞，吊着眼睛看我，也有冲我傻笑的。我马上感到一阵恐惧，一股凉气嗖地涌上头来。

我愣了一下，接着猛地挣脱了护士的手，飞快地跑到那小门边拼命地拍打着门："放我出去，我不住院了！爸爸妈妈，我要回家！快带我回家呀……"我没命地哭喊着，但爸妈没有听我的，也没人给我开门，只有两个护士使劲地把我从门边架开。

我用尽全身力气挣扎着、哭叫着："妈妈，你快回来呀，我没有病，我是装的呀！"门还是没开，只听架我的两个护士说："你爸你妈早走了，他们不要你了，你就老实点吧！"我只好对她们说："我真的没病，一直都是装的。不信，你们可以考考我，我也没健忘呀！"可护士说："你既然已经进来了，就别想那么容易出去，起码得在这儿住上几个月呢！"

我一听，又吓得哭了起来，护士也不管我了，自己走了。她们一走，病人们就围了上来，上上下下地打量我，好像我是一件稀世珍品，有的还要拉我，我赶忙躲开。其中一个瘦瘦的女孩子冲我笑着，不停地说："我14岁，我比你大，我14岁，我比你大，比你大……"我吓得往后退，她就往前走，我再退，她再走，慢慢向我逼近。

我惊得转身就跑，她在后面紧追不舍。我已精疲力竭，一下子跌倒在地上。这时，护士又来了，把我架到病房里。这是一间大屋子，里面有好多床。她们把我放到靠门边的第一张床上说："这是你的床，你好好待着吧！"

过了不久，屋外有人喊："开饭啦！"护士对我说："走，吃饭去！"
"不！"我又哭，"我不想吃！"她说："那你就待会儿吃，反正你得吃！"说罢，就走了出去。很快，她手里端着一碗面条走了进来，说："快过来吃饭，今天吃炸酱面！"我说："我不饿，不吃。"她瞪了我一眼说："你若不吃，就给你灌胃，就是把两个大管子从你鼻子里插到你胃里，把食物灌下去。我看你还是放老实点儿吧！"我一听，十分害怕，只好接过碗，边哭边吃起来。

就这样，我在精神病院里待了一个星期，整整七天！哦，这哪是七天！简直就是七个月、七年，不，是漫长的七个世纪呀！开始，我很不老实，闹着回家。为此，我遭受了通上强烈电流的电针灸的折磨，那一天我险些痛得晕过去。

到了探视时间，医院却不让我和父母见面，说我的情绪很不稳定，怕一见面又会犯病。我哭倒在地上……渐渐地，我明白只有"乖"，人家才能相信你没病。于是，我学乖了，终于被获准探视。

见到了父母，也就好办了，我终于被接回了家。当然，医院说只是"出去试一试"。不过，我知道我是不会再回到这可怕的地方了。

燕燕终于告别了精神病院。

但是，鲁老师并不相信女儿是装疯。为了巩固住院治疗的效果，她送燕燕参加了精神疗养班，这是那家精神病院专为精神失常的青少年举办的。鲁老师这次下定了决心，等女儿基本康复之后，要亲自为她补课，把落下的三个月的课都补上。燕燕心怀愧疚，也非常配合。

仅仅补课半个月，学校就要期末考试了。燕燕主动要求返校参加考试，她要用事实证明自己不是傻子，更不是疯子！

燕燕的考试成绩让父母和老师们大吃一惊：一个被认定为弱智的孩子，一个学期几乎没上学，居然考出语文80多分、数学70多分的好成绩，这不是一个奇迹吗？

鲁老师疑惑了，她想起一段往事。

一次家庭聚会，弟弟又在众人面前夸奖他儿子如何聪明，并提示她应该带女儿去检查智力。她感到自尊心受到了极大的伤害，浑身如同着了火一般，一个箭步冲到正在玩耍的女儿面前，迎头打了她一巴掌。燕燕莫名其妙挨了一巴掌，吓得不知所措，号啕大哭起来。

望着伤心欲绝的女儿，鲁老师这才清醒过来，心如刀绞。她深深地自责：

女儿在学校和大家庭中受到了太多太多的歧视，我非但没有去保护她、帮助她，反而还去责备她。我关心的只是自己的面子，而不是女儿的心灵所受到的伤害，这是何等的自私啊！

如今，燕燕用行动证明了自己是聪明的，我为什么不去彻底揭开她的智商之谜呢？也许，女儿真的不傻呢。

于是，鲁老师带着燕燕去做了智商测定，并且一连去了多家医院。从事教学工作的她知道,智商测定的结果是科学结论,而科学结论是可以重复的——只要采用同样的方法,必然得出同样的结果。

测定结果再一次让人们大吃一惊!

燕燕智力超常,她的智商指数在130以上,而正常儿童的智商一般在100左右。

捧着几家医院的测定结果,鲁老师被深深地震撼了!

一个智力超常的孩子,为什么戴了这么多年"傻子"的帽子?为什么一个聪明的脑袋却总难以装下老师讲授的知识呢?

回味女儿的倾诉,鲁老师终于明白了:先天的聪明并不能代替后天的环境和教育。一个孩子能不能取得好的学习成绩,不仅仅取决于他的智力因素,更依赖于他对学习的兴趣、对自己的信心、对老师的信赖。她感到自己最大的问题是不了解女儿,更不能正确对待她。

鲁老师彻夜难眠,她开始冷静地剖析自己的教育误区。她写道:

我用偏执的错误观念扭曲了孩子。不是盲目地认为女儿很聪明而忽略了教育,就是听凭他人的评价,怀疑她的学习能力,放弃了帮助她建立自信心的机会。

在教育目标的设计上,我们以自己的期望给孩子定格,总觉得我们没有机会获取更高的学历,就把全部希望寄托在女儿的身上,简单地用学习成绩的高低去评价她的所有行为。关心学习多于她的兴趣爱好,关心学习成绩多于她的痛苦和欢乐,关心学习结果多于她的学习过程。

面对这种偏颇的教育理念,加上学校里不公正的待遇,再聪明的孩子也会变"傻",再漂亮的孩子也会变"丑"。女儿感觉不到自己是可爱的,她本应快乐的童年变得痛苦不堪。

痛定思痛,我真想向天下所有年轻的父母们呼喊:不要再只是做一个衣食父母、学习父母,给孩子的情感、孩子的内心世界多一点儿关心和理解吧! 我也要向所有的幼儿园、中小学老师们请求:请你们在传授知识时多向孩子们投入一点儿爱，不仅去爱那些听话、可爱、学习好的学生，更要让那些不太听话、不太可爱、学习上尚有困难的孩子也能在学校里感受到"老师喜欢我"、"我是可爱的"！

燕燕的故事让我们更深刻地看到，那些极为淘气或者极能折腾的孩子里面，很可能有天才儿童存在。如果没有适合的教育，天才儿童更有可能成为问题儿童。就像一个饭量大的人需要吃多一点一样，一般水平的学习难以满足天才儿童的需要，而他们又不知道该如何发挥正能量，所以就会随意而为，甚至大闹天宫。

据美国范德比尔特大学皮博迪教育和人类发展学院的戴维·卢宾斯基教授对300名天才儿童从13～38岁的跟踪研究发现，其中203人获得硕士及以上学位，大多数拥有显要的职业生涯。但是，他们的成长经历了多个障碍，如学校难以照顾天才儿童的求知速度，从而令其产生挫败感等。因此，我们的教育应该以适合为标准，饭量大的多吃，饭量小的少吃，适合是一个尊重而平等的原则。

有的放矢的成功疗法

（一）孩子不能没有爱

　　1995 年 3 月 5 日，由中国青少年研究中心等机构主办的《少年儿童研究》杂志，在《本期焦点》专栏的"您是合格的父母吗"话题中，发表了燕燕（化名越勣）的文章《妈妈，我不是傻子！》，同时还发表了她妈妈的文章《在忏悔中反思》。这是媒体首次披露燕燕的不幸经历。

　　1995 年 4 月 5 日，《少年儿童研究》杂志又与《中国青年报·教育导刊》合作，联合推出整版文章《孩子——不能没有爱》，在社会各界激起强烈反响。四川省绵阳市涪城区文教局当即决定，把这一组震撼人心、催人泪下、感人肺腑的文章印制 5.3 万份，发到全区 3000 名教师和 5 万名学生父母的手中，并专门发出通知，要求全区中小学师生和父母们开展广泛深入的大讨论，以燕燕（化名柯艾）的遭遇为镜子，优化教风和学风，全面关心学生的成长。

　　这些步骤是我们行动的开始。

　　一天傍晚，鲁老师悄悄问我：

　　"少年儿童研究杂志社需不需要人？如果需要，可以让燕燕来义务帮忙，也让她觉得自己是有用的人。"

我当即同意了。

我有写日记的习惯。在 1995 年 3 月 20 日的日记中，有这样一段记录：

> 午餐时，请鲁老师来，谈及其女儿的病，我提议用"成功疗法"，即发一批文章甚至出书，鼓舞其信心。

当时，我们发现燕燕最缺少的是成功的体验，而她明明具有写作的才华，为什么不让其施展呢？从写作成功上突破，或许会起到事半功倍的效果。我们相信，一个屡屡失败、遍体鳞伤的人，一旦尝试了成功，树立了自信心，有可能会转败为胜！所以，任何有助于培养燕燕自信心的方案，我们都愿意尝试。

燕燕走进了少年儿童研究杂志社，带着新鲜感，带着羞涩，也带着自卑。

燕燕工作很认真，每天伏案编稿直至吃饭时间。她安静得像一只小猫，仿佛融化在杂志社的空气中了。令人赞叹的是，她的字迹端庄秀丽，还颇有一些力度。作为社长和主编，我忍不住表扬了她几句，她光洁如玉的脸上泛起了红晕，洋溢着幸福的微笑。

那些日子是美丽的。有时，望着燕燕的背影，我不由得产生一番遐想：这是一个多好的编辑啊！如果她有了自信，充分展示出写作的才华，或许中国文坛上将升起一颗耀眼的明星呢。虽然，我是中国作家协会的会员，也出过不少作品，但就艺术感觉而言，我是远不如燕燕的。可是，这世界是如此不公平，让这位天才备受折磨。

一天，某大学的一位系主任打来电话，提出派几名大学生来杂志社实习，我欣然接受了，只是跟他解释说办公室太小，容不下太多的人。但是，为了杂志社的长远发展，与大学建立固定的联系是必要的。第二天，因为我要外出开会，便托编辑部主任向燕燕解释一下，让她过一段时间再来。没想到，这竟成了我无意间犯下的一个错误。

燕燕知道此事之后，不但生气了，而且产生了挺多的误解。她对编辑部主任说：

"我一听孙主编接电话，就知道要赶我走了，并且他不会直接告诉我的。"

天哪！燕燕怎么如此敏感呢？不过，一个受过太多歧视的女孩子，又怎能不敏感多疑呢？错就错在我的粗心。一个幸福而又顺利的人，是很容易忽略别人的微妙心理的。其实，我这么做也是为燕燕着想，因为她在写小说，写小说不是需要时间吗？在家休息不比来上班好吗？可我忽略了她更需要显示自己存在的价值，忽略了她那不堪一击的心灵！

果然，鲁老师打来电话，说燕燕很伤心，怎么劝都不行。

放下电话，我呆呆地坐了许久。我固然可以谨慎一些，艺术一些，可这样一个脆弱的燕燕，在复杂的人际环境里，岂能不因四处碰壁而留下累累伤痕？当然，从另一角度去想，此事不正反映了燕燕对成功的需求吗？

于是，我决定直接对燕燕实施"成功疗法"。

（二）有梦想才会有希望

在 1995 年 3 月 22 日的日记中，我这样写道：

燕燕第一次应约找我，我计划约她写一系列短文，总计 15 万至 20 万字，先发表后出书。她说年内即死，我建议等完成写作任务并出书后再说，她居然同意了，并有些兴奋。实际上，我开始对其实施"成功疗法"了，送她一本《少男少女内心独白》，告诉她天下的倒霉蛋绝非她一人。

那天的谈话我记忆犹新。

少年儿童研究杂志社办公室，在北京西部某大学办公楼的 3 层，仅有里外两小间。由于都是南向房屋，采光良好，屋子里阳光明媚。

我和燕燕在里间谈话。门是关上的,不会受到干扰,但她的情绪依旧消沉,头低低的。我说:

"燕燕,你是否觉得自己倒霉透顶?"

见她点了点头,我又说:

"你算什么倒霉透顶呀? 天底下比你倒霉的人可多了! 你个子高高的,矮个子多么羡慕你呀! 你长得这么漂亮,相貌丑的人多么嫉妒你呀!"

燕燕抬起了头,突然打断我,说:

"孙叔叔,您甭劝我了,我早就想好了,我不会活过今年!"

"为什么?"

"没人喜欢我,我活着不如死了好!"

我听着,沉默了一会儿,问:

"燕燕,你不想活了我拦不住你。我只想知道,你活着最想做的是什么呢?"

"写作。"她脱口而出。

我立即问:

"想发表吗?"

"想呀。"

"想出书吗?"

"当然想啦!"

说到这里,我兴奋起来,说:

"这样,从今天开始,我陆陆续续约你写一批文章,写 15 万至 20 万字,先发表后出书,怎么样?"

燕燕的头完全抬了起来,并且身子前倾,瞪大了眼睛,疑惑地问:

"我能行吗? 上哪儿发表?"

我顺手从桌子上拿起一本《少年儿童研究》杂志,说:

"我是主编呀,在这儿先发表。今年第 2 期上,你那篇《妈妈,我不是傻子!》不是一炮打响了吗?"

燕燕呆了一会儿,又嗫嚅道:

“可是，我……”

“怎么了？又不想活了？”

她重重地点点头。

我站了起来，走到燕燕的身边，拍拍她的肩，说：

“这样好吗？先完成我的约稿，等书出版了，我们的合作完成了，是否活下去由你自己决定，怎么样？”

燕燕的眼睛渐渐亮了起来，嘴角漾出笑意，终于点头答应了。她开始问我一些具体的写作要求，譬如写什么内容、每篇多少字等。

我愉快地说：

“就写你自己，写你最熟悉的、最难忘的事，越真实越细致越好。放开胆子写，把你受过的伤害及当时的感觉都写出来，勇敢地写出来！”

燕燕似乎放松了许多，脸上浮现出笑容。

（三）最需要给孩子的东西永远是希望

我在1995年3月23日的日记里这样写道：

> 下班时碰到鲁老师，她说，燕燕心情转好，正在家中写我约的稿子。我对鲁老师说，也许，让女儿获得新生是她一生中做的最有价值的事情。
>
> 昨天，我对燕燕提出一个要求，即我能保证她的文章发表和出书，但她必须保证完成约稿，而且按我的建议修改。其实，这是我的一个计谋：我约她的稿子她总也写不完，总也改不完，她的生命在年内就无法结束。而文章陆续发表必定引起反响，也必定增强燕燕的自信心，她怎么还会自杀呢？

不久，燕燕送来了第一篇约稿。我一看，惊呆了，她居然写下了自己装疯被送进精神病院的经历,而且用惊心动魄的生活细节写出了作假有人信、作真反而无人信的怪诞现实。

我问:

"这是真实的吗?"

"当然喽!"

燕燕坦然地说。

我想了一下,建议把篇名改为《我曾被送进精神病院》,燕燕同意了。

1995年7月5日,第4期《少年儿童研究》杂志出版。燕燕的这篇文章在《成长风景》专栏头条全文发表,并且上了杂志封面的头条目录。

后来,燕燕又完成了一篇约稿,题为《蜗牛的故事》,我将其发表在1995年9月5日出版的第5期《少年儿童研究》杂志上。此文被北京电视台的一次专题节目选中,做了配乐朗诵。节目播出后感动了成千上万的人。燕燕写道:

> 这是一个女孩讲给她母亲听的故事,故事内容很简单,而故事的主角,就是一只小小的蜗牛。
>
> 那只蜗牛有一个相当漂亮的外壳——这是她的衣服,也是她的家。按理说,她应该算是日子过得很好了吧?瞧,她住在一片菜地旁,每天有吃有喝,住得也安逸,生活水准已达小康,她可不该有什么烦恼了,可事实却偏偏不是如此。
>
> 一天清晨,暖暖的太阳把昨夜刚刚被雨浇过的菜地照得闪闪发亮,蜗牛慢慢从壳内探出了她的触角和眼睛,又伸了个懒腰,她决定在这美好的清晨出来散步了。这时,她突然听见头顶上传来了一阵清脆的赞叹声,抬头一看,原来是一只飞过此地的喜鹊。只听见她叽叽喳喳地叫着:"呀,这是一只多么美丽的蜗牛啊,她有一件多么漂亮的衣服呀!我要去告诉所有的人,蜗牛是多么美丽!"真的吗?蜗牛听了,心里美滋滋的,她抬起头,高高兴兴地向前走去。
>
> 没一会儿,她又听见了称赞声:"这是什么?蜗牛吗?她的房子

真好看，如果我们也有这样的房子就好了。"这话是一群蚂蚁说的。蜗牛听了，更高兴了，把触角伸得直直的。

这时，一只蚂蚁问她："你的房子很漂亮，你也一定挺美吧？为什么不走出房子来看看呢？"蜗牛想想有道理，就从壳里爬了出来。然而这时，她听到的，却不是赞叹了。"哎呀，这是哪来的小怪物呀，又黏又脏，真难看！"蝴蝶捂住鼻子，娇声娇气地骂道。"多丑陋的东西呀，"金龟子皱着眉头嚷嚷着，"简直是一只鼻涕虫！""就是，你可一点也不比我漂亮呀！"连癞蛤蟆也在一旁搭话了。蜗牛听了，羞愧地爬回了自己的房子，心里难过极了。正当她忧伤的时候，却又听到了赞扬声："你看，这蜗牛多漂亮，她的衣服真美！""是呀，你见过这么可爱的服装吗？""真的，美丽极了！"于是，蜗牛的自尊心又恢复了。

这天，蜗牛决定再一次脱离房子出去旅行。她钻出壳，高高兴兴地出发了。然而没走多远她就发现有一些沙子被甩到自己的身上，接着，有人叫骂着："丑东西，快滚回去！这么难看，配在路上走吗？""呀，哪来的脏鬼，丢死人了！""真是，她不嫌自己丑吗？古里古怪的，多么不协调呀！"连喜鹊也飞过来说："哎呀呀，我要去告诉所有的人，这儿有一个多么古怪难看的不合潮流的东西！"吓得蜗牛拼命地往回跑，缩回了自己的壳里。这时她明白了，她必须永远生活在自己的壳里，再也不可以出来。那壳就是她的保护伞，没有壳，她将无法生存下去。从此以后，她真的再也没有离开过她的壳，永远背着壳生活。这样，时间久了，她的身体与壳融为一体，再也不能分开了。

就这样又过了一些日子。一天，两个男孩子发现了这只蜗牛，他们把她捧在手里，用好奇的目光望着她。"这蜗牛真漂亮！"他们夸奖她道，"可她里面是什么样的呢？咱们把她剥开看看吧！""不要，请不要这样做！"蜗牛焦急地嚷着，可是男孩子听不见，他们终于还是一点点地剥开了蜗牛的壳，却只见一团黏黏的鼻涕似的东西软软地摊在手心里。

事实上，这只蜗牛就是那讲故事的女孩本人，而那女孩就是我。

应当说,《蜗牛的故事》一文写出了燕燕内心深处的痛苦挣扎,写出了她想解放自己的心路历程,是一篇难得的佳作。我对燕燕也更有信心了。这样写下去,还担心写不出一本好书吗?

这期间,燕燕忙碌起来了。燕燕的文章一石激起千重浪,读者来信如潮水般涌来,让她应接不暇。自然,这使她信心大增。

燕燕提出了找一所学校继续就读的愿望。

哲学家说,偶然性为必然性开辟道路。

在听一次教育讲座时,时任《少年儿童研究》杂志编辑的刘秀英被主讲者李圣珍老师感动了。这位来自京郊通州二中的普通女教师,尽管貌不惊人,却有着现代的教育观念和非凡的教育艺术。她说:

"什么是'双差生'?这种划分本身就是错误的。老师给学生的东西永远是希望!"

李老师的儿子王远,年仅16岁即以优异成绩考入清华大学,20岁又考入著名的香港理工大学攻读硕士研究生。于是,人们纷纷把自己教不好的孩子送到李老师门下,恳求她妙手回春。

1994年,一个五门功课不及格而又疯狂迷恋电子游戏的中学生进了李老师的家门。经过她不到两年的悉心调教,这个孩子稳稳当当地考进了大学,后来又去了日本一所世界闻名的大学留学。

面对这样一位良师,刘秀英怎能不动心?

是刘秀英最先发现了燕燕的坎坷经历,并最先约来了燕燕及其母亲的文章,由此才开始了《少年儿童研究》杂志对燕燕的全面关注。

作为《少年儿童研究》杂志的创办人之一,刘秀英(现为杂志主编)在报道燕燕事件的同时,一直在为燕燕的出路苦思冥想,并与我多次探讨各种方案。

作为一家杂志社,只能用编发文章和组织活动之类的方式,给作者提供体验成功的机会,并架起他与社会广泛交流的桥梁。但是,燕燕需要完成学业,她也有能力、有愿望升入大学,而且考入大学对燕燕的长远发展意义重大。因此,我们竭尽全力为燕燕创造条件。

讲座结束后,刘秀英找到了李老师,详细介绍了燕燕的情况,并恳切地请求道:

"李老师,您一定要救救这个孩子!"

也许是被刘秀英的重托与诚意所感动,也许是被燕燕的苦难经历所震撼,极度繁忙的李老师答应认真考虑这件事。

恰好,通州二中的王润田校长邀请我去该校讲课。我清晨6点出发,匆匆赶往通州。

在当天的日记中,我写道:

> 此行的重要目的已实现,即该校王润田校长同意接收燕燕借读,由李老师教,不收高额费用。

王润田是位孜孜以求教育真经的校长,在听我介绍完燕燕的情况后,他当即表示愿意全力配合,共同攻克心理健康教育方面的难题。

1995年11月,在由少年儿童研究杂志社和中国教育报社共同举办的首届全国少年儿童好新闻"华特奖"评选中,燕燕荣获一等奖。

燕燕已经去了通州。她打来电话表示感谢,又抱歉地说:

"孙叔叔,真对不起,我答应您的约稿没时间写了。"

我笑着说:

"新的生活,新的燕燕,会写出一篇精彩的大文章。我们期待着你,我们永远是你的朋友!"

和谐心态铺就成功之路

（一）只要方向找准了就应坚持到底

燕燕在通州住了两年，这两年也是她获得新生的两年。对于她来说，那里是一片圣土，而她的老师李圣珍犹如母亲一样，令她永远崇敬。

当时，我认识李老师已有七八年之久。从外表看，她普通得好像一位村妇。如果她走在农贸市场里，人们很难分辨出这是一位教师。她自1971 年从教以来，一直都在教化学，几十年勤勤恳恳，大家都称她是一个口碑很好的人。看到燕燕等"问题学生"的变化，人们逐步感受到了李老师的真正魅力。

燕燕第一次走进李老师的家，是在 1995 年 8 月的一天。

像与我交谈时一样，燕燕总是表达自己的悲观念头，这几乎成了她与陌生人交流的习惯。尽管她已经有了一些成功的体验，但她内心依旧脆弱，阴暗的东西常常会如潮水一样涌上来，让她难以自持。

然而，李老师火眼金睛，她定定地望着燕燕，说：

"你想死，可是你心里是矛盾的，因为还有一种叫作'希望'的东西在吸引着你。否则，你怎么会来到我这里呢？"

燕燕的心被击中了。来通州不是自己同意的吗？既然不想活了，为何还要来读书呢？她叹服这位陌生的李老师，一开口就抓住了自己内心矛盾的焦点。她不知所措地望着李老师，心甘情愿地被她训斥。

可是，李老师没训斥燕燕一句，而是与她聊起了许多作家和作品，探讨起生命的意义来。燕燕是一位热爱文学的姑娘，一说到《老人与海》等作品，她的心就激动起来。这一天，她们聊得很投机。燕燕暗自庆幸，终于碰上了知音。

自1995年9月开学起，燕燕住进了李老师的家。当时，李老师家里已接收了三个"问题学生"。他们一起做饭，一起聊天，就像一家人。

这天晚上，李老师让燕燕跟她一起睡。夜色已深，万籁俱寂，细心的李老师发现燕燕睡觉时喜欢用被子紧紧地捂住自己的头。

原来，多少年来，燕燕一直恐惧黑暗，夜夜噩梦不断。那是很多有心理疾病的人共同的梦境：险象环生，恐怖至极，拼命逃窜却偏又跑不动，或坠入万丈深渊……一旦从噩梦中惊醒，则气喘吁吁，汗水涔涔，难以再入睡。

但是，在通州的第一夜，燕燕居然安睡至天明。那天夜里，李老师轻柔地握着燕燕的手，像母亲一样唱着摇篮曲，让她放松、放松、再放松，直到把她送入梦乡。次日醒来，燕燕发现自己的手还握在李老师的手中，只是老师的眼里布满血丝。

李老师后来对我说：

"当我搂着燕燕的时候，发觉这孩子一身的汗，心理紧张呀！我就有了一种想法，那就是我的生命是为这个孩子而生的。"

她第一次见到燕燕时，就已经下定了决心。她在给燕燕的妈妈打电话时说：

"你将燕燕送来吧，我已经想好了，她下地狱，我跟她一起下地狱；她要上天堂，我送她上天堂！"

天亮了，田野一片清新。

燕燕从床上跳了起来，冲李老师甜甜一笑，洗漱去了。她开始了一个愉快的早晨。

李老师感到很欣慰。她的第一目标,是先让燕燕由紧张转向松弛,因为一个绷得紧紧的人是难以融入新环境,更难以接受新知识的。

其实,燕燕的第一关过得并非一帆风顺。

开始,她要带着心爱的米利一起来通州。米利是一只猫,也是她唯一的朋友,曾与她同欢乐共患难,她怎能把它丢下?可是,李老师断然拒绝。她对燕燕说:

"闺女,要做大事就必须抛弃这些小事。"

不仅如此,就连燕燕的布娃娃李老师也不让带。燕燕急了,说:

"那怎么行?我不抱着娃娃睡不着觉呀!"

李老师不动声色地回答:

"我有办法让你睡好觉。"

如今,燕燕睡了个好觉,不就是成功的开始吗?

晚上,李老师笑眯眯地说:

"闺女,咱们做个游戏好吗?"

燕燕好奇地问:

"什么游戏?"

李老师拿出当年的一套高考试卷,说:

"咱们一起来做做这些卷子,让我看看你能拿多少分。"

"高考试题呀!我能行吗?"

燕燕嘀咕起来。李老师拍拍她的肩,喊了一声,说:

"玩呗!"

燕燕试着做了起来。她是一个做事专心的孩子,一旦聚精会神,就会全力以赴。她像一个真正的考生,过五关斩六将,一路向前拼杀。

李老师则像一个征战经验丰富的将军,仔细审视士兵的勇气与战法,逐题分析着。

当燕燕做完全部试卷之后,李老师很快计算出了测试成绩。她兴奋地说:

"闺女,你真行!你才高一,做高考题竟然能得300多分!这说明了什么呢?"

燕燕也激动起来。要知道,这是她第一次接触高考试卷,而高考对于她来说是一件可望而不可即的大事呀。

李老师信心十足地说:

"闺女,只要你肯努力,一定能考上一所好大学!"

"真的吗?"

燕燕的心跳加快了,两眼放出了异常明亮的光。她突然觉得,心中深藏的一种欲望苏醒过来了,并且瞬间变得强烈无比,难以抑制。

李老师平静了一下,说:

"我让你做高考题,是为了发现你的强项与弱项,以便有的放矢地指导你的学习。你知道吗? 根据你的优势,我推测你高考时,成绩会在470分至540分之间。因此,你完全可以考入一所好的大学!"

燕燕的发展证明了李老师预测的准确性。

1999年,燕燕以优异的成绩考入一所全国重点大学。当谈起这段神奇的经历时,燕燕感触极深地说:

"我在通州的妈妈给我最大的帮助,就是教我懂得了人该怎样生活、怎样思考。她使我找到了人生的方向和成功的道路,并且这是一条适合我的扎扎实实的成功之路。这对我是至关重要的,只要方向找准了,我爬都会爬到底的!"

(二) 爱能让孩子转败为胜

不知从什么时候开始,燕燕改叫李老师"妈妈"了。之所以记不清始于何时,是因为这变化是非常自然的,因为李老师给了她真爱——真正的母爱。

不过,李老师这个妈妈当得如履薄冰。她既对燕燕百般呵护,又唯恐她滑入溺爱的误区。因此,她决定下功夫鼓励燕燕融入群体之中,让她学会生存。

一次,我与李老师一同在中央电视台做节目。她谈起了燕燕竞选班干部的故事。

开学不久,班里开始准备班干部竞选活动。李老师深知,如果燕燕当上班干部,将会为她适应社会提供一个良好的舞台。于是,她问:

"闺女,想不想参加竞选呀?"

燕燕一愣,说:

"我? 我可从来都没当过班干部,我能行吗?"

"我看你行!"

李老师肯定地说。

在李老师的鼓励下,燕燕终于鼓起勇气报名竞选宣传委员。这对于受歧视多年的燕燕来说,可是件破天荒的事情。

通州二中是一所有特色的中学,优秀学生众多,气氛十分活跃。由于燕燕新来,缺乏群众基础,竞选的又是班里的重要职务,她能成功吗? 燕燕忐忑不安,李老师心里更不踏实。她担心竞选失败,会使燕燕缩回自己的壳里不再出来。

李圣珍这个一生清白的老师,决定帮燕燕拉选票。她不好意思地向我们坦白说,她将燕燕发表过的作品拿来给同学们看,又让燕燕请同学们来家中包饺子,想方设法提高燕燕的威信。

演播室里的嘉宾与观众听到这里,都乐了起来,纷纷把理解与敬佩的目光投向她。李老师的脸却有些红了。

竞选开始了。

燕燕有些紧张。当她走上讲台时,发现李老师坐在后排的位置上,正朝她微笑点头,她不知不觉镇定下来。她开始讲起自己的经历、自己的优点与缺点、自己为同学服务的愿望。结果,她的坦诚、她的才华一下子征服了大家。也许,在竞选者中,还没有一个人像她一样从未当过班干部,更没有一个人有她那样坎坷的经历。因此,同学们用热烈的掌声表达了对她的信任。

当选之后,燕燕不负众望,把班级宣传委员的工作做得非常出色。她渐渐变了,变得爱说爱笑,终于有了像她笔下那只外出的蜗牛刚刚踏上旅程时一样的快乐心态。可是,她会不会再缩回壳里去呢?

第一次期中考试来到了。

考试前一天,燕燕竟然发起了高烧。李老师心里明白,燕燕是心理上的紧张引起了生理上的反应。

的确如此。有些小学生害怕去学校,早晨起来会肚子疼,去医院检查也会被告之是生病了。奇怪的是,如果告诉这些小学生,今天不必上学了,他们的肚子十有八九就不疼了,病征可能完全消失了;而且,这些迅速康复的孩子会表现得特别乖巧,甚至会主动做家务,以博得父母的欢心。

也许,燕燕是得了考试恐惧症。但是,李老师决意让燕燕闯过这一关,让她体验战胜恐惧的成功,否则,她怎么实现自己的远大理想呢?

李老师在床前守了燕燕一夜,也说了一夜暖融融的心里话。奇迹发生了,次日早晨,燕燕的烧退了,心中的紧张感也大大减轻了。虽然在最后一刻她还是动摇过,但李妈妈深情的目光使她站了起来。

期中考试成绩给了燕燕极大的鼓舞,也让一切关心燕燕的人感到欣慰。入学时,燕燕的成绩比全班倒数第一还差42分,而此时,她的总分跃至全班第14名!

以分数论英雄,是不符合现代教育理念的。可是,成绩的飞升毕竟从一个角度反映了燕燕进步的幅度之大,也是她来通州二中这半年来的一大成功。

更重要的是,燕燕有了一种转败为胜的成功体验,她体验到了学习的乐趣,她找回了生活的信心。

在学校秋季运动会上,从不参加体育赛事的燕燕,勇敢地报名参加了4000米越野比赛。

她跑得汗流浃背,腿如灌铅,几乎要晕过去了,但她还在坚持。向前!向前!向前!这就是重生的燕燕,她犹如一匹骏马,昂起了头,向着心中的目标飞奔!

（三）成功的心态就是平和的心态

21世纪是发生奇迹的世纪，而最大的奇迹则是人的变化。

当我再一次与燕燕长谈，她已经是北京某重点大学的三年级学生了。

轻轻的步子，轻轻的声音，加上一身素雅的长裙，她简直像个天使！她的笑容灿烂如花，昔日的阴影一去不复返。

对于她来说，童年的伤害无疑是深重的。令我惊讶的是，今天的燕燕对此竟然表现出了极大的宽容。

她说：

"别人伤害我我是可以理解的。老师嘛，有些素质不高；同学呢，又是部队歌舞团演员的孩子，一个个心高气傲。而我整天一个人坐在墙边，还常常低着头自言自语，这么不可理喻的孩子，遭人冷眼和排斥，有什么可奇怪的呢？每个人都习惯站在自己的角度想问题，是很难理解别人的。"

对于李圣珍老师，燕燕永怀感激之情，称她为"通州的妈妈"。

多少年过去了，她始终忘不了李老师说的一个比喻：

"人活着就像一棵树，而周围是一个场，与人和谐最为重要。成功的心态就是平和的心态，平和使人性格沉静，这便是幸福之源。"

在李老师家及通州二中生活了两年之后，燕燕出人意料地主动提出要去顺义的牛栏山一中读高三，她想锻炼一下独立生活的能力，为高考冲刺做准备。

可以说，这是燕燕头一回离开亲人的严密保护，是她独自走向社会的尝试，其风险是可想而知的。如果再遭受歧视，她会不会承受不住，再次崩溃呢？

但是，李老师与鲁老师权衡再三，还是同意了燕燕的决定。她们明白，燕燕已经长大了，必须学会独立，必须独自经受磨难。

牛栏山一中是北京市的一所重点中学。燕燕在这里生活了近一年时间,果然尝到了不少酸甜苦辣。

燕燕平时不拘小节。八个女生同住一室,她住上铺,东西却时常忘在下铺;而下铺的女生特爱干净,便时常说燕燕的坏话。燕燕听了只是笑笑,并不记仇;相反,她总说下铺女生的好话。有一次,生活委员忘了给燕燕办饭卡,是下铺女生给了她半块蛋糕充饥,她对此总是念念不忘。

中学里,男女生交往是一个敏感的话题,可燕燕对此却似乎有些迟钝。她与一个男生投缘,常常在一起交流心得,这引起了同学们的议论。那位男生渐渐胆怯起来,燕燕却一如既往。直到"早恋"的帽子扣了下来,燕燕才不那么坦然了。

忆及此事,燕燕淡然一笑,说:

"有些人神经过敏,我们俩是友情,怎么会是爱情呢? 我常给他讲道理,像个知心姐姐。"独立生活的磨砺使燕燕逐步懂得了人际关系的奥妙,并且进步迅速。

譬如,一起去市场买鸡蛋,同学们奇怪,为什么燕燕买的鸡蛋更大呢? 原来,是她时时处处对人有礼貌,讨人喜欢。

燕燕见了摊贩会笑眯眯地说:

"您好,师傅,请帮我拿几个鸡蛋好吗?"

平时,往同学家打电话,燕燕总会甜甜地说:

"阿姨,我是×××的同学燕燕,请问×××在家吗? 不在呀,没关系。谢谢阿姨,再见!"

试想,面对这样的乖乖女,谁能不生出怜爱之心? 又怎么会与之为难?

也许,就因为有了在牛栏山一中的体验,燕燕对社会学与心理学产生了浓厚兴趣,她报考了某重点大学的社会工作系。

她说:

"人长大的过程是一个社会化的过程。什么是社会化呢? 一是接受自己,二是接受别人。"由此,我们谈起了秋儿之死。

"秋儿的死是性格造成的悲剧。她一时冲动,就立即行动,不计后果,所以干出了让人后悔的事儿来。"一提及秋儿,燕燕便激动起来。

"她外表活跃,内心孤独,有话也不说出来。说到底,她还是缺少爱。"

我摇摇头,说:

"怎么会呢?多少人爱她呀!"

燕燕沉思了一会儿,说:

"光有爱是不够的,关键在于她能否感受到爱。许多中学生烦父母、烦老师,也许就是感受不到爱。"

因为是老朋友了,我请燕燕分析了一下自己是怎样从自杀的诱惑中挺过来的。

她纠正说:

"我从未自杀,只是自残。因为心中有爱,总感到还有希望。"

"你用刀片划破手腕,多疼呀!"

"心里太难受了,无法发泄,割腕似乎也不那么疼了。"

说完,燕燕笑了起来,自信地说:

"我喜欢水,有水的性格,忍耐性特强。我做事从不随心所欲,而是想好了再干。虽然生活中还会有挫折,但我会越来越好!"

关于燕燕的故事到这里就结束了,我可以欣慰地告诉大家,燕燕的发展的确越来越好。大学毕业后,她应聘来我们的少年儿童研究杂志社,做了几年专职编辑,并获得了心理咨询师的资格。当我面对众多教育咨询无法分身时,她主动为我分担重任。燕燕也结婚了,有了属于她的幸福爱情。

其实,以燕燕为代表的广大有成长障碍的孩子太需要成功教育的阳光了,而成功教育的实践者们,也可以从燕燕的坎坷经历中吸取经验教训,更加关注孩子们内心深处的渴求。

成长的悲剧往往是极端发展的结果,健康发展一定是平衡的和谐发展。所以,德智体美不可偏废。如中国儿童中心主任丛中笑所说,要形成健康人格,关键是要达到内心世界的自我平衡与和谐,为此要从小养成好习惯,在平衡—不平衡—再平衡中发展和丰富儿童的内心世界,从而达到自我平衡。

四 幸福来自个人与社会的和谐相处

（一）幸福与否只在一念间

成功者都是幸运的，但这幸运来自何方？

胡建华的幸运是从回到上海开始的，而这首先应当感谢的是她的母亲薛桂英。

我见到薛桂英的时候，已经很难看出她是一个上海的知识女性了。她个子矮小却十分结实，饱经风霜的脸上透着红润，谁见了都可能把她当作农村妇女。

岁月是一把无情的雕刻刀。

薛桂英是上海知青中的一员，她先去了黑龙江。母亲希望女儿离家近一些，将她介绍到浙江某乡插队，她在那里结婚并生下了女儿胡建华。

很多不幸的开端都是美好的。

胡家生活在一个小村子里。这里群山环抱，山清水秀，尤其是那毛竹山上盛产的竹笋，给百姓带来了许多实惠和快乐。

每年春天，可以挖毛笋；夏天，可以挖鞭笋；冬天，自然有冬笋。小建华跟随父母上山，在各种石缝中寻找大大小小的竹笋，每次都能满载而归。最让小建华惊讶的是，有些大毛笋竟然比自己还高，而且非常好吃。

　　胡建华完全是个农村孩子。

　　一、二年级,她在村办小学读复式班,也就是两个年级十几个学生在一起上课。三至六年级在另一所小学就读,还是复式班。升入初中,只能去上乡里唯一的中学。

　　困难来了:每天往返十多公里路,只能骑自行车。碰上刮风下雪,胡建华与伙伴们便惨了,但他们顽强不屈,挣扎着一步步走到学校去。

　　胡建华喜欢读书,成绩优异,每次评“三好学生”,她必定榜上有名。

　　可是,让胡建华与妈妈没有料到的是,真正的灾难降临了。

　　曾是复员军人的父亲,变成了一个赌棍!他放弃了农家活,做起了生意,染上了赌博的恶习,输光了家里所有积蓄后仍不肯罢手,赌瘾已经到了难以自拔的地步。

　　在一个大年夜,债主们蜂拥而来,讨不到钱,便动手抢东西,能搬的搬走,能拆的拆走,吓得母女俩魂飞魄散,抱在一起。

　　薛桂英本想靠拼命干活来维持这个家。她每天步行十多公里,去知青办的纱厂上班,被农民称作“长征干部”。为了生计,她孤身一人上山砍柴,一个人去挖笋卖笋。

　　可是,她辛辛苦苦挣来的一点钱,马上就被债主们勒索一空了,母女俩怎么活呢?

　　一天夜里,她对女儿说:

　　“我决定与你爸离婚了,咱娘儿俩如果不逃出这个地方,非得死在这儿不可!”

　　建华已经14岁了,她严肃地点点头,说:

　　“妈,我一定会好好读书,让您过上好日子!”

　　苦水中泡大的孩子,早已懂得了生活的艰辛。她比同龄人更加相信一个真理——知识改变命运!

　　薛桂英办妥了离婚手续,那一年9月,母女俩回到了上海。她们符合回城的政策规定。

　　虽然她们精神上得到了解放,生活却依旧很难。母女俩与外婆一起挤在中山北路一间十多平方米的小房子里,种种麻烦可想而知。不过,母女俩还是兴奋不已,毕竟她们开始了新的生活。

按照就近入学的规定,胡建华顺理成章地进了闸北八中。薛桂英说:"不用选择学校,关键是做什么样的人,走什么样的路。"

母女俩并未意识到,走进闸北八中会成为她们命运的重大转折点,更大的幸运正向她们走来。刘京海注意到了插班生胡建华,叮嘱班主任楼老师对她多加关心帮助。

刘京海之所以注意到胡建华,是从体育课开始的,因为她洋相百出。

"向后转!"

教体育的陶老师发出了口令,胡建华却转向了右边。

老师一纠正,她又转向了左边。于是,同学们哄堂大笑。

"咱们班来了个乡巴佬!"

"她耳朵有毛病吧?"

陶老师制止了同学们的议论,开始教大家"跳山羊"。

同学们虽然有的胆大,有的胆小,可总算陆陆续续跳过去了。

"下一个!"

陶老师喊道。可是,不见有人起跳,原来,轮到胡建华了。

刚才听到同学们议论她,胡建华已经面红耳赤了,因为这让她遭遇了做学生以来从未有过的尴尬。可是,在乡下学校哪有什么规范的体育课?更别提什么"山羊"了。她站在那里左看右看,就是不敢起跳。

"下一个!"

陶老师厉声喊道。

胡建华知道体育老师发火了,她不知所措,索性双手遮着脸号啕大哭起来。这一哭把师生们都哭愣了。

刘京海知道了这件事,对陶老师说:

"吃萝卜干的怎么能跟吃巧克力的比?闸北八中的体育老师应当了解本校学生起点的差异,要从各自的起点出发,因材施教。"

陶老师这才知道了胡建华的情况,开始制订适合她的新教学计划。

让陶老师意想不到的是,当他换下运动衣准备回家时,突然发现操场西北角跃动着一个人影。他定神一看,是胡建华正在向高高的"山羊"冲去。第一次,跌倒了;第二次,撞在"山羊"上;第三次,又跌倒了……陶老师只觉得两眼一热,不由得向操场走去……

胡建华转入闸北八中时,学校曾建议她在初二复读一年,但她为难地拒绝了,请求直接进入初三。其实,按浙江农村与上海的教学差异,她应该复读初二,可胡建华家里生活非常困难,出不起复读的那笔费用。

刘京海同意了胡建华的请求。他相信这个苦孩子有顽强的毅力,一定能够赶上教学进度。此时的刘京海刚刚担任校长,他问:

"建华,你妈妈有工作吗?"

胡建华摇摇头。

刘京海当过知青,深知返城老知青找工作非常困难,而这会直接影响孩子的学习与生活。他说:

"咱们学校有一份清洁工的工作,如果你妈妈愿意接受,可以让她来找我。"

"我妈妈会接受的,谢谢刘校长!"

胡建华当即替妈妈答应下来。她从未想过,闸北八中在接受她的同时,还会为她的妈妈安排一份工作。

果然,妈妈听到这个消息喜出望外,第二天便来上班了。她戴上手套,穿上靴子,认真刷洗每个厕所,并清扫校园的每一个角落。

这件事被当作新闻,很快在校园里传开了——

"知道吗?刷厕所的那个人是胡建华的妈妈!"

"就那个乡巴佬呀!"

"她妈也真是的,能挣几个钱呀?也不嫌给女儿丢人!"

班长王芳也是知青的女儿,她一边引导大家不要歧视别人,一边安慰胡建华要坚强。谁知,胡建华并不在意,她说:

"靠劳动挣钱是光荣的,怎么能说丢人呢?"

的确,这份劳动收入成为了她家的主要经济来源。在刘校长的关照下，胡建华的妈妈做了近两年的清洁工。

体育课不适应也罢，妈妈当清洁工也罢，这些对胡建华来说都不算什么，最让她伤心的是，第一次考试她的英语和化学两门课不及格！其实，对于一个在乡下长大的女孩来说，这两门课不及格是完全可以理解的。在乡下学校，英语学习进度缓慢，只学到字母、音标阶段，可在闸北八中，英语课已进入了复杂的语法学习阶段，两地之间至少差了两册教材，她怎么能适应呢！至于化学，她更是第一次接触，简直像读天书！

可是，别人能原谅她，她却不肯原谅自己。胡建华是个绝不容忍自己落伍的人。

每天清晨6点半，胡建华准时起床读书，夜晚却熬到快12点才入睡。她向上初二的表弟借来英语教材，反复琢磨，拼命背单词、做习题。每到课间，她总是追着英语老师或化学老师问这问那。

勤奋的汗水换来了累累硕果。

期中考试一结束，学校爆出特大冷门：新转入实验班的乡下女生胡建华，成绩在初三年级名列第一，并且是遥遥领先！

此刻，谁能不对胡建华刮目相看呢？

当师生们问起她成功的秘诀时，沉稳的胡建华总是回答：

"学习没有捷径，关键在于用心，并且首先要自信。有自信心不一定会赢，没有自信心一定会输。"

（二）身边的榜样最有说服力

在刘京海的倡导下，闸北八中开展了"学习胡建华"的活动。

胡建华诚惶诚恐。每次谈到自己的成功经历，她总会提及许多人的帮助，总有表达不尽的感激之情。

直到今天，在接受我采访的时候，一提及闸北八中，胡建华马上提到了刘京海、楼蓉嬉、苏耀兰、郑水莲等多位领导和老师，言语之中饱含深情。她回忆道：

"教物理的苏耀兰老师总担心我吃不饱饭，常常把她的饭让给我吃，她自己回家烧饭吃。教数学的郑水莲老师像妈妈一样，一听到我咳嗽，总来关心地问这问那，还给我送来治感冒的药。楼老师常常牺牲休息时间来我家家访，一旦我碰到了困难，她总是第一个出现在我的身边……"胡建华如同闸北八中一颗耀眼的明星，冉冉升起。

刘京海在思考：生活依然困苦的胡建华，怎样才能健康地成长呢？不久，她将从闸北八中毕业，离开成功教育的特定环境，社会会热情接纳她吗？闸北八中还能为她做些什么呢？熟悉刘京海的人都知道，他是一个做事深思熟虑、有章法的人，而成功教育得以顺利实践与发展，也得益于他这种卓越的个性。

得知上海电视台要拍纪录片，拟反映单亲家庭子女在生活困境下顽强学习的事迹，刘京海立即重点推荐了胡建华。

语文老师出身的刘京海擅长表达，短短几句话，便引起了记者们的浓厚兴趣。当然，刘京海的名人效应也起着不可估量的作用。于是，胡建华第一次走上了电视。

1994年3月，上海电视台在《纪录片编辑室》节目中介绍了胡建华的事迹，感动了无数上海市民。

情感的浪花一旦被激起，社会之手常常可以改变人的命运。胡建华万万想不到，她会成为大上海的幸运儿。

一时间，捐助者接连不断。

有位老教授，身上装着心脏起搏器，行动极不方便，也寄来了捐款。最出手不凡的，当属上海闸北发电厂的年轻人。

该厂的肖先生写道：

1994年3月，纪录片播出后，在社会上引起了很大的反响，上海闸北发电厂团委干部小冯看了以后，也深深为之感动。第二天一上班，他就向团委书记小沈说了此事，还提出了让全厂团委干部共同捐款来帮助胡建华读书的建议。

在团委会上,经过讨论,大家一致认为:这么聪明、刻苦而又懂事的女孩子,若是因为经济方面的原因而失学的话,那对社会将是一个损失。在此情况下,我们闸电团委向她伸出援助之手,责无旁贷!团委干部们一致通过了长期资助胡建华读书的决议。

当月,团委干部便走访了小胡所在的闸北八中和她的家庭,向她捎去了全体团委干部对她的关心和问候,亲切地叮嘱她放下思想包袱,安心读书,并当即把第一个月的200元助学款交到她的手中。团委干部表示,将持之以恒地每月资助她,直到她读完大学。

各方的捐助,尤其是闸北发电厂团委的长期资助,对于胡建华来说,无疑是雪中送炭。

生活在幸福中的孩子难以想象,全年级第一的初三女生胡建华曾面临失学的厄运。后来,当胡建华成为上海电力学院学生的时候,曾应邀去闸北发电厂参加一个会议。她满怀激情地回忆说:

第一次期中考试,我取得了闸北八中初三年级第一的好成绩。记得那天,我兴高采烈地回到家,把这张成绩单拿给妈妈看,想和她共同分享我的快乐。

想不到,妈妈拿着我的成绩单却哭了,她对我说:“家里的经济情况不好,妈妈实在是没有能力再继续供你读书了。”听到这话,我心里痛苦万分,即将初中毕业的我,又将面临失学!可我也知道,妈妈是临时工,仅靠她每月300元的微薄收入,既要维持我们俩的生活,又要供我上学,确实是力不从心。看着十几年如一日辛苦操劳而又毫无怨言的妈妈,我又怎么会因此而怨她呢?

然而,我是幸运的。记得那是在1994年3月,上海电视台播放了有关我的情况的纪录片后,社会上的许多好心人向我伸出了援助之手。尤其是上海闸北发电厂的团委干部们,他们自发捐款,每月给我

200元的资助，到现在助学款累计已达到14000元。他们每月给我的200元钱，在有些人看来并不起眼，可对于我来说，意义非同一般。正是闸北发电厂团委的大哥哥、大姐姐们的这片爱心，给了我继续学习的希望，也给了我生活的动力。

（三）社会的支持为成功教育注入无穷力量

刘京海心花怒放。

当闸北发电厂的年轻人向刘京海提出了长期资助胡建华的意向之后，他兴奋地说："自从电视台报道之后，社会各界纷纷来校捐款捐物。但是，企事业单位来捐助的，你们是第一家。社会捐助大多是一次性的，而你们决心长期资助，这也是第一次。我向你们这些年轻人表示敬意！"是的，在那些日子里，刘京海与胡建华一样处于感动之中。

刘京海之所以特别振奋，是因为他从胡建华的变化与机遇中得到了一个新的启示——成功教育需要全社会的理解与支持，而社会中蕴藏着巨大无比的爱的潜能。

胡建华的幸运并未结束。

凭着优异的学习成绩，胡建华被闸北八中保送进了上海市重点高中——市北中学，而市北中学又决定免除其学费。

1996年底，胡建华即将高中毕业。闸北发电厂团委邀请她去厂里座谈。她特地赶制了一面致谢锦旗，并请市北中学方仁工校长写上了两行大字：

> 精神的电能
> 无穷的力量

在参观了新建成的燃机电厂后，胡建华两眼闪耀着理想的光芒，说：

"我是闸北发电厂的女儿,我要勤奋学习,争取考进上海电力学院,做一个对社会有用的人!"

2000年,胡建华从上海电力学院毕业。

去哪里求职呢?

作为电力学院的毕业生,去闸北发电厂工作无疑是最合适的选择。当初选择这个陌生的专业,与她的报恩之心很有关系。可是,善解人意的胡建华实在不忍心再烦扰闸北发电厂的哥哥姐姐们,于是,她便自己走进了人才市场。

胡建华当时的原则是,绝不允许自己没有工作。

母亲在困境中挣扎了几十年,现在自己已经大专毕业,怎能再靠母亲来养活?不!胡建华不但要自立,还要让母亲过上舒心的日子。

胡建华是充满自信的。她四处寄送自荐书,积极应聘。

在大学里,她一向成绩优良,每次都获得学院奖学金。她顺利通过了英语四级考试,又掌握了电脑应用技能,并担任着班里的宣传委员和英语课代表。

胡建华孝敬长辈的品质更是让人感动。她拼命学习之时,做临时工的妈妈担心女儿身体受不了,每天会为她准备一个鸡蛋。可是,她悄悄把鸡蛋塞给了年迈的外婆。她几乎从不参加学校的郊游活动。有一回,妈妈狠了狠心,给了建华五毛钱让她参加春游,可她却又攥着五毛钱回来了,因为这是她家一天的菜钱……

胡建华是受欢迎的。

上海奉贤县一家民营企业最先提出聘用胡建华。

那是个离家很远的地方,又是木制企业的自备电厂,而且每周只能回家一次。试用期内每月工资800元,转正后每月1200元,年终可分红。

应当说,在上海的大学生眼里,这个待遇差得令人难以接受。可是,胡建华当即签了协议书,立即动身去上班了。

却说当时闸北发电厂团委正在换届,待新上任的团委干部去上海电力学院找胡建华时,她早已离开了学校。经过一番曲折,双方才在奉贤见了面。

原来,闸北发电厂有心聘用胡建华,只是迟了一步。

"回来吧,建华,闸北发电厂欢迎你!这里才有你的用武之地!"

面对大哥哥、大姐姐们的真情呼唤,胡建华又一次落泪了。她深知,自己这一生一世也难以报答这份深情了。

两个月后,胡建华离开了奉贤,走进了闸北发电厂的大门,终于成为了她曾向往的发电厂的一名员工,在电机班做电机检修工作。

第一次领到工资的时候,胡建华的双手在颤抖,两只眼睛都湿润了,连连说:

"2000元!怎么这么多?是不是弄错了?"

师傅们笑了起来。可是,胡建华却笑不出来,她不由得想起了母亲,想起了那些为她的成功付出辛勤汗水和爱心的人……

第 五 章

关注成功智力

　　2015年8月,清华大学生命科学学院院长施一公教授的一句话引起社会广泛关注,即"最不重要的素质就是你的智商"。其实,智商作为分析性智力的一部分,不能说不重要,但创新智力和实践智力的确比智商更重要。只有三者达成一种平衡,才能使成功智力发挥到极致。

作为父母或老师，你有没有为孩子的学习成绩不好而担忧过？你有没有因为怀疑孩子的智商不高而苦恼过？其实没有必要，因为人生的成功不是靠智商决定的，也绝不是靠分数决定的，而是取决于人的成功智力。

耶鲁大学心理学教授斯滕伯格的研究认为，所谓成功智力分为三部分，即发现好的问题解决方法的分析性智力、找到关键问题的创造性智力以及解决实际问题的实践性智力。所谓成功者，就是能够很好地找到三者的平衡，抓住成功的关键密钥的人。

父母都渴望孩子能够取得成功，那么，成功的条件是什么？超高的智商？优异的学业成绩？

在现实生活中我们常常听到这样的事情：老同学聚会，以前学习成绩不好的同学成了成功的企业家，而成绩优异的学霸却一直奋斗在工薪阶层。2014年2月12日《中国教育报》就曾对学霸为何"恐聚"同学会做出了一番探讨。越来越多的人发现，同学中混得好的，大多不是当年的学霸。有些从名校毕业的硕士生参加了高中同学会后感叹，曾经是班上"差生"的同学有些如今已小有成就，而不少像自己一样成绩优异的学霸、尖子生却还在迷茫中。

为什么会出现这种现象？到底人们靠什么才能成功？斯滕伯格教授的《成功智力》一书为我们揭开了成功的秘密。

一 从智商白痴到世界著名心理学大师

（一）成功智力哪里来

2014 年的夏天,我曾经去北京师范大学心理学院拜访我国著名的心理学家林崇德教授,他饶有兴趣地谈及斯滕伯格的坎坷奇迹。随后,我在《创造性人才特征与教育模式再构》(《新华文摘》2010 年第 17 期)一文中,也看到了林崇德对斯滕伯格的介绍。

罗伯特·斯滕伯格是美国著名的认知心理学家,就职于耶鲁大学,是人类智力三元理论的建构者。在心理学领域,他获得了卓越的学术成就,发表了 600 多篇论文和多部著作,是美国科学与艺术学院的会员,同时入选了全美名人录。可谁能想到这样一位荣获多项殊荣的心理学家,曾有过一段"傻瓜生涯",在智商测验考试中,经历了一次又一次彻底的失败,经常被人嘲笑。

在小学和初中阶段,斯滕伯格的智商测验都不及格。读高中时,不知哪位"快嘴"暴露了斯滕伯格智商偏低的事实,此事在同学们中间迅速传播开来:"我们跟白痴一起上学。"

斯滕伯格非常气愤,但正是这种压力增强了他"学习好将来定有出息"的信心。这就是一种创造性人格的体现。他问老师:"哪门学问研究智商?"老师告诉他:"心理学。"斯滕伯格就发誓要学好心理学。他对自己说,这辈子如果成功了,就要把有关智力的理论命名为"成功智力"。

高中毕业,他以优异成绩考上耶鲁大学。耶鲁太美了,他想:"如果能在耶鲁工作该多好!"可惜,美国的学制不提倡近亲繁殖,提倡的是插花式的发展——任何一个学校的博士研究生都很难留校,除非提了正教授或者成为美国著名的专家才可能再回来。斯滕伯格问老师:"在美国,心理学排名第一的是哪所学校?"老师告诉他:"斯坦福。"于是,斯滕伯格决心考斯坦福大学的研究生。

考上后,他师从元认知的提出者弗拉维尔。在斯坦福大学,他只用了三年就拿下了硕士加博士学位,而在美国拿一个硕士加博士学位一般得要五至六年,有的甚至长达八年。拿到博士学位后,他回到了耶鲁,成为一名心理学教师。

一般从博士学位获得者到助理教授、再到副教授,最后升到教授要经过三个五年,即十五年,可是斯滕伯格仅用了五年时间就成为了正教授。

现在,他已成为世界著名的心理学家,也是当代美国认知心理学的权威人物,他果真把自己的智力理论称为"成功智力"。

斯滕伯格成功了,他用自己的亲身经历告诉我们,成功和智商无关。智商测验的低分并不妨碍日后的成功,同样,高分也不能保证日后的成功。

斯滕伯格认为智商是一种呆滞的智力,将智商同生活成就相联系根本就是一种误导。他在书中提出核心观点——智商和学习能力只是分析性智力,而决定一个人成功与否的关键却是创造性智力和实践性智力。

（二）创造性智力是成功的关键因素

一般我们判断一个人的智商高低,都是通过智商测验分数来判断的。

根据斯坦福-比奈量表智商分布:智商测试分数在140以上者是非常优秀的,可以说是天才或近乎天才;120～139为智力优异者;110～119为智力较高者,居中上智力水平;90~109为智力中等者,属普通智力水平;80~89为智力中下者,反应迟钝,偶为低能儿;70~79为临界智力不足者,介乎反应迟钝者与低能儿之间;69以下为智力有缺陷者。

　　智商测验有些人可能做过,有些人可能没有做过,不过没有关系,有一件事大家一定都经历过,那就是学业测验。在学校中,智商测验结果主要体现在测验分数上。我们往往把分数当成了一种标签,用来预测一个人是否能够胜任某项工作,也用来预测人们未来的行为表现。比如在学业测验中,A比B得分低,那么人们就容易预测在其他的行为表现上,A都会比B差,且差的程度相当。

　　学业测验测量的只是我们对知识的掌握程度,还有很多东西是不能被测量出来的;而且学习成绩也不是一成不变的,它并不能预测孩子未来的发展。我认为,除了学习成绩,还有很多其他的才能如果称得上优秀,也应该成为我们评价人才的标准。

　　2015年7月21日,中国教育新闻网·蒲公英评论网上发布了这样一个案例:

　　　　2002年冬天,美国盐湖城冬季奥运会期间,中国体育代表团曾经到附近一所小学参观考察,受到了这所小学师生们的热情接待。来而不往非礼也。为感谢这所小学的友好接待,中国体育代表团向这所小学赠送了两个大熊猫玩具,玩具的缎带上写着:赠给最优秀的学生。中国体育代表团走后,学校准备按照赠送方的要求,把大熊猫玩具分发给学生。

　　　　可是,大家讨论来讨论去,始终难以拿出一个令人满意的方案。原因就在于该校无法找到一个最优秀的学生。他们的学生各有千秋,各有个性和优势特长。有人考试成绩名列前茅;有人演讲能力很棒;有人运动成绩突出;有人助人为乐,喜欢帮助他人;有人喜欢思考,创造能力令人望尘莫及……由于无法评选出全校最优秀的学生,无奈之下,校长根据大家的意见,把两只大熊猫玩具放在学校陈列室里，让大家共同欣赏。

通过这个案例，我们可以看出中美双方在评价优秀学生的标准上的差异。我们习惯把学习成绩好、德智体都很突出的学生视为优秀学生，也总是鼓励表扬这样的学生。如果一个学生学习成绩不好，但是他的创造力很强，经常会有一些新奇的想法；或者他的动手能力很强，喜欢拆卸东西；或者他的演讲能力很棒，运动成绩突出，喜欢助人为乐，喜欢思考，等等，那么他是不是优秀学生呢？

我们总是用学习成绩，用智力去评价一个学生，那么智力究竟是什么呢？

其实心理学家们各有不同的看法，但是基本上涵盖了两个主题：一、智力是通过经验学习的能力，二、智力是适应周围环境的能力。而学业测验并无法检测这两者，只是强调了学习和对学业的适应，这对校园学习很重要，但是在现实生活中却往往相反。正如我们常常听到的，学习成绩不好的往往在职场上成功了，而学习成绩优异的人却在职场上表现平平。

斯滕伯格认为，传统的智商测验主要关注相对呆滞、缺乏活力的学习方面的智力，并不是积极的成功智力。学业测验测量的其实只是成功智力中分析性智力的一面，并不能测量到创新和实践的能力，而这两方面的能力对于成功恰恰又是非常重要的。

学校倾向于对在日常生活中并不是非常重要的学习成绩进行奖励，而忽略了对创造性和实践能力的培养；让一些同学去完成他们并不拿手的任务，对于他们拿手的事情反倒是不鼓励，这样很可能会埋没一些真正有才华的人。

在斯滕伯格看来，成功智力有三个方面，分析性智力、创造性智力和实践性智力。分析性智力是用来解决问题的，创造性智力将决定主体去解决什么样的问题，而实践性智力则保证了问题解决的顺利进行，三者相互独立。

就对成功的重要性而言，斯滕伯格认为分析性智力在日常生活中的重要性不及创造性智力和实践性智力,创造性智力是成功的关键因素。当然,三者达成一种平衡,才能使成功智力发挥到极致。

在这里我们说的成功是指个体在现实生活中达成自己的目标,成功智力就是用以达成人生中主要目标的智力。每个正常的人都可以发展成功智力,人人都可以获得成功。那么,成功智力究竟是什么,我们如何获得成功智力,这就是下面将要探讨的问题。

二 分析性智力——发现好的解决方法

（一）分析性智力的关键是掌握学习的能力

分析性智力居成功智力三要素之首，指的是有意识地规定心理活动的方向，从而发现一个问题的有效解决办法，即进行分析、评价、判断或比较、对照的能力。这也是成功智力中唯一与传统智商测验所测得的学业智力有重合的部分，但是智商测验仅仅是分析性智力的一部分，是与学生在学校中的表现最为相关的部分。

其实，分析性智力的外延要比学业智力宽广，它更广泛地指向现实生活。比如说，在生活中我们时常会碰到各种困难，学习上我们可能会遇到瓶颈，工作中我们可能会遇到难关，人际交往中可能会出现危机，等等。当这些问题出现的时候，也就是考验我们的时候。是否能够及时有效地确定困难中出现了什么样的问题，这些问题的根本原因在哪里，应该制订什么样的解决策略，如何去实施，如何去做调整，这些都是需要我们的分析性智力来发挥作用的。

学校更多的是培养学生的分析性智力。学生在短时间内要吸收人类几千年来积累下来的最优秀的知识精华，这个过程中省略了很多对问题本身的思考。例如，人类为什么会提出这样的问题，经历了哪些错误的尝试,最后又是怎样找到对的解决办法的,等等。这就好比当我们面对一道数学题时,我们要做的只是分析题中已经知道是问题的问题,找到解决的办法,甚至是找到多种解题的方法。

在学习的过程中,我们通过记忆快速掌握这些基本知识和技能,在这个过程中,我们分析、解决问题的能力不断得到培养。斯滕伯格教授也提出了问题解决的六个步骤,最典型的发生次序为:问题确认,定义问题,形成问题解决的策略,信息表征,分配资源,监控与评估。

在学校,学生进行测验时,已经知道面对的是问题,需要寻找解决的办法,这样就省略掉了问题确认和定义问题的步骤。学生面对的都是一些结构良好的问题,得到的也是针对学生处理结构良好问题的能力测试结果。然而现实生活中,我们遇到得更多的是结构不好的问题,这就需要对问题进行确认、定义,然后才能形成解决问题的策略。面对这种生活情境下的问题,孩子能不能意识到问题所在,是我们特别需要注意的。

那这样是不是意味着我们就不用在学校学习了,只要去生活中经历就好?其实并不是这样的。

在中国的教育系统内,学校教育有两项重要的功能,一是培养,二是选拔。我们不可否认学习成绩好的人,他们选择的权利和获得成功的机会更大。因为他们掌握科学知识的过程会促进他们学习能力的提高,不断地体验成功会给他们日后的生活带来尊严、自信和幸福。

就像龙应台在《孩子你慢慢来》中写给儿子的话:"孩子,我要你读书用功,不是要你跟别人比成绩,而是因为,我希望你将来会拥有选择的权利,选择有意义、有时间的工作,而不是被迫谋生。当你的工作在你心中有意义,你就有成就感。当你的工作给你时间,不剥夺你的生活,你就有尊严。成就感和尊严,给你快乐。"读了这段文字,我们能更好地理解,让孩子去学校读书,是为了培养孩子的分析性智力,提高孩子的学习能力。

每当高考成绩出来后,就会有很多人议论高考状元。我们在这里暂且不论只有少数高考状元能成为出类拔萃的行业顶尖人才和领军人物,据人民网2015年6月10日报道,艾瑞深中国校友会网最新发布的《2015中国高考状元调查报告》显示：从职业成就来看，高考状元职业发展的平均水平明显高于非状元群体。他们中的大部分人会成为行业内的中流砥柱，是单位的中坚力量。

我们并不是在提倡唯分数论，也不是要一味地提高孩子的学习成绩，而是在强调孩子的学习能力。高考状元能成为行业的精英，一个重要的因素就是他们具有很强的学习能力。

学校考试考的是我们对科学知识的掌握情况，是一种对知识的获取量的考量。但是进入社会多年的人们，有多少人能够记得高中时学到的某个数学公式，又有多少人能够背诵高中时的一篇课文？

爱因斯坦曾经说过，教育是忘掉学校所学后剩下的东西。我在思考，忘掉学校所学后剩下的东西是什么，我想应该是学习的能力、学习的思维与习惯。我们一生都在学习。只要我们获得学习的能力，我们可以把忘记的数学公式通过自己的方法推算出来；只要我们获得学习的能力，我们可以不断地去体会语文课本中讲到的人生哲学；只要我们获得学习的能力，我们可以更好地解决现实生活中的种种问题。

（二）提高学习能力的四条建议

那么，如何才能提高孩子的学习能力呢？在这里我给大家四个主要的建议，希望能引起大家的重视。

培养孩子的学习兴趣

兴趣是最好的老师。苏联著名教育家苏霍姆林斯基曾经说过："一个孩子到十二三岁还没有自己的兴趣和爱好，做老师的要为他担忧，担忧他长大后对什么都漠不关心，成为一个平平庸庸的人。"

作为父母，培养孩子的学习兴趣，也是至关重要的。我常常会接触到这样的孩子，问他们为什么要学习，他们总是说为了不让爸爸妈妈失望，为了不受惩罚，为了考一所好大学。当再问一些大学生朋友为什么会选现在这个专业就读时，总能得到类似于这样的回答：也不知道要选什么专业，只是根据当年的考分选择的专业，至于这个专业要做什么工作，自己也不太清楚。

你会发现，这样的孩子在学习过程中是没有自己的兴趣爱好的。他们听从老师、父母的要求，去完成学习任务。从学习动机的内外维度看，这是他们学习的外在动机，这种情况会受外部诱因的影响，因为他们并不是对学习本身感兴趣，而是对学习所带来的结果感兴趣。一旦脱离老师、父母的管束，他们就失去了人生的方向，这也是很多人进入大学后学习成绩下降的原因之一。

对学习本身感兴趣的内在动机，是不需要外部诱因、惩罚来指导行动的。比如，有的学生非常喜欢数学，他就会主动地认真听讲，下课后认真刻苦钻研，不会期待用数学成绩来获得奖励或者逃避惩罚。

什么是学习兴趣？苏霍姆林斯基说得好，就是"学生带着一种高涨的激动的情绪从事学习和思考，对面前展示的真理感到惊奇和震惊；在学习中意识和感觉到自己的智慧力量，体验到创造的欢乐，为人类的智慧和意志的伟大感到骄傲"。

怎样培养学生的这种学习兴趣？苏霍姆林斯基有过一个具体的见解和做法。他说，有一个学生不爱学习，他就陪他读书，读到有趣的地方，就说"我有事，你自己读吧"。学生自己读下去，慢慢对学习产生了兴趣。有时老师的课讲得好，生动有趣，会引起学生对这门课程的兴趣。师生关系的好坏也会影响学生的学习兴趣。学生往往对喜欢的老师的课感兴趣。

北京师范大学教育学部顾明远教授在谈学习兴趣培养的时候，也提到过北京市一位刘老师讲作文教学的经验。小学生往往不爱写作文，刘老师就把他们带到大自然里，让孩子们去观察，把观察到的事物写下来就是作文。有一个学生最不爱写作文，但一次放风筝后，他写了放风筝的故事，老师觉得他描写得很真实细致，给他这篇作文打了满分。这个学生很高兴，从此对作文就有兴趣了，越写越好。

顾教授的女儿小时候学英语总是别别扭扭的，很不情愿。有一次我带她一起陪外宾游故宫，她与外宾说了几句话，回家就自觉地学起英语来。可见，通过实践可以培养学生的学习兴趣。

养成良好的学习习惯

2015年7月18日《牡丹江晚报》公布了对全国21个省份的29位省高考状元进行相关调查的结果，受访者中仅有2人认为"智商确实占很大的因素"，另外27人中，12人认为"良好的习惯更加重要"。

对许多父母来说，孩子的学习问题是他们最关注的问题之一。而这些学习问题中，关于孩子学习拖拉、作业效率低的问题，极为常见，也最让父母头疼。如何解决孩子学习拖拉、效率低的问题呢？我们不妨来看看一位山东妈妈的做法。

这位妈妈的女儿叫张翀，2011年考入了美国加利福尼亚大学洛杉矶分校。在分享自己的育儿经验时，张翀妈妈就提到了如何培养女儿自主学习、提高写作业效率的事情。

张翀在刚上小学时，也缺乏良好的学习习惯，写作业时拖拖拉拉，不能专心。妈妈通过观察发现，女儿不是不喜欢学习，而是在学习时边写边玩，浪费了许多时间。

妈妈知道张翀是个非常有上进心的女孩，对老师又特别崇拜，喜欢老师的表扬，害怕老师的批评。于是，妈妈就完成作业所需要的时间打电话咨询了老师，并告诉张翀必须在规定的时间内完成作业，时间过了就不准写了，而完不成作业就等着被老师批评吧。要强的张翀当然不想被老师批评，于是第一次快速地完成了作业。在完成了作业之后，张翀的妈妈又及时给予了女儿奖励，让她玩自己心爱的玩具，并看自己喜欢的动画片。

有了好的开始，妈妈就在学习和生活中的其他事情上都采用了这种方法，让女儿避免拖拉，提高效率。在长时间的坚持后，张翀良好的学习习惯就养成了，自主学习的能力也培养出来了，最终考入了理想中的大学。

张翀妈妈的教子经验，其实与习惯培养的科学方法不谋而合。美国麻省理工学院研究人员经过研究发现，习惯中有一个简单的神经逻辑回路，即暗示、惯常行为和奖赏。习惯培养的过程就是建立暗示、惯常行为和奖赏之间的因果关系。

张翀的妈妈首先利用孩子喜欢表扬、害怕批评的心理，形成一种暗示，让孩子的学习成为自动行为模式。然后，利用奖赏让孩子体验到通过努力后获得的成就感和快乐。最后再不断地坚持和重复这个过程，直到形成一个良好的习惯。这个做法值得父母们借鉴。

当然，每个孩子的特点不同，需要采取的策略也不同。父母首先要了解自己的孩子最感兴趣和最在意的事情是什么，然后才能做出对孩子有影响力的暗示。

关注孩子的运动和劳动

中美教育比较中，有一个很明显的现象：中国式教育鼓励孩子多练习少思考，多安静少运动，多学习少劳动；美国式教育则是在各种运动中培养孩子，孩子在很小的时候就要自己做家务，借此培养独立的意识。

其实儿童教育首先是生活教育，会生活的孩子才会正常发展。华东师范大学刘良华教授在讨论发达国家更加重视身体教育的时候，把英国和美国的教育比喻成用橄榄球培养精英的教育。

英国素有绅士教育和骑士教育的传统，他们把体育作为教育的一个核心，注重利用体育训练来磨炼人的意志，推动人际关系教育及职业技能教育。正如剑桥大学的教授查尔斯·埃利奥特所强调的严酷的体育训练在精英教育中的意义。他认为体育能够给英国的特权阶层提供痛苦的经验和耐久力，塑造坚强的人格和体魄，使他们有能力和意志完成上帝的使命。

美国教育延续了这种传统，而且使体育教育的队伍更加壮大，篮球、足球、棒球等运动风靡全国，激烈的橄榄球运动在大学校园里表达的是青春的朝气和一种美国精神。身体教育渗透着人格的教育，正如著名的教育评论人、波士顿萨福克大学历史系助理教授薛涌在《精英的阶梯》中讲到的："让孩子学会融入群体，并通过自己对这个群体的贡献和牺牲来赢得大家的承认。这里培养的，是领袖才能，包括成为联结同伴的纽带、对集体忠诚、对对手尊重，乃至公平竞争、无论胜败都要维护自己的荣誉的基本道德品性。"

我们也可以看到，美国很多获诺贝尔奖的学者，他们不仅有着学术上的成就，同时也有着强健的体魄。可见体育训练和学习能力是有一定关系的。如台湾著名教育专家刘弘白博士所说，学习能力是由感觉动作、听知觉和视知觉三大功能决定的，感觉运动能力决定着学习能力形成的品质与成败，甚至可以说运动是智慧的开端。具有相同观点的还有蒙台梭利，她认为儿童是通过运动来发展大脑的。运动帮助大脑发育，发育后的大脑又对运动起帮助作用。

不仅是体育，劳动对于孩子综合素质的提升也是非常重要的。2015年8月3日，教育部联合共青团中央、全国少工委颁布了《关于加强中小学劳动教育的意见》，提出要用三至五年时间，推动建立课程完善、资源丰富、模式多样、机制健全的劳动教育体系，形成普遍重视劳动教育的氛围。

从劳动教育文件的出台我们可以看出，目前中国的劳动教育很大程度上被削弱了，孩子的劳动机会减少，劳动意识不足。在学校，应试教育的压力，让师生们为分数而战：凡是考试要考的，老师就教，凡是和考试无关的就要被边缘化，劳动自然就被弱化了；在家庭中，独生子女越来越多，孩子都是父母的掌上明珠，很少有劳动的机会，就算有时间，也被各种补习班、特长班所占据了，父母生怕耽误孩子的学习。

其实，日常的劳动习惯和生产实践劳动不仅能培养孩子吃苦耐劳的精神和健康的身体，而且可以激发孩子的学习兴趣，提高他们感知世界、感知生活的能力。中国教育科学研究院对小学生家庭教育状态的调查报告显示，做家务的孩子学习成绩优秀的比例为86.92%，不做家务的孩子学习成绩优秀的比例仅为3.71%。

生活即教育，教育源于生活，始于劳动。在家庭中对孩子进行劳动教育,要记住一个基本的前提,那就是让孩子把劳动当成自己的事情来做。这样他们才能从中享受到快乐,体会到劳动的成就感,增强自信心,从而养成良好的劳动习惯。

创造良好的家庭氛围

学生学习成绩是否优秀与家庭环境有什么关系?

2015年3月《中华家教》刊登了中国教育科学研究院对四省市小学生家庭教育状态的调查报告——《大数据告诉你:哪些家庭的孩子,学习成绩更优秀》。报告显示,那些善于听取孩子意见的家庭,正能量多的家庭,孩子的学习成绩更优秀。数据显示,"会听取孩子意见"的家庭,子女学习成绩优秀的占39.11%,而子女学习成绩较差的比例仅为19.90%。面对教育分歧,父母选择"私下再协商"的家庭,其子女学习成绩优秀的比例高达76.10%,而学习成绩较差的学生的家庭选择该项的比例仅为11.98%。

善于倾听孩子意见的父母与孩子之间形成的是一种民主、协商型的亲子模式,即父母能够意识到孩子是一个独立的个体,充分发挥他们参与家庭事务的主动性和积极性,让孩子有被信任的感觉,增加他们的自信心。成功的体验是可以转化和迁移的。如果把这种信任感、自信心转化为内在学习动力,运用到学习的自我管理中,就可能提升孩子的学习成绩和学习能力。

在家庭生活中经常会出现一些矛盾,父母双方难免都会有情绪不好的时候。这个时候,"能感受到家人支持和关心"的家庭,其子女学习成绩优秀的比例最高,为74.12%;而冷漠、疏离的家庭,如"不如不说,说了更闹心"和"说了他们也不能理解"的家庭中,子女学习成绩优秀的比例仅为12.48%和5.41%。

其实这个时候考验的是一种对能量的传递和情绪控制的能力,这种能力会无形中传递到孩子身上。如果父母能够很好地控制情绪,用积极的态度去解决问题,孩子也会在学习过程中控制好自己的负面情绪,面对学习压力时,能够用乐观的心态去适应。

　　我常常说，父母的生活习惯会影响到孩子的生活习惯。一个爱看电视的孩子，家里可能有一个爱看电视的大人；一个爱读书的孩子，家里也可能有个爱读书的大人。中国教育科学研究院的这组调查数据显示，阅读型家庭的子女学习成绩优秀的比例更高。闲暇时父母经常"读书看报"的家庭中，其子女学习成绩优秀的比例为31.31%，高于"看电视、玩电脑、玩手机"（27.43%）和"朋友聚会、打牌娱乐"（24.90%）等的家庭。

　　试想，一个正在打牌的父亲要求自己的孩子去读书、做功课，孩子可能就会想："你也在玩啊，这不也挺开心的嘛，我为什么还要努力学习呢。"正所谓言传身教，孩子都是在向父母学习。如果想要让孩子学习，自己要先做好榜样。

　　另外，还值得关注的是小学生学业水平与家庭组织娱乐活动的频率密切相关。数据显示，选择"从不"、"偶尔"和"经常"组织家庭娱乐活动的家庭，学习成绩优秀的小学生比例分别为17.74%、27.35%和39.19%。也就是说，家里组织娱乐活动的频率高，小学生学习成绩优秀的比例也高。

　　此外，亲子互动密切对孩子的发展影响显著。数据显示，学习成绩优秀的学生家庭"几乎每天"或"每周两到三次"与家人共进晚餐的比例均高于学习成绩较差的学生家庭。有意思的是父亲对孩子的影响。调查显示，"爸爸经常和孩子一起做事"对小学生的学业水平影响显著。在学习成绩优秀的小学生中，爸爸能经常和孩子"一起玩智力游戏（如下棋、走迷宫、玩数字猜谜等）"的占比最高，为58.23%；其他选项依次为"打闹玩耍"（56.54%）、"一起运动"（48.42%）、"一起聊天谈心"（41.14%）、"一起尝试新事物"（40.83%）、"一起修理东西"（22.65%）、"讨论军事、科技、政治、历史等话题"（18.86%）、"共同保守一个秘密"（13.9%）。

　　其实，类似的发现在很多的调查报告中都得到了证明：家庭环境会影响到孩子的学习成绩。例如，2007年日本人三浦展发表了一份调查报告——《阶层是会遗传的：不要让你的孩子跌入"下流社会"》。报告显示，父母的生活习惯会影响孩子的学习成绩。"有条理也有趣的母亲比较能养育出学习成绩好的孩子。父亲越认真、越有条理、越有礼貌，其孩子的学习成绩就会越好……学习成绩不理想的孩子,饮食状况也比较混乱……学习成绩越差的孩子,越依赖便利店的食物……""父母能做的就是改善孩子的生活习惯。"

提高孩子的学习能力是培养分析性智力的一个方面,但并不是成功智力的全部。斯滕伯格说:"好的测验分数并不妨碍成功智力的发展,但也并不保证就一定能培养出成功智力。""成功者,无论是依其自身的标准还是在旁人看来,都是那些努力获取、发展并运用一整套完整的智慧技能的人,而绝不仅仅是只拥有学校中才推崇的呆滞智力的人。在传统的测验方面,这些人也许成功,也许失败,但他们具有一些比测验分数重要得多的共同之处。他们知道自己的长处,也知道自身的弱点,他们会充分利用自己的优势,也会弥补或修正自身的弱点。"

三　创造性智力——成功的关键

法国著名哲学家狄德罗说：“知道事物应该是什么样，说明你是聪明的人；知道事物实际是什么样，说明你是有经验的人；知道怎样使事物变得更好，说明你是有才能的人。”

（一）以乔布斯的方式改革教育

创新性人才具备的核心能力是创造性智力。

斯滕伯格认为，创造性智力是找对问题的智力，是一种超越已知给定的知识和信息并产生出新异独特的思想的能力，也就是面对新任务和新情境产生新观念的能力。这种智力在影响成功的众多因素中是至关重要的一个。

从下面这个案例，我们可以看出创新对于成功的重要性。

“活着就是改变世界。”史蒂夫·乔布斯用苹果引领了全球电子产品的潮流，创新和过人的智慧让他走上了成功的道路。21岁，乔布斯创立了苹果公司；23岁，成了百万富翁；25岁，成为亿万富翁；30岁，被自己创立的苹果公司辞退，却因此开创了计算机动画电影时代；41岁，再次把苹果公司做成全世界市值最高的高科技公司。

乔布斯用自己的创造改变了人们的生活方式,改变了世界。他将技术与艺术完美结合,创造了苹果独有的风格。奥地利经济学家熊彼特曾经指出,创新是现代工商业社会的根本动力,而企业家作为现代工商业社会的灵魂,他们身上肩负着创新的职能。企业家必须要"无中生有",不断地把从未有过的关于生产要素和生产条件的新组合引入生产体系。以这个标准来衡量乔布斯,无疑他是当代最出色的企业家之一。

《史蒂夫·乔布斯传》中提到:乔布斯深知21世纪创造价值的最佳途径就是将创造力和科技结合起来。从在地下车库中制造出的麦金塔电脑,到网上音乐和智能手机,他不仅改变了人们的生活方式,还用他那狂热积极的追求彻底改变了六大产业——个人电脑、动画电影、音乐、移动电话、平板电脑和数字出版。乔布斯和他的工作团队一直秉持着这样的思维:我们开发的并非是针对目标人群的有待改进的普通产品,而是消费者还没有意识到其需求的全新设备和服务。我想这也是那块可多点触碰的玻璃面板问世的最大原因吧。

正是在这种理念下,乔布斯的苹果公司影响力越来越大。他把电子产品变得简便化,变得平民化,让曾经大型、昂贵的电子产品变成如今人们生活中必不可少的一部分。

热爱音乐的乔布斯,在商业音乐市场受到互联网发展的巨大威胁时,在人们可以免费在网上下载和分享数码音乐、CD(激光唱片)销量直线下降时,开创了iTunes(供苹果电脑使用的一款数字媒体播放应用程序),从此进入音乐革命的时代。后来,热卖上亿部的能将1万首音乐装进口袋的iPod(便携式数字多媒体播放器)也横空出世。

2007年,iPhone(智能手机)问世。它基本上是一款手持电脑,创新触摸屏集合多种功能,硬是打败了很多传统手机,带领人们进入了没有键盘和手写笔的时代。

美国总统奥巴马评价乔布斯为美国最伟大的创新领袖之一,"他拥有非凡的勇气去创造不同的事物,并且以大无畏的精神改造着这个世界。同时,他卓越的天赋也让他成为了一个能够改变世界的人"。

在每次开发新产品的时候,乔布斯都可以跳出传统思维的束缚,独辟蹊径产生独特的想法。正如他自己所说,"我们要学着用不同的方式思考,给那些一开始就支持我们产品的用户提供最好的服务。"这就是乔布斯给我们留下的财富。

苹果体验店也是乔布斯跳出传统思维创造出来的零售业新模式。他打破了传统零售业店铺在设计、选址和管理上的模式,创造了一种全新的顾客体验模式——在苹果专卖店没有收银员和售货员,只有提供服务的咨询师和专家。苹果第一家专卖店用了不到五年的时间,就达到了10亿美元的销售额,这个神奇的数字再次证明了创新的力量。

乔布斯成了创造力、想象力以及持续创新的代表,他不仅给我们留下了物质财富,更重要的是,他的创新精神一直激励着各个领域的人物。

世界传媒大亨默多克对此写过一篇文章《以乔布斯的方式改革教育》。默多克在文章的开头就写道:"如今,每个人都支持教育改革。问题在于,何种方式最佳。我支持乔布斯模式。"他说:"我强调的重点不是关于苹果公司的,而是关于我们在想象力方面的巨大失败。在这一点上,教育行业要承担很大一部分责任。"

所以说,创造性智力并不是与生俱来的,是可以通过学习、锻炼培养出来的。如果你想成为某个行业的佼佼者,如果你想在生活中不时地体验惊喜,就要有自己的想法。

有人说,世界上能出多少个乔布斯呢,一个时代中能改变世界的人总是凤毛麟角。自然不能期望所有的人都成为乔布斯,但是互联网时代需要出现很多像乔布斯一样具有创新精神的人。哪怕微小的创新也会改变我们的生活,也会让我们拥有成功的体验。

（二）具有成功智力的人要敢于对假设提出质疑

知道吗?最近30年人类积累的知识量,相当于过去2000多年的总和！未来2年产生的信息量将比过去1万年的还多！

这些惊人的数据出自时任全国政协副主席、中国工程院院长徐匡迪之口。2005年4月21日下午，在中央党校礼堂，我亲耳聆听了这位科学家的激情演讲。他介绍说，大型计算机的运算速度，已经可以达到每秒130万亿次，并可能达到每秒300万亿次！在谈到对策时，他讲得最多的几个词就是"创新"、"自主创新"。

我一边听一边想，人类生存的世界已经发生了翻天覆地的变化，我们学习的理念与方式也必须来一场革命！

几乎全世界的人都知道，中国的父母最重视孩子的学习，所以，华人的学习成绩比较优秀是全球都公认的事实。实际上，这是一个模糊的印象，或者说是用若干标准之一考量的结果。在一些考量想象力与创造力的国际比赛中，中国一流中小学派出的选手差不多可以说是都名落孙山。因此，《中国青年报》曾发出惊呼："中国学生的想象力哪儿去了？"也因此，才有了著名的"钱学森之问"："为什么我们的学校总是培养不出杰出人才？"钱老说的人才是创造发明型人才，是创新创业型人才。可见，创新性智力对于个人成功和社会的功能和价值。

2014年5月27日，中国青少年研究中心发布了《中小学生科学兴趣状况调查的五个主要发现》。报告显示，虽然我国中小学生对科学感兴趣，但从事科学技术职业的意愿不强，并且中小学生对科学的兴趣随着年级的升高而降低；中小学生对课外科学活动的需求未得到满足，非正规科学教育需加强。另外，报告还显示我国城市女学生、农村学生及西部地区学生科学兴趣不足，科学素养较低。

不管是钱老的世纪之问还是中小学生科学兴趣低的报告，都在告诉我们，我们现在缺乏创新型人才，创新型人才的培养迫在眉睫。

在斯滕伯格看来，创新型人才需要的是创造性智力，创造性智力是可以培养和发展的。在《成功智力》一书中，他从十二个方面阐述了发展创造性智力，即寻找创新榜样、善于质疑且有批判精神、允许自己和他人犯错误、敢于合理冒险、做可以发挥创造力的工作、对问题从不同角度进行定义、对自己和他人进行奖赏、给自己充足的时间进行思考、容忍模糊不清、能够面对和克服困难、自己愿意成长、人与环境的和谐相处。

我们可以参照这十二个方面对孩子进行创造力的培养，但是也要注意针对不同孩子的不同特点，侧重某个方面或者某几个方面。对此，我想特别强调两个方面：批判精神和充足的思考时间。

具有成功智力的人要敢于对假设提出质疑，同时也要鼓励别人这么做。2013年11月20日的《中国科学报》在头版头条的位置，以"批判性思维教育至关重要"为题，报道了中国科学院院长、中国科学院大学校长白春礼在中国科学院院长奖颁奖典礼上的致辞。白春礼特别强调，在造就创新型人才过程中，批判性思维教育至关重要。他说：

> 我觉得，一个优秀的创新型人才，一个有造诣的科研工作者，一定要具备很高的批判性思维能力。将批判性思维教育贯穿学生培养全过程，引导同学们把大胆质疑与谨慎断言有机结合，大力提升批判性思维能力，真正把自己锻造成国家急需的优秀创新型人才。

批判精神是对那些通常被认为是不可被动摇的知识的反思和质疑。我们常常教给孩子别人所说的真理，只要他们记住这些知识就可以了，而不会鼓励他们去寻找知识，培养他们寻找真理的逻辑思维。在这种教育思维的灌输下，孩子们越来越不敢质疑。

在中国青少年研究中心与北京师范大学教育系合作的大型调查中发现，在上课遇到问题会当场举手提问的学生中，小学生占13.8％，初中生和高中生居然仅占5.7％和2.9％！这是我们在全国10个省市对3737名中小学生调查的结果。我们进一步分析发现，"没有把握就不举手"者最多：小学生占34.8％，初中生占48.8％，高中生占42.8％。可是，"知道也不举手"者中，小学生占4.5％，初中生占14.5％，高中生竟占33.8％！

为什么学生年龄越大越不敢或不愿提问题了呢？专家们认为，学生年龄越大越怕回答失误丢面子，他们因为缺乏自信而趋于保守。

可是我们要知道，没有批判就没有创新，没有批判就没有新的观点和理论出现。哥白尼的"日心说"就是对统治1000多年的"地心说"的彻底批判。在中世纪的欧洲，托勒密的"地心说"一直占据着统治地位，著名的先哲亚里士多德也认为地球是静止的，其他的星体都是围绕着地球这一宇宙中心运转的。在宗教的支持下，这种说法可以说是不可撼动的。但是人的认识既是有局限性的，同时又是无限发展的。哥白尼就是在批判精神的激励下，冒着被宗教迫害的危险，提出了"日心说"这一改变宇宙观的说法。

人类的思想史其实就是人类不断冲破传统思想的束缚，不断提出质疑，产生新的观点推动人类不断向前的历史。马克思主义哲学认为，社会是处在不断变化和发展中的有机整体和复杂系统，世界上不存在任何最终的、绝对的、不变的东西；人对世界的认识也不是一次就完成的，而需经过一个多次反复、无限深化的过程。因而，人类的认识成果中，没有万古不变的教条，人类要推动历史前进就必须不断地在批判中进行创新。

（三）宽松的环境有利于孩子创造力的发展

培养孩子的创造力不仅需要培养孩子批判性的思维，还要留给孩子充足的思考时间。

据2014年8月29日《文汇报》介绍，中科院院士褚君浩认为："我们培养孩子的目的并不是希望他们个个都成为爱因斯坦，但是作为父母和老师，肯定很希望孩子长大后能够成为一个富有创新精神的成功者。"

在褚君浩看来，一个宽松的环境有利于孩子创造力的发展。如今一些孩子常常在培训班之间赶场，"我认为这种赶场让孩子永远处于被动局面，缺少自己动脑筋的机会。应该让孩子坐在写字台前，有足够的时间思考，从而掌握、归纳、提炼好的方法。"褚君浩认为，整天封闭起来做一个学霸，也不利于创造力的培养。还是要让孩子多参加一些课外活动，这是对孩子能力的锻炼，反过来也会促进孩子成绩的提高。

褚院士在红外光电子材料和器件、铁电薄膜的材料物理和器件研究领域成绩斐然。他从事教育工作多年，桃李满天下，在培养孩子方面也颇有心得。他的儿子在德国获得物理学博士学位，如今在瑞士一家著名的高科技公司任职，经常往来于瑞士和上海张江高科技园区之间，从事着瑞中之间的技术交流工作。

由于工作原因，我接触了很多不同年龄段的孩子及其父母。我了解到，中小学生之所以年龄越大越不敢或不愿提问题了，固然与其心理变化有关，也与父母和老师的态度有关。

孩子在上幼儿园前后，每天都会有很多问题要问爸爸妈妈，"为什么小兔子不会说话"、"我们是从哪里来的"、"白天的时候月亮去哪里了"，等等。孩子在这个年龄段是最没有压力的，也是对世界最充满好奇心的，他们有充足的时间去问"为什么"、去动手、去思考，但这个年龄段也是孩子成长的分水岭。如果父母和老师是鼓励支持或启发引导的，他们可能会成为孩子的科学启蒙者；如果父母和老师是应付、糊弄或讨厌、拒绝的，孩子的探索大门可能会关闭。

特别是上了小学，要学知识，要考试了，这是对父母和老师更为严峻的考验。如果只是期待孩子学习成绩好，便可能希望孩子能够遵守各项纪律，不随便乱动，考试卷子上所有的问题都有所谓的正确答案，不天马行空乱写。为了让孩子不输在起跑线上，父母会跟风报各种课外辅导班、兴趣学习班。孩子的时间被占满了，自由支配的时间自然少了。等到上了初中、高中，孩子们会面临升学压力，父母和老师希望孩子们都能够进入名牌中学和大学，所以就把孩子的时间分割成了若干个豆腐块分配给考试的科目。孩子花在课堂上的时间越来越长，花费在作业和考试上的精力越来越多，慢慢地，孩子的生活被考试充斥着，已经没有了思考的时间。他们逐渐对生活的世界失去了好奇，好像所有的事情都是理所当然的，创造力自然就被禁锢了。

乔布斯创立了苹果公司，每天勤奋工作，可是有一天他被苹果公司解雇了。后来，在斯坦福大学的一次毕业典礼上他却说："被苹果开掉是我这一生所经历过的最棒的事情。成功的沉重被凤凰涅槃般的轻盈所代替，每件事情都不再那么确定，我以自由之躯进入了我整个生命当中最有创意的时期。"

积极而自由的心态给了他思考的时间，独立思考的时间给了他创造的可能。当他带着NeXT公司重返苹果公司时，他仍然是那个可以改变世界的史蒂夫·乔布斯。

对于如何激发孩子的创造能力，西班牙著名教育专家费尔南多·阿尔贝卡在《你的孩子也能成为爱因斯坦》中提到，最关键的一点是，让孩子自由独立地思考，永远也不要在他们可以自己找出问题答案的情况下揭开谜底。他提出一系列智慧的建议：

1. 充分了解孩子的个性和行为方式；
2. 充分信任他们；
3. 让他们积极参加讨论；
4. 从尚无定论的问题入手；
5. 根据情境适当进行变通；
6. 和他们一起，走到解决问题的最后一步；
7. 当孩子的奇思妙想具有可行性时，将方案带入实践；
8. 对孩子由已知推向未知、找到解决方法的成就给予肯定，鼓励他们勇于探索未知世界的精神。

实际上，创造力的培养也是有规律可循的。创造力的发育在孩子5岁左右会经历第一次停滞，在9~10岁时会出现第二次停滞。有研究表明，有些孩子在第二次停滞后，创造力大不如前。10岁后，受到周围环境影响，孩子已经意识到想要继续向前走，就必须舍弃一部分创造力，转而学习一些更加重要和务实的知识。但对有些孩子来说，创造力的火焰在其10岁后仍会继续燃烧，甚至令其在青春期、青年时期或成年后依然创造力惊人。

我们作为父母和老师，并不是说要让每个孩子都成为爱因斯坦，成为乔布斯，成为马云，因为每个孩子都是独一无二的，是不可复制的。

我们要做的就是释放孩子的创造能力，挖掘他们的创造潜能，让他们享受到创造的快乐，让他们能够在一个宽松愉悦的环境下，成长为富有创造力的成功者，成长为具有奇思妙想的幸福者。同时，他们还可以通过自己的创造，一生贡献社会、改变世界。

四　实践性智力——让生活充满智慧

一个人能否顺利工作和幸福生活，能否在危难关头化险为夷，在人力可及的情况下，就看是否具有勇气与智慧了。如老子所说"勇于敢则杀，勇于不敢则活"。意思是说，一个人勇敢而鲁莽可能带来灾难，一个人勇敢而谨慎可能带来平安。这种生存智慧就是实践性智力。

（一）实践性智力来自丰富多彩的生活体验

北京有一个名牌大学的女生，是团支部书记，晚上出去打的。出租车司机看她长得很漂亮，又是一个人，就找个机会把她强奸了。之后，这个女孩说了一句话，结果就是因为这一句话，她把自己的性命丢掉了。她说："我记住你长什么样了，我一定要报案。"结果出租车司机就一刀把她给杀了。

后来，警察把犯罪嫌疑人抓到了，经审问得知这个犯罪嫌疑人一共强奸了17个女孩，但是前面16个女孩都没死，为什么呢？人家没说这句话。

这是我的老朋友、中国人民公安大学教授王大伟在一次讲座中提到的案例。案例中提到的这个名牌大学的女大学生可能懂得很多知识，但是她缺乏一种实践性智力。她当着犯罪分子的面说要报警的时候，实际上给了犯罪分子一个杀人的动机。他可能会想："我已经犯下罪行,你都记住我什么样子了,我肯定会被抓,不如就杀人灭口。"

造成这位女大学生的悲剧的原因之一就在于她缺乏实践性智力。

斯滕伯格把这种实践性智力称为"社会智力",是与学术智力相对而言的,意指个体解决实际生活问题的能力,即将理论转化为实践,将抽象思想转化为实际成果,并以一种行之有效的方法来加以实施的智力。它的主要来源是经验,它是一种把经验应用于适应、塑造和选择环境的能力。与学业相关的分析性智力随着年龄的增长而下降的趋势不同,这种能力会随着年龄的增长而逐渐发展,与个体隐含知识的数量有关。正如有些人在学校里成绩出众,但在生活中却表现平平;相反,有些人在学校里表现平平,在生活中却处处得心应手。

我们再来看另一个案例,也是王大伟教授所讲的一个真实案例。

北京有这么一个女出租车司机,她晚上开着车在外面拉活,突然上来了一个小伙子,像个大学生一样,斯斯文文的,戴着眼镜,说要到北京的郊区去。女司机看客人面善,就同意了。

结果走了一个多小时,来到山区,这个"大学生"坐在后座上一言不发,这个女司机感到害怕了。

突然这个"大学生"说了一句话,把这个女司机吓得毛骨悚然。他说,"停车,我要撒尿。"这句话什么意思,北京所有的出租车司机都知道,就是要抢劫杀人了。她就把车停了,一停下那个人就用一根小绳子勒住她脖子,并把刀架在她的肋骨那儿。这个女司机一看那人要将她往外拖,就知道他要杀人了,因为他怕女司机的血流在车上——他要把这辆车卖了。

突然,这个女司机做了一个让大家都想不到的举动,她猛地一把抱住那个犯罪嫌疑人。她说:"小哥啊,你不就是要这车吗?这车也不是我的。你看这样行不行,我老公两年以前就背叛我跟一个女的跑了,不如咱俩到前面把车卖了,我和你私奔,你看如何啊?"

犯罪嫌疑人一听,说:"好啊。"他很高兴,又得财又得色,一箭双雕。就在这时,从远处来了一个骑自行车的,女司机想如果骑自行车的人是一个警察,她今天就百分之百得救了。结果,这个骑自行车的来到她的车子旁边,从自行车上下来,趴在车窗上看。这个女司机看清楚是个老人后,马上又说了一句让大家想不到的话。她说:"看什么看,谈恋爱没看过啊?"老人离开后,犯罪嫌疑人惊叹道:"啊呀,大姐,你够哥们啊!"犯罪嫌疑人就这样被女司机完全迷惑住了,两个人就开着车要去卖车,准备私奔。

到了公路上,她碰到了第一辆车,这个女司机见是一辆出租汽车,她想:"不行,出租汽车上只有司机一个人,他救不了我。"接着往前开,第二辆车是一辆拉煤的长途运输车,她心想,这个也不行,长途车司机往往都是很疲劳的,然后她又往前开。遇到第三辆车的时候,车上坐着六个小伙子,是一辆卖水果的车。女司机一看这个行,就猛地开到水果车的前面,两辆车相撞,发生了交通事故。那六个小伙子一看就特生气,提着棍子下车来就要打架。

这个时候女司机就拼命喊:"快救我,我被劫持了。"

就这样,女司机保住了性命,犯罪嫌疑人也被抓住了。

我们看到,这个女司机在和犯罪嫌疑人斗智斗勇的时候,就充分使用了实践性智力或者说是社会智力。她准确地抓住了犯罪分子的心理,先获取犯罪分子的信任,然后拖延时间找准时机进行自救。

自然,家庭、学校和社会,都有责任对孩子进行安全教育,有必要帮其进行自我保护的演习训练。但是,实践性智力主要来自实践,来自生活经验的积累和升华。所以,青少年特别需要丰富多彩的生活体验。

(二)社会生活实践能力是成功的必备条件

据《北京晚报》2015年4月26日报道,一位拥有双博士后资历的中年华人女子因签证过期被两个美国警察押解遣返回国。

来自大西北的小兰(化名),是当地有名的学霸,从初中起一路被保送,成为北京最好的一所大学的博士后,而后去了美国一所著名大学,又成为了博士后。近日,拥有双博士后资历的她终于回国了。不过,这次不是衣锦还乡,而是被两个高壮的美国警察押解遣返回来的,除了一盒治疗精神分裂的药没带任何行李。一身包裹到脚踝的黑色羽绒服,每一粒扣子都紧紧地扣着;头发只剩下稀疏的几缕,其间还有很多白发;脸色蜡黄,布满皱纹,完全是一副老太太的模样。在询问时,她说:"除了学习,我什么都不会。"

听到这句话,很多人都会感慨万千,多么讽刺的一句话啊!原来,这位刻苦学习多年的博士后除了学习,其他的什么都不会。这是家庭与社会需要的人才吗,是勤奋学习的成功典范吗?她引以为傲的高学历,引以为豪的好成绩,遭到了社会现实的沉重一击。

小兰是家里的独生女,自幼聪明好学,父母也以其优异的学习成绩为傲,竭尽全力给她营造一个良好的学习环境,从不让她干任何家务活,任务也只有一个,那就是学习。她没有让父母失望,从初中起就一路被保送,在北京一所顶尖的学校里,她从本科、硕士,一直读到了博士,并成为博士后。后来,她又被推荐去了美国BF大学,申请到了奖学金,这样又成为了该校的博士后。

可以看出,小兰的学习成绩非常突出,但是当她被推荐到企业的时候,她不擅与人打交道的劣势被彻底放大了。

在第一家企业,由于看不惯作假行为,快人快语的她因得罪人被辞退了;在第二家企业,同事聚会时,主管有意考察几个外籍新人的社交能力,在餐会中给了他们每人一大份肉,让他们吃完。其他几个新人要么与主管沟通,要么请人一起分享,唯独小兰干脆把盘子一推,"我吃不下!"很快,她被礼貌地请出了公司。因为没有就职的单位可以继续为她申请签证延期,小兰随时面临着被遣返的危机,而没了经济来源的她不得不开始流浪。最后,无家可归的小兰终于被警察发现,并被遣送回国。

小兰在学校的时候,把大部分时间用在了学习、科研上,忽略了与人的沟通。在学校这样一个小的社会团体中,可能还显示不出社会性的重要。但是从世界教育发展的趋势来看,社会实践越来越受重视,因为脱离生活的教育无论多么高深都是愚蠢的。德国教育家福禄培尔认为,脱离生活实践是学校教育的最大缺点之一,因为"通过生活和从生活中学习,要比任何方式的学习更深入和更容易理解","对于人的发展、形成和加强远为有力"。

小兰作为学者要参与科研团队,而科研团队也越来越重视团队合作,注重社会实践。在这样一个知识信息化的时代,没有哪一项伟大的事业是由一个人独立完成的,也没有哪一项伟大的发明是由一个人闭门造车想出来的。

(三)缺乏实践经验难以体验真正的成功

有一个调查结果令我印象非常深刻,那就是在未就业大学生当中,实践经验缺乏是他们求职困难的首要原因。2014年10月底,中国青少年发展论坛在清华大学举行,我代表中国青少年研究中心发布系列调研报告,其中未就业大学生的一组数据引起了社会关注,中央电视台随即做了新闻评论。

据2014年7月5日《现代快报》报道,美国加利福尼亚大学洛杉矶分校校长布洛克先生来到南京的金陵中学访问,表示:"大学现在更加关注学生独立能力的培养,我们也更青睐这样的学生。美国的大学希望学生有更强的实际操作能力,并且正在着力提升学生的实践经验。""我们希望学生能够拥有更强的动手能力,提前培养职业所需的知识背景和实践经验。"

国外对中国留学生的总体印象是学习非常用功、学习成绩很好,但是学生的独立性和实习经历有所欠缺。现在很多世界名校在招生的时候,已经不仅仅是看考试成绩,更加关注的是学生的实践能力。

2015年7月15日《人民日报》介绍了一个即将成为哈佛新生的辽宁男孩刘帆柯的故事。刘帆柯高中是在美国读的。"刚到美国时,正是选举季,我在街头看到很多飘扬的小旗和张贴的海报，特别好奇，就开始研究美国政治。"刘帆柯说。

经过努力，刘帆柯先后争取到了去联邦众议员赵美心办公室、南加州众议员办公室和洛杉矶市长办公室实习的机会。于是，每天下午2点40分放学后，他就收拾行装前去实习，接电话、接案子，一坚持就是几年。

很多人有这样的实习机会，但是像刘帆柯这样每天坚持做最基层的事情，坚持好几年的人却很少。有时候，成功就在于坚持。

"我发现，华人之所以在美国的声音太小，一个重要原因就是投票率低。"刘帆柯说。于是，他和朋友推出短片《投票的力量》，"我用动作、特效、舞蹈等时尚元素，吸引年轻人的注意，鼓励亚裔青年选民踊跃投票。"最终，这个视频的点击量超过13万次，并被当地的主流媒体关注。刘帆柯说，他决定在哈佛读书期间继续研究政治学。

同时在深圳中学有一个叫黄郝的女孩，也收到了一封录取通知书："我们知道了你帮助农民把菜卖到城里的项目，欢迎来到这里，斯坦福是美国最大的农场。"原来，黄郝在课余，和同学发起一项名为"社区支持农业"的公益活动，即城里人向农民预付菜款，农民种出蔬菜后送货给城里人。经过一年的努力，他们发展了几十个客户。

"我觉得不能闷在房间里，光靠书本上那点东西来决定自己的未来。"黄郝有点不好意思地说，"就想逼着自己去体验一些不一样的事情。"黄郝掰着指头告诉记者，她在华南农业大学的课题组研究过兰花培育，在芝加哥大学参加夏令营期间研究过传染病，在深圳博物馆担任过近两年的义务讲解员，"我还喜欢时尚，为了第二天能走好T台秀，前一天晚上可以花一整夜修改时装。"

那么，被哈佛、斯坦福录取的这两个年轻人，考试成绩好吗？在被称为"美国高考"的SAT（美国学术能力评估测试）中，他们一个考了2100多分，一个考了2200多分，成绩尚可，但绝不是最高的。要知道，每年都有不少学生考出2400分的满分。

从案例中我们可以看出，世界名校在招生的时候，并不只是看分数，更加看重的是个人的素质。我们曾听说,一个在国内高考中落榜的男孩,却被哈佛大学录取;北京一个高考理科状元,申请了美国11所名校,竟全部被拒。正如美国留学专家马振翼所说,"世界名校在找让人印象深刻、多才多艺且拥有特殊课外活动能力的学生。因为他们要的是将来可以影响世界的人或具有这种潜力的人。"

他们的成功均是因为他们强大的实践能力。

具有实践性智力的人,其标志性特点是易获得并使用未明言的知识,即以行动为导向的知识,它的获得一般不需要他人的帮助,它能帮助个体实现个人追求的目标。未明言的知识具有三种特性:第一,它是关于如何去行动的知识;第二,它与人们所推崇的目标实现有关;第三,这类知识的获得一般很少需要别人的帮助。

总体来说,在三元理论的基础上经过大量心理学实验和教育实践,斯滕伯格提出了更富有影响力和现实意义的成功智力理论。成功智力理论突破了传统智力理论只注重学业方面的狭隘性,它提出,智力应该与现实世界的成功相联系,应该可以解释现实生活中的各种成功和非成功的案例。

成功智力主要有四个方面的内涵:

第一,应当在一个人的社会文化背景内,按照个人的标准,根据在生活中取得成功的能力定义智力。在不同的社会文化背景之下,达到目标所需要的成功智力的表现形式并不一样。

第二,个体取得成功的能力依赖于利用自己的长处以及改正或弥补自己的不足。我们应该选择适合自己的道路进行发展,没有必要拿自己不擅长的东西和别人进行比较。

说到扬长避短,林肯是一个典范。

林肯相貌丑陋,这在竞选中是一个劣势,但是每当有人以此为话题攻击他时,他都能借机展示自己的智慧与幽默。比如,他跟史蒂芬·道格拉斯一起竞选总统,在进行辩论时,道格拉斯指责林肯是个两面派,有两副面孔。林肯听了之后，不慌不忙地回答说："如果我有两副面孔，我还会情愿戴这一副吗？"他的勇于自嘲，立刻赢得了台下不约而同的叫好声。

林肯的贫苦出身也让他处于劣势，但是他用这个特点拉近了与中下层选民的距离——林肯没有专车，他买票乘车，每到一站，朋友们就为他准备好一辆普通马车。他发表竞选演说时说："有人写信问我有多少财产？我有一个妻子和三个儿子，都是无价之宝。此外，我还租了一间办公室，室内有桌子一张，椅子三把，墙角有大书架一个。架上的书，每一本都值得细读。我本人既穷又瘦，脸很长，我实在没有什么可依靠的，唯一可以依靠的就是你们。"

第三，成功是通过三方面智力的平衡而获得的。其中，分析性智力是进行分析、评价、判断、比较或对照的能力，也是传统智商测验测量的能力；创造性智力是面对新任务、新情境，产生新观念的能力；实践性智力是把经验应用于适应、塑造和选择环境的能力。

第四，智力平衡是为了实现适应、塑造和选择环境的目标，而不仅仅是传统智力所强调的对环境的适应。

斯滕伯格的成功智力理论告诉我们一个很重要的道理，那就是学业测试分数在成功的诸多因素中，并不是最重要的。父母对子女都抱有很大期望，希望孩子真正走向成功，学校和社会也希望能够培养出真正的人才。这时候，我们是不是应该反思，我们现在片面追求的学习成绩到底有多大意义。

"唯分数论"淹没了孩子们太多的才能，单一的评价机制又过分地关注学习成绩好的人。我们花了太多精力去关照成功智力的一个方面，而这个方面对于成功却并不起关键性作用。

真正的成功应该是三方面智力的平衡。虽然，每个人在分析性智力、创造性智力和实践性智力上的平衡不尽相同，但每个富有创造力的人都应具备以上三方面的智力，同时还会思考在什么时候，以何种方式来有效地使用这些能力。只有这样，每个孩子的潜力才都能被挖掘出来，每个孩子才都能体会到成功的感受，每个孩子才都能走向通往幸福的成功。

第 六 章

真正的成功
是幸福

　　我们穷尽一生追求成功，可知真正的成功就是幸福。如果放弃对幸福的追求，或者说失去成功最重要的坐标——幸福，那么，成功有可能会变成魔鬼，变成陷阱，变成鸦片。所以，成功教育的最终目标也应该是幸福教育。

成功是我们人人都渴望的。但是成功并不是我们人生的最终目标，它只是我们实现幸福人生目标的手段。正如古希腊哲学家亚里士多德所说："幸福是人类生活的最高目的，幸福是家庭美满和事业成功的综合体。"

与其不断地追问什么是成功，什么是幸福，不如去探寻真正的成功与幸福之路。提高社会情绪管理能力是我们探寻的方向，培养积极乐观的情绪是成功教育的重要使命。

成功教育的最终目标也应该是幸福教育。但遗憾的是，对于很多人来说，他们离成功越近，幸福离他们却越远。

为什么会如此矛盾？究竟什么是幸福？怎样才幸福？

幸福是什么

（一）快乐与智慧结合即为幸福

　　2012年10月中央电视台就"你幸福吗？""幸福是什么？"做了为期九天的《走基层百姓心声》特别调查。对于幸福观，老百姓的回答五花八门，并有不少出人意料的回答。但是可以看出，人们对幸福有着自己的定义：

　　天津曙光市场个体户：幸福就是过得满足。

　　新疆奎屯拾花工：幸福就是多挣钱，多给小孩攒点钱。

　　小商贩：现在过得还行吧，有事干、有收入、能养家，负得起责任我就觉得很幸福。

　　小服装店老板：每天陪家人吃饭、陪着孩子写作业就是幸福。

　　四川成都高中生：我觉得我现在挺幸福的，至少现在有固定的朋友圈，至少爸妈不强迫我干自己不喜欢的事情，我自己每天还是过得比较充实、比较快乐的。对于我这个年龄段的人来说，每天过得快乐，不用去担忧不该担忧的事情就是幸福。

　　环卫工人：幸福就是家人团圆。没有工作、没有钱，谈何幸福？

　　退休职工：我把我最心爱的女儿给供出来了，不管我怎么艰苦去劳动，我退了休一直没在家待着，我们一直在外面找事干。现在孩子研究生毕业工作也挺好，我觉得很满足。

山西太原外来务工人员：现在挺幸福，现在就是社会主义好，农民的生活也搞得很好。

生菜种植户：你幸福吗？这个问题问得好，生菜都卖不出去，现在就是想有人来买生菜。

出租车司机：幸福就是过节时家人能一块儿。

肉铺老板：幸福着呢。现在政策好，生意也好，做生意能赚钱。我觉得幸福就是没有后顾之忧，生活有保障。现在社会安全系数也高，也没有市霸，我们做生意也比较安心。幸福就是我们现在有养老保险，还有保障房，我们现在都买得起。

一对新人中的新郎：幸福就是今天可以把新娘娶回家。

其实在老百姓心中，幸福很简单，有事情可以做，能够赚钱养家，能经常和家人团聚，做自己喜欢的事情，能够稳定地生活，就是最幸福的生活。

从这些回答中，我们经常听到的对幸福的定义是："高兴"、"开心"、"满足"、"有钱赚"、"舒舒服服地玩"、"踏实"等积极的情绪，幸福在每个人心中都是不同的，但也有类似的地方。不管你是办公室的高级白领还是市场中的小商小贩，不管你是站在世界前沿的领军人物还是守护家庭的择菜大妈，幸福是每个人心中最强烈的追求。

那么幸福究竟是什么？

《中国大百科全书·哲学卷》将幸福界定为"人们在一定的社会生活实践中因目标和理想的实现或接近而感受到的一种内心满足。"

从古至今，人类从来没有停止过追问——幸福是什么？

古希腊哲学家柏拉图说过："幸福的生活就像两股清泉在心中流淌。一股清泉是快乐，可以比作蜜泉，甜蜜而可口；一股清泉是智慧，就如同清凉剂。两股清泉单独都不能给我们幸福，只有利用我们自身的力量，使这两股清泉合理配置，才能够成为理想的合剂——幸福。"

我们在理解这句话的时候可以体会到,柏拉图的幸福观强调的是一种感性和理性的结合,是对快乐、善良、智慧和自制的追求。仅有快乐或者只有智慧都不能使我们过得幸福,要合二为一达到灵魂的和谐状态,人们才能幸福。

柏拉图的学生、古希腊先哲亚里士多德说:"幸福是生命本身的意图和意义,是人类存在的目标和重点……""幸福是完善的和自足的,是所有活动的目的。"

不管你身处哪个领域,从事什么样的工作,我们所有的活动都是为了最终的幸福。正如英国哲学家大卫·休谟所说:"人类刻苦勤勉的终点就是幸福,因此才有了艺术创作、科学发明、法律规定,以及社会的变革。"

中国传统的幸福观主要是以儒家、道家和佛家思想为代表的。儒家追求中庸和谐的幸福观;道家主张清净无为,顺其自然;佛家则认为人生本无幸福,只有各种痛苦,摆脱痛苦返回天国才能到达幸福的彼岸。

英国心理学家布拉德·卡尔和皮特·科恩认为真正的幸福是生存、个性和高层次的需要。这和美国心理学家亚伯拉罕·马斯洛的需求层次理论不谋而合。马斯洛将需求分成生理需求、安全需求、社交需求(爱与归属的需求)、尊重需求和自我实现需求五类,由较低层次依次过渡到较高层次,当某个层次的需求未获满足时,首先会满足迫切需求;该需求满足后,另一层次的需求才会出现。人们处于不同的需求层次,对于幸福的需要也就不同。

中国著名哲学家冯友兰把幸福看作是一种自由的精神,认为"独立自足的生活,即是合理的幸福"。

尽管对幸福的内涵说法不一,但仍可以总结出,幸福是感性和理性的结合,是物质和精神的结合,是个人和社会的统一。随着人类认识的发展,我们对幸福也有了越来越丰富的理解。

哈佛大学幸福课导师泰勒·本-沙哈尔认为,幸福是生命中的一种需要,是所有目标中至高无上的,其他所有目标的终点都只是通往幸福的起点。而且真正的幸福是快乐和意义的结合。

（二）成功和幸福并驾齐驱者最幸福

我们一直在讲，真正的成功就是幸福，片面地追求成绩、分数可能会误导孩子的一生。有人可能就会有这样的疑惑，那我们是不是就不用努力学习，不用取得好成绩，不用上个好学校了呢？是不是就不用追求财富和名利，每天只需要无忧无虑快乐玩耍就可以了呢？或者说，我们要追求幸福是不是就可以放弃奋斗、放弃成功呢？

或许可以反问，通过毒品得到快感的人幸福吗？整天吃喝玩乐的人会感到幸福吗？整天躺在沙发上无所事事的人会幸福吗？在幸福的内涵中，"高兴"、"满足"、"快乐"这些主观的积极情绪体验是幸福的必要非充分条件，但它并不是万能的，不能帮我们解决所有的问题。而且，我们并不可能随时都有积极的情绪，我们也会遇到愤怒的时候，会遇到焦虑的时候。

正如著名心理学家弗兰克尔所说："人类需要的不是一个没有挑战的世界，而是一个值得奋斗的目标。"我们不是要回避困难，而是要用积极的心态去面对困难、克服困难。真正持久的幸福，并不是短暂的快乐感受，也不是没有任何挫折的一帆风顺。

沙哈尔认为，快乐是享受当下，并不是情绪持续在高涨状态。我们可以接受失败或者失去，因为我们依然可以活得幸福。我们希望这种积极的情绪体验是有意义的，我们的行为是有目标的，能够满足内心的需要，实现自我存在感。正如萧伯纳所说："这才是生命的喜悦，那种为了源自真我的目标而奋斗的感觉。"

对此，我认为"积极心理学之父"马丁·塞利格曼对于幸福的认识较为全面。在《持续的幸福》一书中，他认为幸福由五个元素组成，分别是：积极情绪、投入、意义、积极的人际关系和成就。这五个元素不仅包括了主观的元素，更重要的是也包括了客观的元素。这也解决了人们长期以来认为幸福是主观的认识，不能测量的问题。

在幸福五元素中，积极情绪简单来讲就是快乐人生。幸福感和生活满意度是积极情绪里的两个因子，靠主观评估。它们包含了主观幸福感的所有常见因素：高兴、狂喜、舒适、温暖等。

投入也是靠主观评估。它一般处于心流状态，通常没有思想和感情，事后只能靠回顾，说"那真好玩"、"那真棒"。比如我们全身心投入到一件事情当中时，我们会忘了其他事情的存在。

意义指归属于和致力于某样超越自我的东西。它不是单纯的主观感受，是从历史、逻辑和一致性的角度出发的冷静客观的评判，很可能会与主观的判断不同。也就是说你认为有意义的事情，在别人看来可能并不是这样。因为我们会被自己蒙蔽，真正的意义还需要对社会和周遭的关系有益。

成就，有人为了成功、成就、胜利、成绩和技艺本身而追求它们，为了赢而赢。常见于对财富的追求，这也是幸福中不可缺少的一部分。

人际关系，在21世纪这样一个拥有巨大关系网的时代，人际关系变得异常重要。实践也证明，幸福的人拥有更好的人际关系，他们善于结交朋友，能够很好地和人相处。人际关系也能帮助我们更好地通往成功之路。

所以说，幸福和成功从来都是不矛盾的。而且科学研究证明，幸福可以帮助人们在生活的方方面面取得更大的成功。积极心理学家索尼娅·柳博米尔斯基等人在对幸福感研究综述中提出："幸福的人在生活的各种层面都非常成功，包括婚姻、友谊、收入、工作表现以及健康状况。"同时也指出，幸福和成功之间存在强烈的相互作用关系：成功可以带来幸福，而幸福本身也可以带来更多的成功。

对于成功和幸福的关系，北京师范大学心理学教授刘翔平有个很好的比喻："成功和幸福的关系是相互独立的，可以比作是两座并行的挂钟。如果你的成功之钟走到了上午9点，幸福之钟也恰好走到了上午9点，就意味着你是成功者的同时也是一个幸福的人，因为正好两座挂钟走到了同一时刻。如果成功之钟走到了上午9点，而你的幸福之钟只走到了上午7点,意味着你虽然成功,但不够幸福,你可能收入不低却焦虑地生活着,你无法享受你的成功。第三种情况是成功之钟只走到了上午7点,但幸福之钟却走到了上午9点,这意味着你虽然平凡,但内心却有安全感和幸福感。你坚信明天的生活会更好,有亲人需要自己;你会幸福地接送孩子,平静地与邻居交流感受,参加同学聚会;你的生活并没有被不成功所困扰。最后一种情况是既不成功也不幸福,你待业并抱怨着。"

泰勒·本-沙哈尔认为,成功与幸福的四种关系,反映在现实生活中就是四种人生态度和行为模式。

第一种,感悟幸福型,成功和幸福并驾齐驱。这样的人,既能享受当下的生活,又能通过努力来获得更加满意的未来。这种被认为是最理想的。

第二种,忙碌奔波型,成功在前,幸福在后。这样的人认为,现在的痛苦是为了将来的幸福,可能会获得成功却不能享受成功。

第三种,享乐主义型,及时行乐,逃避痛苦。重视眼前的快乐,忽略了行为的后果。

第四种,虚无主义型,对人生丧失了希望,既不享受现在,也不期待未来。这是最差的一种人生态度。

我们可以对照着这四种关系,看看自己属于哪一种,可能不同的人生阶段会有不同的人生态度。真正的幸福不应该是绝对不掺杂不良情绪的,而应是经得起困难和挫折考验的。

(三)幸福感强的人会更容易获得成功

真正的成功必须是以追求幸福为目的的。

商业上评价一个人是否成功,我们总是用财富来衡量。也有很多人认为,财富的积累才是人生的目标。那么,有一个问题我们是不能绕过去的,即是否具有很多财富的人就一定是幸福的。金钱和幸福是否具有显著的关系？

哈佛大学幸福课设计者肖恩·埃科尔在《幸福原动力》中分享过一个故事，从中我们或许可以受到一些启发。

很久以前，有一对靠拾破烂为生的夫妻，生活过得十分艰苦，但他们经常在屋子里拉弦唱歌，日子过得逍遥自在。

附近的一个富翁每天总是很烦恼。他非常羡慕这对夫妻的幸福生活，又很奇怪，便问他的管家："我这么有钱，为什么一点都不快乐；而那对夫妻穷得叮当响，却每天那么开心呢？"

管家听了，眨了眨眼对富翁说："老爷，您想让他们忧愁吗？"

富翁回答说："我看他们不会忧愁的。"

"不一定。"管家眯着眼说。然后他把一贯钱送到了那对夫妻家。那对夫妻拿到钱后很高兴，但到了晚上，他们开始发愁了：他们想把钱放在家中，门却没法关严；想把钱藏在墙壁里，墙用手一扒就会开；想把钱放在枕头下，又怕丢……总之，他们整个晚上都在为这贯钱操心，果然再也没有拉弦唱歌了。

其实，对于金钱和财富的研究已经很多了，不管是经济学的研究还是心理学的研究，有一个共同的认识已经达成，那就是：金钱越多，人们对生活的满意度越高；但是当安全和经济有保障后，金钱的增加就难以提高幸福感了。

高收入的人群对生活比较满意，他们可以在物质上满足自己，不会为了贷款而烦恼，不会为了医药费用、学习费用而担心，他们可以对自己不喜欢的工作说"不"，可以通过金钱得到自己喜欢的东西。但是他们不一定会比其他人更幸福，甚至他们会比其他人更加痛苦。

金钱为什么不能带给我们持久的幸福？

积极心理学家索尼娅·柳博米尔斯基在《幸福的神话》一书中解释了第一个原因——人们永远无法体验两回第一次。当人们第一次登上山顶的时候，肯定是无比开心的；可是当人们第二次、第三次登顶的时候，就没有原来那么开心。他们会想，下次要登一个更高的山峰。挣钱也是一样。当人们挣得人生第一桶金的时候，那种幸福感应该是无与伦比的，但是人们不会体验到第二次，因为人们的欲望会越来越大。这样久了就出现了第二个原因，那就是即使是渴望已久的成就或财富，也有可能扰乱、破坏人们的生活、角色定位及对自我的看法。诚如富人综合征，即财富到达一定高度后人们便会习惯甚至上瘾，以至不提高舒适及奢华的剂量，就无法感到满足。

根据马丁·塞利格曼在2004年的调查显示，300名最富有的美国人并不比普通的阿米什人或因纽特人更开心。塞利格曼认为，金钱和幸福的相关性有个临界点，叫安全网。在这个安全网之下，财富的增加和生活满意度的增加是同步的；但是在安全网之上，要用越来越多的财富才能增加一点点幸福感。

这和著名的"伊斯特林悖论"是一样的。1974年，美国南加州大学经济学教授理查德·伊斯特林发表题为《经济增长可以在多大程度上增进人们的幸福》的论文，认为，在一个时点上，收入和幸福之间呈正相关关系；但随着时间的推移，居民主观幸福感并不随GDP（国内生产总值）或收入的增长而持续增加。

这就很好地解释了企业家这样一个有财富、有名望的成功群体，为什么幸福感却普遍偏低的问题。

泰勒·本–沙哈尔在2013年接受《中国企业家》杂志采访时说，中国的企业家正在变得前所未有的富有，同时，也前所未有的不快乐。他提到了很多名人的幸福感偏低的核心原因。比如电影明星、歌星和著名的政治人物，他们大部分人在成长过程中被告知，一旦成功，你就会快乐和幸福。但实际上，不管是物质上的富足还是名望上的收获，都没有办法带来持续恒久的幸福感。所以当这些人成功之后，不管是赚了很多钱，还是变得很有名，他们都会发现外来的因素不能再带来幸福感，而本身的幸福感不仅不会提升，反而会降低。所以说，财富不一定带来幸福感，而常常是幸福感强的人会更容易获得成功。

财富本来就是外在的东西,有时是外在的压力迫使你去追求它;但是有些情况下,财富也可以变得有内在意义。如果有足够的金钱,我们可以用它去做我们认为有意义的事情。如比尔·盖茨、巴菲特等世界级的富人都非常热衷于做慈善,帮助别人,给人带来幸福。

世界首富比尔·盖茨在一次采访中表示,金钱对他个人来说没有太多意义。在 Telegraph 网站的采访中,他这样说道:"我当然衣食无忧。当财富多到一定程度,金钱对我来说就没用了。我的财富完全是用来构建一个机构的,通过该机构来将资源分配到世界上最穷的地方去。"

据 2008 年 2 月 15 日《财经时报》报道,仅 2005 年,盖茨夫妇就捐出 60 亿美元,刷新人类史上捐款的纪录。该笔捐款与世界卫生组织的年度开销不相上下。"财富并不是我的,我只是暂时支配它而已。"2008 年 6 月 18 日《人民日报》报道,比尔·盖茨在接受英国 BBC 电视节目 *Newsnight*(《新闻之夜》)访问时表示,他将于 2008 年 6 月 27 日正式退休,并将把 580 亿美元(约合 4530 亿元人民币)的个人财产捐给比尔和梅琳达·盖茨基金会。

并不仅仅是盖茨有这样的举动,有很多富有的人热衷于慈善事业。如,英国美容用品连锁店"美体小铺"创始人安妮塔·罗迪克 2005 年宣布,把价值 5100 万英镑的个人财产全部捐出,用于慈善事业;2008 年全球首富沃伦·巴菲特发表声明说,他要把自己的财富与比尔·盖茨的合在一起,共同用来抗击第三世界的疾病;构建花旗帝国的企业家桑迪·威尔打算在死前捐出全部财产;将美国国际集团打造为全球最大保险公司的莫里斯·汉克·格林伯格也在大笔地捐钱。

对他们来说,财富已经不能增加他们的幸福感,只有帮助别人才可以使他们感到更加快乐、更加幸福。助人为乐是全世界人民发现的一个真理。

二 不以追求幸福为目的的成功是魔鬼

也许你会同意上述某些关于成功与幸福的观点,但是在现实生活中,太多人掉进了成功的陷阱中,因为他们把成功限定在了一个非常狭小的范围内。最普遍的就是,很多父母认为孩子考高分、进入名校,才是成功,才能获得幸福。可是进入名校之后,孩子们就一定会得到幸福吗?上海复旦大学医学院的研究生林森浩就是一个令人震惊的悲剧。

(一)负面情绪无法排遣酿成悲剧

2013年3月31日14时许,林森浩以取实验用品为名,从他人处取得钥匙后,进入他曾实习过的复旦大学附属中山医院(以下简称"中山医院")11号楼2楼影像医学实验室204室。趁室内无人,他取出装有剧毒化学品N-二甲基亚硝胺的试剂瓶和注射器,并装入一只黄色医疗废弃物袋内随身带离。

当日17时50分许,林森浩回到与同学黄洋共同住宿的421室,趁室内无人,将上述剧毒化学品全部注入室内饮水机的水桶中。次日上午,黄洋从饮水机中接取并喝下有毒的饮用水,随即发生呕吐。4月1日中午,黄洋至中山医院就诊,因病情严重于4月3日转至重症监护室,经全力抢救无效,于4月16日死亡。

经鉴定,黄洋死于N-二甲基亚硝胺中毒致肝脏、肾脏等多器官损伤、功能衰竭。法院一审宣判:被告人林森浩犯故意杀人罪,判处死刑,剥夺政治权利终身。

以上是上海市第二中级人民法院对复旦投毒案一审宣判判决书上的部分内容。林森浩是复旦大学医学院硕士生,名校、保送、成绩优异都是这个大学生身上的光环,在投毒、杀人面前,这些显得异常地讽刺,让人心寒。一个本该救死扶伤的医生,为何要下毒害死自己同寝室同学呢?

在判决前后,很多媒体都已经对此案强烈关注。判决前,央视记者董倩也对林森浩进行了访谈,从《新闻1+1》《南方周末》以及《东方眼》主持人崔永元的采访等系列报道和访谈中,我们或许可以在一定程度上找到想要的答案。

在事发的前几天,林森浩跟另外一个同学发生了小争执——当时林森浩在床上睡觉,另一个同学在玩游戏时一直在抖脚,发出沙沙的声音。林森浩后来回忆说:

"我对他说'哥们,动作轻一点',没想到他冲我吼了一句。他说'我没动啊'。我当时就很愤怒,愤怒一直压在心里,情绪很烦躁。"

负面情绪在林森浩心里不断膨胀,没有找到发泄的方式。3月30日晚上,因为黄洋的玩笑,他那根越绷越紧的弦终于到了断裂的临界点。

"我在对面寝室玩游戏,旁边就站了一个同学叫付令元,这个时候他(指黄洋)进来了。他进来就跟平常一样笑嘻嘻地说愚人节就要到了,要不要整人,然后边说边拍付令元的肩膀,反正就是很得意的样子。我当时看着就不顺眼,心里也很不舒服,我当时的想法是这样的:你要整人,那我就来整你。"

而就在前一天(3月29日),一个叫吕鹏的同学约林森浩去做他的实验志愿者。正好实验室的地址就是林森浩两年前做实验的所在地,那个地方有林森浩以前做实验经常用的一种药剂,所以林森浩一下子就想到了要拿这个药去整黄洋。

他后来回忆道：

"当时实验分两次，第一次是我和吕博士还有赵硕士三人。一共十只大鼠，注射稀释液后，培养肝纤维大鼠。当时两只大鼠死亡，一只是死于浓度过高。第二次实验我也参与了，也有大鼠因为急性肝衰竭死亡。"

由此可以看出，林森浩知道这种药剂的毒性。这个药就是N-二甲基亚硝胺，在危险化学物品上的编号为61735号试剂。正常情况下，危险试剂的使用剂量和剩余药剂都会受到严格控制。但是，3月31日下午，林森浩将实验室中仅存的75毫升药剂全部带走了，这是致死剂量的30倍。

当天晚上，林森浩回到寝室，发现寝室的饮水机水桶里面剩有一两百毫升的水，当时就把药倒入了这个水桶里面。

做完这些事情后，林森浩在网上查了一下N-二甲基亚硝胺，他记忆中好像有"肝损伤"、"严重可能导致死亡"等提示。他后来解释："但我对这些字眼并不敏感，就稍微看了一下。""我的目的并不是要杀死他，只是想让他难受，没想到会这么严重。""我之所以没有放弃（投毒），可能还是因为性格不够果断。"

第二天早上，黄洋喝了饮水机里的水后马上发出呕吐的声音。当时林森浩假装在床上睡觉，随后，他借故离开了寝室。

当天下午黄洋来找林森浩做B超，林森浩仍未意识到自己的行为将会带来多么严重的后果。直至黄洋住院后，心虚的林森浩才去医院看了三次，但仍然没有告诉医生黄洋是N-二甲基亚硝胺中毒。

在黄洋和死神斗争的关键时刻，林森浩没有把握住挽救错误的机会。对此他解释，刚开始没有说是因为"他没有质问我，我就想这个事情就过去了"。等到黄洋住进重症监护室的时候，林森浩却没有勇气承认自己犯的错误了。其实据林森浩自己说，在去实验室之前，头脑里闪过之前的"朱令案"（1994年清华大学发生的投毒案）最终没有破案，这给了他一个直接的刺激。"算是侥幸心理吧。"林森浩说。

2013年4月11日，林森浩被警方带走，并很快承认了投毒的事实。

同日，医院发出了病危通知书。

2013 年 4 月 16 日 15 时 23 分，医院宣布，黄洋死亡。

2013 年 4 月 19 日，警方向上海市黄浦区人民检察院提请逮捕林森浩，并首次披露案情。作案动机被归纳为"林某因生活琐事与黄某关系不和，心存不满"，但仍未明确"琐事"的具体内容。后来林森浩表示，只是出于愚人节想整一下黄洋的恶作剧动机而实施投毒的。

2013 年 4 月 25 日，上海市黄浦区人民检察院以涉嫌故意杀人罪批准逮捕林森浩。由于是故意杀人并且被害人已死亡，属于重大刑事案件，该案被移送至上海市人民检察院第二分院起诉。

2014 年 2 月 18 日，法院一审公开宣判，被告人林森浩因犯故意杀人罪，被判死刑。林森浩提出上诉。

2014 年 12 月 8 日，法院二审维持死刑判决。

2015 年 12 月 9 日，林森浩的死刑复核结果公布；12 月 11 日，林森浩被依法执行死刑。

（二）对孩子道德底线的教育不容忽视

本案中的犯罪嫌疑人林森浩出生在潮汕地区的一个农村家庭里。从小自律听话，很少受到父母的责备。高考时，以 780 多分的高分考入中山大学；2012 年，因成绩优异免试进入复旦大学医学院攻读硕士学位。

林森浩投毒案二审宣判维持死刑判决后，东方卫视《东方眼》的主持人崔永元采访了林森浩的父亲。

在林森浩父亲的眼里，林森浩很懂事，对父母也很孝顺，对长辈也很尊重，"我可以骄傲地说一句，在周围的孩子里面，我的孩子算是比较优秀的。"林森浩成了犯罪嫌疑人之后，父亲仍然不相信平日里老老实实的儿子会做出这样的事情。

其实这就是这个父亲最大的悲剧。他只看到孩子好，实际上完全不了解孩子的三观。他们认为孩子没有问题的想法，恰恰是造成孩子问题的根源。

采访中,林父坦言自己和林森浩平时交流很少。

"他一直读他的书,我们就忙我们的工作。他高中、大学在学校寄宿,只有等到寒暑假的时候才回家,那时我们才有时间沟通一下,其他时间他就在学校里。"

林父也谈道:"我感觉孩子长这么大,总还是认为他好像是一个小孩子一样。因为他有点幼稚,特别是对现实生活很理想化。比如说他放假回到家,有时候我会有意跟他谈论人生、谈论社会。凭我的社会阅历,我感觉到社会上有些事情不是那么理想的,我有时候会把这些例子说给他听。他就说你可能是老实相,现在社会不会这样,我感觉他有点幼稚,毕竟还是个学生,没有走上社会。"

据2013年4月25日《南方周末》报道:林森浩1986年出生于潮汕地区,在家排行老二,家境并不优越。父亲早年在一家服装厂打工,母亲则常年拉着一辆平板车,在镇上的工厂里收购废品。十年前,一家人才从狭窄的土屋,搬进了如今的小楼,以出售纸巾、饮料等为生。林森浩曾多次劝说母亲不要再收废品,识字不多的母亲却让其安心读书,"全家人的希望都在两个儿子身上。"潮汕地区本有重商之风,村里的男孩大多初中没读完就跑去做生意了,林家的孩子却是异类:两个女儿都在当地做老师,两个儿子也先后考上大学,林森浩是其中的佼佼者。

中学时代的林森浩比同龄人要自律。据高中同学说,林每天6点半准时起床,"老师基本上不用管";对成绩有些过分执着,常常考试一结束,就在宿舍自责,抱怨状态不佳。在同学眼里,他属于书呆子之类的人物,平时很少说话,只有在谈到篮球和乒乓球的时候,话才多;比较害羞,和女生交往的时候"他从不拒绝帮忙,但如果多问两句,他就不敢直视你的眼睛"。但在老师眼里,林是全校最优秀的孩子之一,在复旦读研究生的他一直是老师的骄傲。

中学时代封闭、程序化的生活环境以及对学习的执着,让林的性格变得害羞、敏感和自卑。他希望通过优异的学习成绩来满足自己对成功的渴望。带着这样的目标,林森浩付出了很多的努力,最终考上了重点大学。在本科时期,林森浩曾是学生会本科学术部部长,科研能力惊人,论文发表数量远超一般学生。他热心于同乡会的活动,爱打篮球,爱玩"三国杀",甚至擅长讲冷笑话。

但是很少有人注意到他性格阴郁的一面。对于自己的出身,林森浩很是在意,在QQ日记里,他写道:"像《恰同学少年》里面那个在进大学时对着学校领导说他的父亲是他雇用的挑夫的人一样,我在本科以前一直对自己的身份有这么一种自卑的心理,每次听说谁谁谁的父母是什么医生、大官的,我就会内心小羡慕一番。"

大学时有一次闲聊,老师问起父母是否退休时,他突然愣住,然后点头。老师回忆,当时意识到林森浩脸上表情的细微变化,便没再问下去。

后来的日志里,林森浩这样总结自己的心理:"我的潜意识中确实有着一种想借助裙带关系上位的想法,可是我的自尊心又时不时把我给拉回来继续奋斗,这样形成了我矛盾的人生观与价值观。"

在我看来,很多从艰苦环境中走出来的人,会用一种更极端的方式表现自己的独立价值和尊严。他们通常会急切地摆脱过去的一切,想使自己脱胎成一个新人,可往往又没有找到真正的方向,最终陷入空虚,成了精神世界的孤魂野鬼。

这些自卑、敏感的性格矛盾在林森浩很小的时候就已经初露端倪。但是他的父母并没有看出孩子性格上的缺陷,也没有对孩子进行道德底线教育,他们认为只要孩子学习好,就不用操心。这也是很多父母忽略的问题。林森浩在接受董倩采访时承认:"我有点自欺欺人,脑子里就不去想这些(化学药品可能会致人死亡),可能想法太幼稚,不计后果,伤害别人的身体在我这里不是底线。"听到这里我们可能会感到更加震惊:一个名牌大学的硕士生,智商应该很高,而且作为一名准医生,基本医德是必须具备的。林森浩认为:"我觉得底线这东西是需要学习的,你头脑里的底线,你做事的习惯方式、思维方式都是需要学习的。除非,你的家庭以及周围环境中那种很强烈的反反复复的刺激让你从小就形成了这种习惯。要是从小没有,那么长大之后要学习,必须是要自己反复不断地强化这些东西。而我没有学习,这跟我的成长历程有关。因为一路走来,成绩一直都还可以,在别人看来可能还有点自以为是,性格上有点孤僻。固执的人在别人看来就有点自以为是,我听不进别人的意见。"

对此,我在2015年1月接受《中国青年报》采访时讲到,不只是林森浩的家庭,事实上,国内不少家庭在教育中都忽视了对孩子道德底线的要求。中国青少年研究中心近年来做了一系列调查,结果都具有稳定的指向:在中小学生眼中,大部分父母都更看重学习成绩,而非道德问题。高达70%的中小学生表示,父母会把学习成绩排在第一位。一位韩国教授曾表示,道德低下的人10岁后将难以生存。一个孩子10岁之前就要掌握道德智能,核心就是明辨是非。

2015年12月7日,林森浩在死刑复核前接受央视专访,他说:"死刑对我来说是一种偿债(的方式),我觉得这样挺好","也期盼我的父母不再纠结此案,这件事是我做的,我该承担"……

(三) 切勿让孩子的思想无家可归

林森浩在最后的陈述中,坦言"我在思想上是无家可归的,没有价值观,没有原则,无所坚守,无所拒绝"。

心理学专家余伟女士评价说,其实他生活在别人的期望之中,比如说,父母希望他学习成绩好,老师希望他成绩出类拔萃,能考上好的大学。他的确完成了这些使命和任务,但是对于"我在哪"、"我是谁",他实际上是没有概念的,所以会认为自己是个很空的、没有什么价值观的人。

在黄洋病危的时候,林森浩也没有说出自己投毒的行为。他自己解释说"可能和勇气有关吧"。

余伟女士认为,林森浩一直以来品学兼优,甚至被保研,这样的孩子往往没有受过什么挫折。他没有真正地面对过人际关系中的冲突和生活中的冲突,那么这一次当他面临对他来说是一个大挫折和抉择的时候,他要做一点和以往不一样甚至可以说是违反他以前所有生活和学习常规的事情来彰显或者证明自己是一个勇敢的、有勇气的人。这一刻,林森浩就像一个淘气的孩子。他没有恨黄洋,他恨的是他自己,恨的是面对这种挫折,他竟然没有办法排遣,然后他用了这样一种方式。余伟女士甚至认为他在给黄洋投毒的时候,他其实也预见到了这种后果,但是他没有想到黄洋会死,他只是把他这个行为当作是证明自己勇敢的一种方式。他认为自己敢给人投毒,然后抱着试试看的想法,甚至真的是带着恶作剧的心态,他要证明自己是足够勇敢的,自己是个男人。

中国政法大学教授马皑也有相同的看法,"一个缺陷,用专业的术语来说,叫'自我同一性的缺陷'。从林森浩的成长历程来看,他一直在证明自己。他为什么要证明自己?因为他相对有一些自卑。但是他的困惑在哪儿?学业上的成功并不能让他在生活上被人尊重,由此他就苦闷。平时缺乏安全感,缺少与人的沟通,那么积累到相当程度,便会一次性爆发,而这次爆发就酿成了严重的后果。"

且不说心理学专家的观点是否是一家之言,从林森浩的言行我们确实可以看出,他的自我感知和社会感知能力十分低下。"他没有质问我啊,既然他没有质问我,我就想这个事情就过去了。"林森浩甚至认为,案发后,通过父母双方的调解,事情就会过去。

其实他一直被自己这种人格或者性格的缺陷所困扰,也在不断地剖析自己。

"我一直在认识自己。某日,我在某电视节目里听到一句话:成功的人都是善于制定规则的。这话当时在我的心里引起了强烈的共鸣。我恍惚地以为自己找到了突破口:我要成为一个善于制定规则的人,在生活中要不吃半点亏,还要欺负欺负别人。也许就是这样一种模糊的认知隐隐地引领着我犯下了这个罪大恶极的过错。"

这让我想到《南方周末》记者了解到的一件事:林森浩与黄洋及另一位室友曾因水费起过争执。黄洋和另外一位室友提出三人平摊购买桶装纯净水的费用,但遭到了林森浩的拒绝。他说,自己喝得少,平摊的方式不合理。最后,林森浩不再平摊水费,自己买水喝。

这里面其实反映了一种价值观——"我只能占便宜,不能吃亏。吃亏的人是弱者,是冤大头。我的个人价值和尊严不能有丝毫被冒犯。"

生活中的这些琐事很容易使他和朋友之间产生矛盾,负面情绪的积压也会让他急于想找到发泄的出口,所以愚人节的恶作剧变成了一场不可挽回的悲剧。2014年2月20日,人民网记者采访广东警官学院教授、犯罪心理学专家宋晓明,他认为:"这与他嫉妒、自卑、敏感、脆弱的性格缺陷和处理人际关系及情绪调节的能力低有关。具有这些不良因素的人在生活中容易遭遇挫折,而挫折往往会使他产生愤怒、怨恨、敌视等消极情绪体验,并长时间难以排解;当积累到一定程度时,只要受到一点哪怕很小的事情的刺激,他就会情绪发作,导致行为失控而作案,伤害别人。"

可以看出林森浩是个情商很低的高才生,他处理人际关系和情绪调节的能力很差,这还表现在他与女性交往方面。大学时候,林森浩找到了发泄的渠道——网络。正是在虚拟的网络上,他的这种自卑和自尊都毫无保留地表现出来了。

据《南方周末》报道,林森浩经常在网络上发表一些言论,比如,"暑假回家去找那个她约会,想打扮一下自己,怎么打扮好?"

这种询问通常没有下文,林森浩随后会自己回复:"像我这种人,女生都讨厌我,我一走近她就会走开的,怎么跟她聊天呢?"

他一直被这种挫败感折磨着。一次聚餐,他问一个女生所在的年级,对方让他猜,猜不中就喝酒。几杯酒下肚,女生反问他的名字,他如法炮制,也要女生猜,不料女生当着许多人的面回答:"我对你没有一点兴趣。"更打击他的是,"过了一会儿,有个帅哥过来了,MM(女孩)主动跟对方报了自己的名字与年级。"

他在论坛帖上记录下这一切,并公布决定,"以后众多人物聚集的场合,我不会再和MM(女孩)交流!——等她们来和我交流。"

到了大四,林森浩已经熟练掌握了自嘲的武器,用来抵抗挫败。2008

年的冬天,他在一番自问后对自己进行了概括,"有谁会喜欢我这个人?丑男第一、手无缚鸡之力、木讷、迂腐、时代的落伍者。"

类似这样自卑、挫败而又充满渴望的言论,在林森浩的论坛帖和微博中经常能看到,甚至还经常会看到针对公众人物的谩骂。他把这种阴暗面限定在了网络生活中,在现实生活中的他仍然一副冷漠的样子,痴迷于自己的专业,不断发表论文,成绩令人称叹。

有太多因素酿成了这场不可挽回的悲剧——家庭教育的缺失,学校生命教育的不健全,以及自身性格的种种缺陷。林森浩投毒案虽说是个案,但足以引起我们的重视——还有多少这样的危机?我们要怎么做?

探寻成功与幸福的秘密

我一直在思考教育和人的关系。至少从 1993 年发表《夏令营中的较量》后,我开始特别关注教育危机的发生和预防。

从 1994 年清华大学投毒案、1997 年北京大学投毒案,到 2004 年云南大学的马加爵杀人案、2010 年西安音乐学院的药家鑫撞人杀人案,再到 2013 年复旦大学投毒案,这些家庭和学校辛苦培养的高才生,给了充满爱心的人们当头一棒,这让我们不得不警醒。

教育需要改革,不管是家庭教育、学校教育,还是社会教育;我们都要探寻真正的成功教育,探寻如何通往幸福的成功教育。

(一) 社会情绪能力决定人一生的成功和幸福

高校大学生犯罪事件为何频发

2011 年 11 月 6 日《北京晨报》报道了《中国犯罪学研究会调查》,据中国犯罪学研究会不完全统计:1965 年,青少年犯罪在整个社会刑事犯罪中约占 33%,其中大学生犯罪约占 1%;"文革"期间,青少年犯罪开始增多,在整个社会刑事犯罪中约占 60%,其中大学生犯罪约占 2.5%;而近几年,青少年犯罪在整个社会刑事犯罪中占70%～80%，其中大学生犯罪约占17%。20世纪80年代末和90年代中期，大学生犯罪人数有明显升幅。

据调查，大学生犯罪案件数量及犯罪人数自1995年起开始上升。2001年比1995年增加了54.5%，2002年较之2001年又增加了97.1%。

大学生犯罪比例不断攀升，其中不乏名校学生犯下的恶性杀人案。这些案件大多是由生活琐事引起的。犯案者大多是家人亲友心目中的高才生，但性格偏内向，敏感、偏执、情感匮乏、人际交往能力低，虽然智商很高，但对生命都很漠视，而且他们的家境通常也都不太好。

在这些表面原因的背后，有一个更复杂也更本质的深层原因，那就是社会情绪能力低下的问题。然而，这却是一个远远没有引起人们关注的问题。

社会情绪能力的高低是人在未来生活中能否成功的最好预示

2013年4月28日《上海教育》杂志采访了中国工程院院士韦钰女士。韦院士热衷于推动儿童情感研究，引进了社会性和情绪能力养成课程，在采访中她谈道：

1999年我收到了经济合作组织"脑工作机制和学习科学"国际研究项目第一次会议的纪要，上面有这样一段话，"研究表明：儿童时期具有的情绪能力，而不是他们的IQ（智商），是他们在以后的生活中能否成功的最好预示。"但是目前，正规的教育和大部分的父母，强调的是认知能力，忽略了情绪能力培养的重要性。

科学研究表明，社会情绪能力对人的一生很重要，实际上是社会情绪能力决定了人一生的成功和快乐。IQ（智商）只能决定一个人在什么领域成功，而社会情绪能力则决定了一个人能不能有道德的基础，它决定着人是否能健康生存、融入社会、合作利他等。缺乏后者，任何人在任何岗位上都不会成功。

通过社会认知所形成的社会情绪能力不仅对人际社会中人们的

和谐相处有重要作用,对于创新能力的培养也有至关重要的作用。

相比"社会情绪能力"一词,我们经常接触到的是"情绪"一词。情绪是有正面情绪和负面情绪之分的。心理学上把焦虑、紧张、愤怒、沮丧、悲伤、痛苦和不满等情绪统称为"负面情绪",而把快乐、喜悦等情绪称为"正面情绪"。

情绪本身并没有优劣之分,只是人们总是忽视甚至逃避它。当负面情绪越积越深的时候,可能会影响一个人的生理和心理健康,容易使人悲观、抑郁,甚至自我封闭。

其实负面情绪人人都有,面对各种压力、面对生活中诸多的问题,我们都会有心情不好、紧张焦虑、愤怒的时候。仔细回想会发现,每次面对困难、压力、矛盾的时候,往往不是事情本身而是我们处理事情的态度、思维方式让我们产生负面的情绪。负面情绪一旦爆发,很容易使人冲动、失去理智、行为失控。

当然也存在另外一种极端,就是把负面情绪积压在心里,找不到发泄的通道。当产生负面情绪的时候,我们不应逃避而是要关照,关照负面情绪,及时地做出疏导。我们要善于发现负面情绪,然后再正确地对待和控制情绪。

情绪是情商中的一部分。美国华盛顿大学心理学教授约翰·戈特曼认为,情商是指人在情绪、情感、意志、耐受挫等方面的品质。情商高的人往往拥有克制冲动的能力,延迟满足感的能力,激励自己的能力,读懂他人社交提示的能力,以及应对生活中高潮和低谷的能力。

情商与人生活的各方面息息相关,它的重要性也经过了多方面的论证。清华大学经济管理学院教授吴维库认为,提升情商,将使我们能够用有限的知识去运作无限的世界,更适合当前压力过大的生存环境,有助于我们获得阳光心态,缔造和谐快乐,享受幸福人生。

著名成功学家卡耐基有一句广为人知的名言:"成功是由15%的专业技能与85%的人际沟通能力构成。"央视《心理访谈》心理学专家胡邓博士认为，在现代社会，情商对成功起着决定性的作用。情商对于每一个人来说都至关重要。一个拥有良好情商的人不仅能承受各种心理压力，更能够坦然面对竞争，创造成功的机会。

其实，早在1995年，美国哈佛大学心理学博士丹尼尔·戈尔曼就在其出版的《情感智商》一书中提出了"情绪智慧"这一概念。他通过科学论证得出结论，"智商最重要"的传统观念是不准确的，情商才是人类最重要的生存能力；人生的成就至多20%可归诸智商，另外80%则要受其他因素（尤其是情商）的影响。

五种社会情绪管理能力

我们现在普遍认同情商对人的影响比智商要深远。在职场上也有这么一句话："智商决定你的起点，情商决定你的上限。"也就是说一个人的智商可能决定了他能否走上成功的道路，但是一个人的情商却决定了他在这条路上能走多远。那么情商，或者更准确地说是社会情绪管理能力都包括哪些？

根据韦钰院士的观点，社会情绪能力包括自我感知能力、自我驾驭能力、社会感知能力、处理人际关系的能力和做出正确决策的能力。这和"情商之父"丹尼尔·戈尔曼提出的情绪管理能力的五个方面是一致的。

因为这些研究成果十分重要，我在这里总结一下，社会情绪管理能力包括：

第一，自我了解能力，也称为"自我感知能力"。

这是自我认知的一种能力。自我感知能力强的人能够准确评估自己的感觉、兴趣、价值取向和优势，当情绪出现或发生变化时，能够自我察觉，并能审视自己的内心体验。丹尼尔·戈尔曼认为，自我感知能力是情感智商的核心，只有认识自己，才能成为自己生活的主宰。

第二，自我管理能力，也称为"自我驾驭能力"。

具有这种能力的人，在面对情绪变化的时候，能够调节自己的情绪，应对压力，控制冲动。

第三，认知他人情绪的能力，也称为"社会感知能力"。

这种能力强的人可以通过细微的社会信号敏感地感受到他人的需求，了解他人的感觉并理解他人的观点，这是与他人正常交往，顺利实现沟通的基础。

第四，自我激励能力，也称为"做出正确决策的能力"。

具有这种能力的人，能够依据活动的某种目标，调动、指挥情绪，尊重他人并做出正确决策。这种能力能够使人走出生命中的低谷，重新出发。

第五，处理人际关系的能力。

这是一种能够处理人际冲突，调控自己和他人的情绪反应，在需要的时候能够寻求帮助的能力。

（二）情绪管理训练的五个关键步骤

2010年5月19日《北京晚报》报道：我国17岁以下的儿童青少年中，至少有3000万人受到各种情绪障碍和行为问题的困扰。记者从当天上午举行的第十九次国际儿童青少年精神医学及相关学科学术会议新闻发布会上获悉，当前我国儿童青少年的精神卫生状况令人担忧。

社会情绪能力学习是现代人的必修课

如何进行社会情绪能力培养，已经成为了当务之急。在学校方面，国际上已经发起了一项社会情绪能力学习的计划。

2002年，联合国教科文组织向全球140个国家的教育部发布了实施SEL（社会情绪能力学习，或译作"社交与情绪学习"）的十大基本原则，开始在全球范围内推广社会情绪能力学习。

2004年，美国伊利诺伊州成为全美第一个通过立法将社会情绪能力学习计划列入学校必修课程的州。接着，以纽约州、密歇根州为代表，越来越多的州加入了通过全州范围内的政策或法律来推进社会情绪能力学习计划的行列。

2009 年举行的社会情绪能力学习论坛中,近百位有影响力的教育工作者、普通市民和政府领导人齐聚华盛顿特区,共同着手制定了一项国家战略,使社会情绪能力学习成为学校改革的核心。

之后,联邦社会情绪能力学习法规出台,由众议员戴尔·基尔迪、朱迪·比格尔特和国会议员蒂姆·瑞安主办这项立法,授权美国教育部建立国家社会情绪能力学习技术支持中心。

社会情绪能力学习计划是由一个国际性的组织 CASEL(美国芝加哥伊利诺伊大学学术、社会与情绪学习协会)发起的,旨在推行将社会情绪能力学习作为从幼儿园到高中教育的必修课程。

除了学校的课程训练,父母对孩子的社会情绪能力的培养更为重要。因为孩子的社会情绪能力很大程度上取决于父母的情商和培养。

著名心理学家约翰·戈特曼在《培养高情商的孩子》一书中,把父母分为了四种类型,即忽视型(只问成绩,不问情绪)、压抑型(这也不许,那也不许)、放任型(无原则地接受和认同)和情绪管理型(情绪指导师)。父母与孩子之间的情绪沟通方式对孩子情绪管理能力的养成至关重要。

情绪管理型父母,他们能够很好地感知自己和孩子的情绪,并且鼓励孩子表达情绪,引导孩子积极看待消极情绪,为孩子的行为划定界限,不会纵容孩子的所有行为,指导孩子自己去解决问题。

他提到,家庭中,情绪管理训练有五个关键的步骤,依次为:觉察到孩子的情绪;把情绪化的瞬间当作增进亲密感,对孩子进行指导的好机会;对孩子的情绪感同身受,倾听孩子的心声,认可孩子的情绪;帮助孩子表达情绪,用言语为情绪贴上标签;划定界限,指导孩子解决问题。

在对话中培养高情商的孩子

在《培养高情商的孩子》一书中,约翰·戈特曼举了一个关于一对母女之间的对话的例子,值得大家分享。

梅根：我明天不想去上学。

妈妈：你不想去学校？这很奇怪。你平常都很爱去学校。你是不是在担心什么？

梅根：或许是吧。

妈妈：那你在担心什么？

梅根：我不知道。

妈妈：有些事让你感到心烦，但你又不知道到底是什么事。

梅根：是的。

妈妈：我看得出来，你有点紧张。

梅根：嗯，可能是因为道恩和帕蒂。（梅根眼里含着泪水。）

妈妈：今天在学校和道恩、帕蒂发生了什么事吗？

梅根：是的。今天在课间休息的时候，道恩和帕蒂对我爱搭不理的。

妈妈：是这样啊，那你一定感到很受伤吧。

梅根：嗯。

妈妈：这么说来，你不想去学校，是因为担心在课间休息时，道恩和帕蒂再次忽略你。

梅根：没错。每次我去找她们，她们就走开做别的了。

妈妈：天啊，如果我的朋友那样对我，我一定难受极了。

梅根：我很难受，感觉自己都要哭出来了。

妈妈：亲爱的，发生这样的事，我真替你难过。朋友那样对你一定让你感到很伤心、生气。（妈妈拥抱了梅根。）

梅根：我确实有这样的感觉。我都不知道明天该怎么度过。我不想去学校。

妈妈：因为你不想看到朋友们那样对你，不想因此伤心难过。

梅根：是的，她们是我的玩伴。其他人都有自己的朋友。

当梅根产生不想上学的情绪时，这位妈妈是怎么做的？她没有直接问,为什么不去上学,而是一下子看出孩子好像在担心什么,然后引导着让孩子说出来。这位妈妈一直在倾听。因为如果直接问为什么的话,有时候孩子不能准确地表达出原因,或者他们怕自己说的不能反映心里所想的,这个时候孩子可能就说不出原因。

作为父母,这个时候就要感受孩子的情绪,借此机会和孩子亲近。然后梅根的妈妈说,如果换成是自己,她也会很伤心难过。她很能理解孩子的情绪,她能够感同身受,然后引导孩子表达情绪,让孩子知道有情绪并不是坏事。换作是你,你会不会有种冲动,想帮助孩子解决问题,或者直接告诉她应该怎么做?

梅根的妈妈是怎么做的呢?谈话继续:

　　梅根:我不知道该怎么办才好。

　　妈妈:想让我帮你出主意吗?

　　梅根:是的,妈妈。

　　妈妈:或许,你应该去找道恩和帕蒂,告诉她们你被忽略时的感受。

　　梅根:我可能做不到,那样太尴尬了。

　　妈妈:是,我明白你为什么会有那种感觉,这需要很大的勇气。天哪,我也不知道该怎么办好了。让我再想想。(妈妈一直抚摸着梅根的背。)

　　妈妈:或许你什么都不用做,看看会发生什么。你了解道恩的,她今天或许很刻薄,但明天就又变回原来的样子了。说不定明天她又是你的好朋友了。

　　梅根:万一明天她还那样呢?

　　妈妈:那就不好说了。你有什么想法吗?

　　梅根:没有。

　　妈妈:除了她们,还有别的你想一起玩的人吗?

　　梅根:没有。

妈妈：其他人一般都在操场干什么？

梅根：仅仅是踢球而已。

妈妈：你喜欢踢球吗？

梅根：我从来没有玩过。

妈妈：哦，这样啊。

梅根：克里斯塔经常玩。

妈妈：你是说那个你在篝火晚会上认识的朋友克里斯塔吗？

梅根：没错。

妈妈：在篝火晚会上，我看见你和她在一起玩的时候很放松，一点也不害羞。或许你可以让她来教你踢球。

梅根：也许吧。

妈妈：很好，这样你就有了另一手准备。

梅根：嗯，这样做可能会有用，但万一没效果呢？

妈妈：看起来你还是很担心。你还在害怕如果没人跟你玩该怎么办。

梅根：是的。

妈妈：有没有什么你自己一个人也能玩得很开心的项目？

梅根：您是说，比如跳绳？

妈妈：没错，跳绳。

梅根：那我就带上跳绳，以防万一。

妈妈：是的。如果道恩和帕蒂不和你玩，如果踢球并不适合你，你可以去跳绳。

梅根：是的，这样就没有问题了。

妈妈：那么你不妨现在就把跳绳装进背包里，省得回头忘了。

梅根：好的。我这就给克里斯塔打个电话，问问她明天放学后能不能过来玩。

妈妈：这个主意很棒。

梅根的妈妈并没有直接告诉她,应该怎么样去做,而是一步步引导她,让她自己得出解决的办法。

在这个过程中,孩子可能会出现一些不好的行为或者想法,比如,和朋友打一架,或者从此以后再也不和这个朋友玩了。作为父母,我们要及时地叫停一些行为,告诉孩子什么是对的,什么是错的。

值得注意的是,当我们针对的是孩子的错误行为,而不是孩子的性格、心理或者品格时,必须就事论事。

因为孩子会相信父母的评价,如果不能就事论事,而是轻易认定孩子的性格或者心理有问题,那么孩子也会认为自己真的有问题。这必然会影响到日后孩子人格的发展。

家庭教育的成败关键还是要看父母的素质

其实父母和孩子的相处模式,很有可能就是日后孩子和其他人相处的模式,所以,家庭教育的成败关键还是要看父母的素质。每个父母都希望子女能够成功与幸福,那么先让我们自己变得成功与幸福吧,先让孩子的童年变得成功与幸福吧。

据2013年12月16日《生命时报》介绍,美国《赫芬顿邮报》总结出了判断高情商的八个标志。你不妨也来测试一下自己的情商吧,看看自己是否符合高情商的标准。

1. 喜欢交新朋友

喜欢结识新朋友,并会问他们很多问题,是情商高的标志。他们对陌生人感到好奇,并有兴趣从别人身上学到新知识。

2. 有自知之明

情商高的人能准确识别出自己的优劣势,这种意识能培养出强烈的自信心。

3. 能驾驭情感波动

许多人难以找出悲伤或愤怒的原因。高情商的人能驾驭情感波动,并避免坏情绪的影响。

4. 能和大多数人友好相处

无论年龄长幼、地位高低，能与大多数人充实而愉快地相处，是情商高的表现。

5. 肯去帮助别人

能够放下手头的事情，时不时停下来关注别人，向有困难的人伸出援助之手，而不是完全沉浸在自己的小世界里，这样的人情商高。

6. 知道什么时候该拒绝

情商高的人懂得何时以及如何拒绝别人，并有强大的心理承受能力去有礼有节地拒绝。

7. 善于读懂别人的面部表情

面部表情是一种通用的情感语言。能领悟别人感受的人情商高。

8. 失败后能重新崛起

情商高的人无论遇到何等逆境，都会坚持下去，迅速调整情绪，恢复活力，具有很强的心理韧性。

（三）帮助别人是提升幸福感最可靠的方法

社会情绪管理能力的提高是一个系统、综合的培养过程，从更加具体的方法来看，还有一个提升幸福和助推成功的简捷方法，那就是帮助别人。

一个真正的成功人士，一定是一个具有健全人格、善良且愿意帮助别人的人。科学家也发现，帮助别人是提升幸福感最可靠的方法。

马丁·塞利格曼的朋友史蒂芬·波斯特讲过一个关于他母亲的故事。在他小时候，他母亲一看到他心情不好就会说："史蒂芬，你看上去好像心情不好，你出去帮助别人吧。"

"新东方"创始人俞敏洪就是这样一个例子。

俞敏洪无疑是一个成功的创业者，他把一个最初在临时搭建的房子里上课、只拥有十几个学生的留学培训班做成了在纽约证券交易所上市的新东方教育科技集团。如今的他成了人们心目中的"留学教父"，他在总结自己成功的原因时，讲了两点：第一，因为他是一个善良的人，没有做过伤天害理的事情；第二，因为他是一个非常愿意帮助别人的人。在"首都家长学校"举行讲座时，他与大家分享自己的真实经历：

　　我现在有条件向甘肃的地震灾区捐款300万元，有条件为甘南建造一所新东方希望小学，我很乐意去帮助他们。当我们什么都没有的时候，也可以帮助别人。大家都认为做事情需要自己有才能，但还有另外一个办法，我举一个简单的例子。

　　我从小就特别热爱劳动，我干农活，干家务活。我在14岁的时候，就获得了我们县里的插秧比赛的冠军。17岁时，我是县里优秀的手扶拖拉机手。我父母的勤劳深深影响了我。我这个人成绩一直不好也不坏，老师根本就不关心我。但我想引起老师和同学的注意，所以我从小学一年级起就一直打扫教室卫生。

　　到了北大以后我养成了一个习惯，每天打扫宿舍卫生，这一打扫就是四年。所以我们宿舍从来没排过卫生值日表。另外，我每天都拎着宿舍的水壶去给同学打水，把它当作一种体育锻炼。大家看我打水看习惯了，最后还出现这样一种情况，有的时候我忘了打水，同学就说："俞敏洪你怎么还不去打水？"但是我并不觉得打水是一件多么吃亏的事情，因为大家都是同学，互相帮助是理所当然的。

　　有人说我傻，有人问我这样打水有什么好处。我相信好处是会有的，你做一件善事，它的回报可能会在今年出现，也有可能会在十年后出现。如果你做了一件好事，当天就要求回报，那你一定是个势利眼，也是个心胸狭窄的人。你不要求回报，回报也会来。当你有困难的时候，周围的人都觉得你是个好人，他们能不伸手帮你吗？

　　当然，我打水的时候并没有想到我有困难时他们会来帮我。但是十年后的1995年，"新东方"已经做到了一定规模，我希望找合作者，就跑到了美国和加拿大去寻找我的那些同学。那时我为了诱惑他们回来，特意换了一大把美元，每天在美国非常大方地花钱，想让他们知道在中国也能赚钱。我想这样大概就能让他们回来。

后来他们回来了，但是给了我一个十分意外的理由。他们说："俞敏洪，我们是冲着你过去为我们扫了四年的地、打了四年的水回来的。"他们说："我们知道，你有这样的一种精神，所以你有饭吃肯定不会给我们粥喝。"

这些人的加入奠定了"新东方"发展的基础，"新东方"才会不断做大，做成美国的上市公司，做成了今天的规模。

帮助别人让人感到快乐，越是快乐越容易帮助别人。

积极心理学发现，当安全和经济有保障后，金钱的增加就难以带来快乐了，只有帮助别人才能得到快乐。

美国作家爱默生也曾说："人生最美好的一项补偿，就是凡事诚心诚意地帮助他人，最终自己也一定会受益。"

我们的教育传统也一直在告诉我们，要乐于助人，好人会有好报。

不论古今中外，我们可以列举出无数个好人有好报的例子，但是到底为什么帮助别人会让人感到快乐？

身为美国凯斯西储大学生命伦理学教授的史蒂芬·波斯特在《好人肯定有好报》一书中这样写道：

帮助别人让人更加幸福。当你帮助别人时，脑部会产生大量的多巴胺，而多巴胺正是快乐使者，负责传递开心和兴奋的感觉。这已经被很多人证实——帮助别人能给自己带来积极的情绪。

帮助别人可以使自己更加健康长寿。加州大学伯克利分校的一项研究追踪了2025位老人达五年之久，他们的发现是惊人的：经常参加志愿服务的老人，死亡率比其他人低44%，而参加两项以上志愿服务的老人，死亡率比其他人低63%。

帮助别人能够让人更加成功。加州大学伯克利分校在20世纪20年代曾进行过一项针对近200人的追踪调查，追踪了他们从刚出生到后来的生活。结果发现，乐于助人的青少年后来会赚更多的钱，社会地位也更高，有更强的社会竞争力。

助人为乐是通向成功与幸福的有效方法，也是我们迈向成功与幸福源源不断的动力。

（四）希望水平高的人更有可能获得真正的成功与幸福

很多人在面对一些难题的时候，经常连试都不试就放弃了，他们总是能够找到一些难以改变现状的理由。就如很多孩子因为经历了一次次的考试，一次次的不及格，长此以往，他们会认为自己学习成绩差是一个不可改变的事实，是自己的能力不足，所以他们就选择了放弃，不再认真听课，不再努力练习，消极厌学，任由成绩越来越差。从心理学上讲，其实他们是陷入了习得性无助的心理状态。

"习得性无助"是马丁·塞利格曼在1967年和同事共同发现的一种心理现象。他们用小狗接受电击来做实验。起初把狗关在笼子里，只要蜂音器一响，就给狗以难受的电击，狗在笼子里逃避不了电击。多次实验后，蜂音器一响，在给电击前，他们先把笼门打开，此时大部分狗不但不逃反而不等电击出现就先倒在地上开始呻吟和颤抖。本来可以主动逃走，却在绝望中等待痛苦的来临，这就是习得性无助。

当我们陷入这种习得性无助状态时，我们会变得极度不自信，把失败的原因归结为永久性的、普遍性的个人原因，认为这是不可以改变的，这样就放弃了再次尝试的勇气和信心。避免陷入习得性无助的有效途径就是培养乐观的积极思维，形成习得性乐观。

实际上，这种培养积极思维的做法的一个假设前提就是过去能够影响未来。我们之前所经历的事件以及对事件的解释，会影响到我们未来的成功与失败。就如同一开始的问题，童年对成年的影响，也是过去对现在及未来的影响。

但是，过去对现在、对未来有多大的影响，并没有很多准确的说法。2015 年，第四届世界积极心理学大会在美国奥兰多迪斯尼会议中心开幕时，"积极心理学之父"马丁·塞利格曼做了主报告，分享了一个革命性的发现——"希望电路"。

塞利格曼认为，大脑实际上存在一种负责传递被动和消极信息的神经元——DRN（中缝背核）。这种神经元释放的化学成分会让人感到被动无助。我们的大脑实际上是通过判断未来是不是有希望（将来是不是可控，可不可以让自己变得更好），来决定是激活还是抑制 DRN（中缝背核）。换句话说，人类实际上不是通过向后看（总结历史）而是通过向前看（预测未来是不是有希望）来决定幸福感的。也就是说，我们大脑中存在着"希望电路"，这个"希望电路"的开关，决定了我们的幸福。回想过去不能让我们变得更加积极，而思考未来、憧憬未来会让我们更加快乐和幸福。

其实，早在 20 世纪 90 年代，人们就已经关注希望研究。

美国堪萨斯大学的临床心理学教授里克·斯奈德是希望理论的建构者，他把希望定义为"在成功的动因（指向目标的能量水平）与路径（实现目标的计划）交叉所产生体验的基础上，所形成的一种积极的动机状态"。

他认为希望是一种可以通过后天学习的目标导向思维。希望这种思维是一种由动力思维和路径思维相互作用的认知集合。路径思维是为了达成目标而选择合适的途径，动力思维是激发和保持个体沿着选择的路径向目标前进的动力。

里克·斯奈德也通过实验论证了希望和学业表现、生活满意度成正比例关系。也就是说，希望水平高的人，学业表现更加优秀，生活满意度也比较高。具有高希望的人拥有明确的目标，有到达目标所需要的多种行为路径。希望是一种内在驱动力，在面对测验的时候，会减少考试焦虑；同时，希望是加强自身的积极情感和幸福感的主要动力。

美国的教育哲学家伊斯雷尔·谢弗勒说过:"我们最初对自己的了解,是通过分析我们在别人心目中的反映和别人的态度而实现的。"

　　一般陷入习得性无助的孩子都比较敏感,非常在乎老师和父母对自己的态度。当他们面对挫折和失败的时候,老师和父母要能够给予孩子希望。针对他们的问题,制订相应的目标和行为路径,从小的目标开始,让孩子拥有成功的体验,逐渐恢复他们的自信。除了学习,我们也要给予孩子人格美好的希望,提升孩子对自己人格的要求。正如皮格马利翁效应,当我们给予一定美好的期望的时候,孩子会变得更加美好。

　　或许有些父母和老师会担忧孩子身上有太多缺点,担忧鼓励多了孩子便会忘乎所以,这是可以理解的。我们应该正视孩子的问题,但更需要看到孩子的许多问题都是成长过程中的问题,有些甚至是和年龄与环境紧密相关的,只要引导得当,完全可以逐步解决。我们更需要看到青少年最本质的特点是发展,每个孩子都具有巨大的发展潜能,只要提供适宜的条件,他们会以不可阻挡的伟力,像雨后春笋般成长起来。

　　从事教育研究工作四十多年来,无论是直接带过的学生,还是在生活中接触过的孩子,或者是跟踪采访了多年的少年,我曾亲眼目睹了无数青少年的成长。这些经历比任何调查研究更让我相信:

　　每个孩子心里都有一个沉睡的巨人,而教育就是要唤醒沉睡的巨人!

　　孩子是在体验中长大的,他们渴望成功,成功是他们通向幸福的桥梁!

　　青少年比任何人都需要希望,只有希望才能使他们成为希望!

后记

2015 年 7 月，是我心情颇为压抑的一段日子，因为经过一系列的检查，医生诊断我患有某种疾病。

怎么可能呢？我一向身体健康，心宽体胖。当 5 月体检发现一组指标不正常后，医生建议我去医院复查，我完全没有当一回事，而是去欧洲旅行了，以此纪念我退休生涯的开始。所以，面对诊断结果的那一刻，我忽然感到生命是多么无奈和无助。

在诊断结果出来后的日子里，我一直在为这套书稿忙碌。最为奇妙的是，每当进入书稿的世界，我就忘记了一切，全身心地投入到写作中，每天的生活既充实又幸福。其实，这正符合医生对我的忠告——忘却疾病，正常生活。

感谢浙江文艺出版社的郑重社长和王晓乐副总编辑，他们特别邀请我写一套关于教育前沿探索的书，这正是我积累多年、构思甚久的事情。感谢本书的责任编辑岳海菁女士富有创意的建议，给予我很大的启发。

写一本探索成功与幸福的书，是我多年来的愿望，因为我有直接而深切的体验。

1978 年，23 岁的我被调入中央团校参加"文革"后的首期培训。结业后，我被推荐进入团中央机关工作，但我谢绝了，而是选择了去中国少年报社做记者。理由很简单，我喜欢孩子，喜欢教育，喜欢写作。当时，很多人说我傻，说整天爬格子能爬出什么希望来。这么年轻进团中央机关却是前途无量！的确，当年进机关的同学中有多位已成为省部级官员，有的甚至担任了更高级别的领导职务，但是，我还是去了中国少年报社。九年后，我做了更傻的选择——放弃报社给予的副处级待遇，去中国青少年研究中心研究儿童问题，直至今天。

说句掏心窝子的话，在我 60 岁的时候，我感到最幸福的事情，就是一辈子从事儿童教育和研究工作，并且一辈子在写儿童文学和儿童教育方面的书。

心理学家说，幸福感高的人更容易成功。无论是儿童文学创作还是儿童教育研究，我都远不如许多作家和学者的成就大，但自以为幸福指数很高，因为我喜欢，我陶醉，我每天都在与孩子一起成长。

大家相信吗？我喜欢研究儿童的发展，甚至跟踪采访一些孩子几十年。我喜欢学习，经常连看电视也做笔记。我喜欢写作，有时候写作遇到问题，我会在睡觉前把笔和本子放在枕边，相信在梦里会想出好主意。因为喜欢，我的成功与幸福完全融为一体。

幸福的人会有无限乐趣，我喜欢读书、看电影、交友、旅行、摄影，也喜欢游泳，最近又迷上了太极拳。因为生活丰富多彩，我经常忘记了自己还是个病人。

我写作这套书稿的目的是为了发现儿童、解放儿童和发展儿童，由此我感受到了生命的真正价值。

感谢首都师范大学教育学硕士卢宇的热情帮助，她为本书做了许多相关资料和文稿的整理工作。还要特别感谢北京师范大学教授、著名的心理学家陈会昌的序言，我们相识几十年，有过多次难忘的合作，但是请他为我个人的书作序还是头一回。我相信，陈教授的序言已经成为本书提纲挈领的重要部分，会给读者朋友带来特别的启示。

当然，最需要感谢的是亲爱的读者朋友，你的阅读和实践，尤其是你的教育素养让你与孩子一起成长，那将是对本书的最高评价与奖赏！

我期待着！

孙云晓

2015 年 9 月 5 日于北京世纪城

图书在版编目(CIP)数据

成功智力 比智商更重要的潜能 / 孙云晓著. —杭州:浙江文艺出版社,2016.5
ISBN 978-7-5339-4451-3

Ⅰ.①成… Ⅱ.①孙… Ⅲ.①儿童教育—家庭教育 Ⅳ.①G78

中国版本图书馆CIP数据核字(2016)第040640号

责任编辑 岳海菁
封面设计 胡　珂
版式设计 艺诚文化
责任校对 陈　玲
责任印制 吴春娟

成功智力
比智商更重要的潜能

孙云晓　著

出版 浙江文艺出版社
地址 杭州市体育场路347号
邮编 310006
网址 www.zjwycbs.cn
经销 浙江省新华书店集团有限公司
制版 杭州兴邦电子印务有限公司
印刷 浙江新华数码印务有限公司
开本 710毫米×1000毫米　1/16
字数 260千字
印张 18.75
插页 3
印数 00001-20000
版次 2016年5月第1版　2016年5月第1次印刷
书号 ISBN 978-7-5339-4451-3
定价 36.00元